［フォントダイアログボックスの設定］

④［フォント］ダイアログボックスの［フォント］タブで、［日本語用のフォント］を「ＭＳ明朝」に設定します。

⑤［英数字用のフォント］を「(日本語用と同じフォント)」に設定します。

⑥［サイズ］を「12」にします。

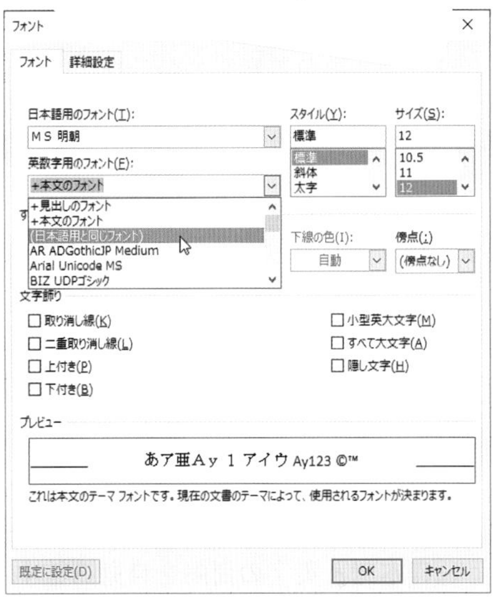

⑦［フォント］ダイアログボックスの［詳細設定］タブをクリックします。

⑧［文字幅と間隔］の［カーニングを行う］のチェックをはずします。

⑨［フォント］ダイアログボックスの［ＯＫ］をクリックします。

⑩最後に、［ページ設定］ダイアログボックス（前ページ）の［文字数と行数］タブで［文字数と行数を指定する］を選択して、［文字数］を「30」、［行数］を「35」にします（文字数・行数は問題により異なります）。

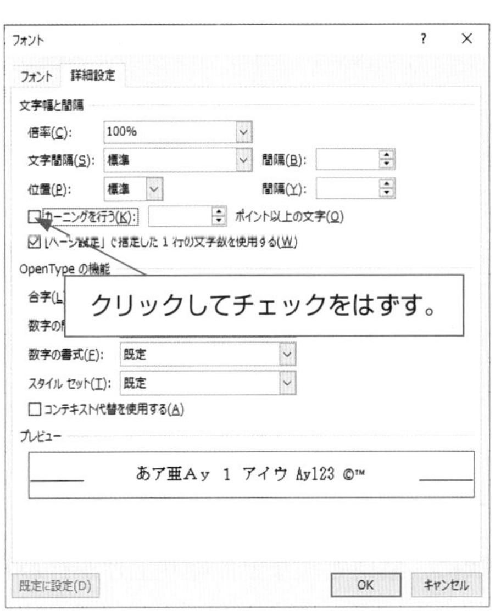

注）続けて【解説２】のグリッド線の設定を行います。

【解説２】［1．ページ設定　D　グリッド線の設定］

グリッド線を表示すると、文字ずれの部分を確認できます。また、罫線も引きやすくなります。
グリッド線を１文字に１本、１行に１本となるように設定します。

①［ページ設定］ダイアログボックスの［グリッド線］をクリックすると、［グリッドとガイド］ダイアログボックスが表示されます。

②［文字グリッド線の間隔］を「１字」、［行グリッド線の間隔］を「１行」にし、［グリッド線を表示する］と［文字グリッド線を表示する間隔（本）］にチェックを付け、［文字グリッド線を表示する間隔（本）］を「１」、［行グリッド線を表示する間隔（本）］を「１」にします。

③［グリッドとガイド］ダイアログボックスの［ＯＫ］をクリックします。

④最後に、［ページ設定］ダイアログボックスの［ＯＫ］をクリックします。

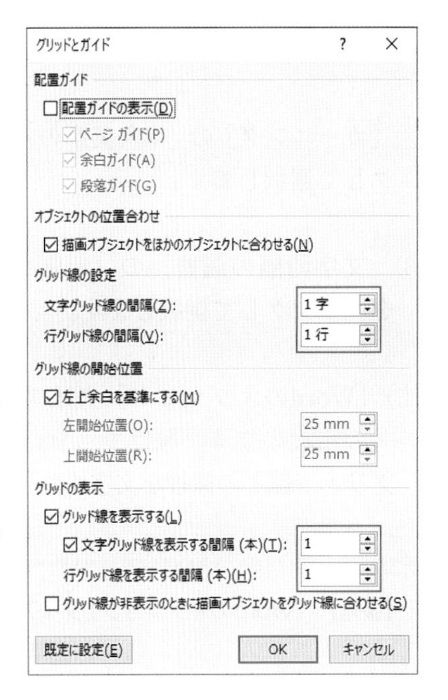

【解説３】［２．文字ずれをしないための設定
　　　　　　　Ａ　日本語と半角英数字との間隔の調整］

日本語と半角英数字の余分な間隔が空かないように設定します。

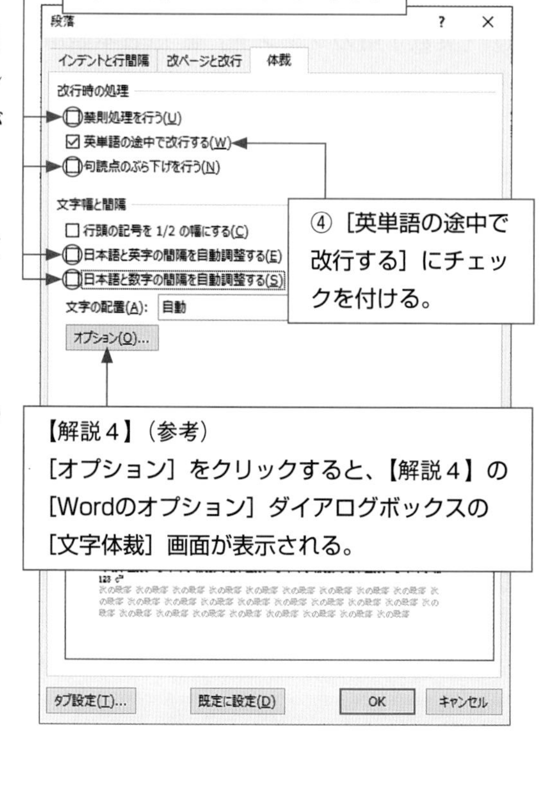

①リボンから［レイアウト］タブをクリックします。［段落］グループの右下にある［段落ダイアログボックス起動ツールボタン］をクリックすると、［段落］ダイアログボックスが表示されます。

②［段落］ダイアログボックスの［体裁］タブをクリックして表示します。

③［禁則処理を行う］と［句読点のぶら下げを行う］、さらに、［日本語と英字の間隔を自動調整する］と［日本語と数字の間隔を自動調整する］の計４か所のチェックをはずします。

④［英単語の途中で改行する］にチェックを付けます。

注）続けて**【解説４】**の設定を行います。

【解説４】［２．文字ずれをしないための設定
　　　　　　　Ｂ　区切り文字のカーニング解除、
　　　　　　　Ｃ　禁則処理の繰り上げによる文字詰めを解除、
　　　　　　　Ｄ　画面上のグリッド線との文字ずれを解除］

区切り文字（句読点やかっこなど）が二つ以上重なると間隔が詰められるので、この設定を解除します（Ｂ）。次に、禁則処理などで繰り上げが行われると、区切り文字部分の文字詰めが行われるので、この設定も解除します（Ｃ）。また、画面上のグリッド線との微妙な文字ずれを解除します（Ｄ）。

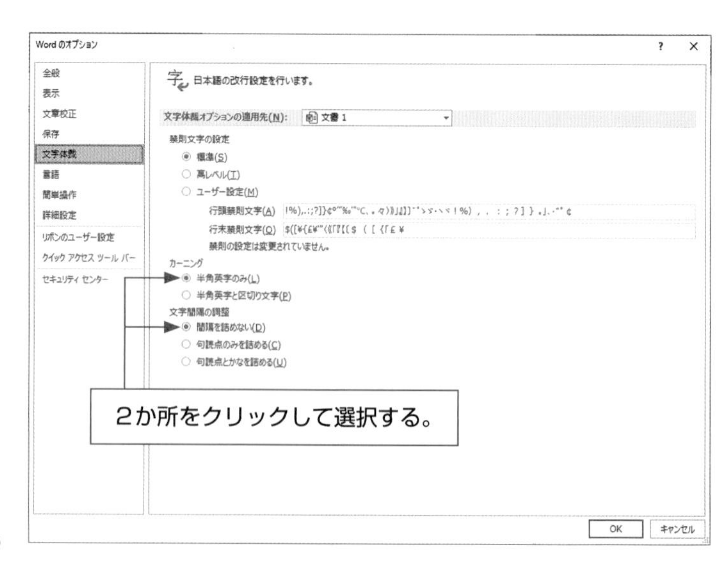

①［段落］ダイアログボックスの［体裁］タブにある［オプション］をクリックすると、［Wordのオプション］ダイアログボックスの［文字体裁］画面が表示されます。

②［カーニング］の［半角英字のみ］をクリックして選択します。

③［文字間隔の調整］の［間隔を詰めない］をクリックして選択します。

注）［Wordのオプション］ダイアログボックスの画面のまま、続けて（Ｄ）の画面上のグリッド線との微妙な文字ずれを解除します。

【参考】［Wordのオプション］ダイアログボックスは、［ファイル］タブの［オプション］をクリックしても表示されます。

目　次

本書は、「全商ビジネス文書実務検定試験第１級」に合格できる知識・技術が確実に身につくよう編集したものです。

〈特色〉

①　巻頭には、文字ずれしないためのWordの書式の初期設定について解説しました。
②　実技試験では、問題数を多くという方針のもとで、「速度部門」は36回分、「ビジネス文書部門　実技編」は23回分載せました。なお、「ビジネス文書部門　実技編」では、Wordによる作成プロセスの解説を設けました。
③　筆記試験のうち、「機械・文書・プレゼンテーション・ことばの知識」に関する知識については、学習のポイントを設け、丁寧な解説を加えました。
④　各問題は、検定基準に合わせて作成してあるので、練習問題としても模擬試験問題としても利用できます。
⑤　文書作成用のオブジェクトデータは、当社ホームページ（https://www.jikkyo.co.jp/）からダウンロードできます。

1 初期設定

Word2021、Word2016、Word2013、Word2010、Word2007、Word2003、一太郎の書式設定については、WebにPDFデータをアップしました。

Word2019で文字ずれをしない書式設定

1．ページ設定

A　用紙サイズ　………Ａ４
B　余白　………上下左右とも２５mm
C　フォントの設定　………【解説１】p．２参照
D　グリッド線の設定　………【解説２】p．３参照
E　文字数と行数の設定　………文字数３０字・行数３５行
（文字数・行数は問題により異なる）

2．文字ずれをしないための設定

A　日本語と半角英数字との間隔の調整………【解説３】p．４参照
B　区切り文字のカーニング解除………【解説４】p．４参照
C　禁則処理の繰り上げによる文字詰めを解除………【解説４】p．４参照
D　画面上のグリッド線との文字ずれを解除………【解説４】p．４参照

3．オートコレクト（段落番号）機能の解除

A　箇条書きの設定を解除　………【解説５】p．５参照

【解説１】［1．ページ設定　C　フォントの設定］

文字の書体をフォントといいます。文字ずれは、半角英数字や記号などを入力するときに発生します。それは［英数字用のフォント］の既定値（デフォルトといいます）が Century(センチュリー) という自動的に文字の幅が調整される（カーニングといいます）フォントになっているためです。

句読点やかっこ以外の全角文字は、フォントが「ＭＳ明朝」だとずれません。次の手順により、［日本語用のフォント］を「ＭＳ明朝」に、［英数字用のフォント］を「(日本語用と同じフォント)」に設定します。

①リボンから［レイアウト］タブをクリックします。［ページ設定］グループの右下にある［ページ設定ダイアログボックス起動ツールボタン］をクリックすると、［ページ設定］ダイアログボックスが表示されます（p．６参照）。

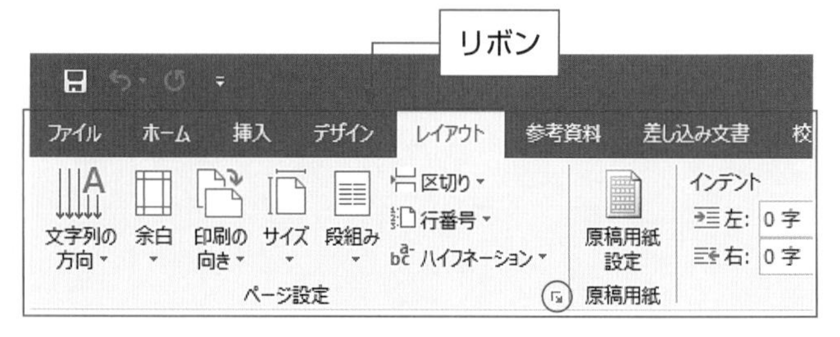

②［用紙］タブで［用紙サイズ］を「A4」にします。［余白］タブで［余白］は［上］［下］［左］［右］とも「25mm」にします。

③［文字数と行数］タブで［フォントの設定］をクリックし、［フォント］ダイアログボックスを表示します。

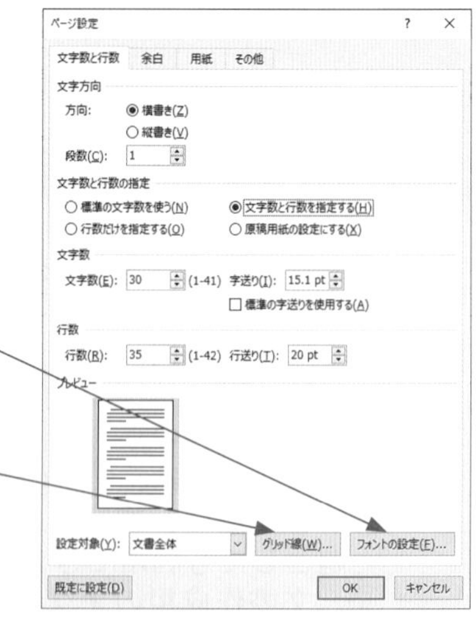

【解説１】（参考）［フォントの設定］をクリックすると、［フォント］ダイアログボックスが表示される。

【解説２】（参考）［グリッド線］をクリックすると、［グリッドとガイド］ダイアログボックスが表示される。

＊最後に文字数・行数を指定する。

④［Wordのオプション］ダイアログボックスの左にある［詳細設定］をクリックします。

⑤［詳細設定］画面の［表示］にある、［読みやすさよりもレイアウトを優先して、文字の配置を最適化する］にチェックを入れます。

注)［Wordのオプション］ダイアログボックスの画面のまま、続けて**【解説５】**の設定を行います。

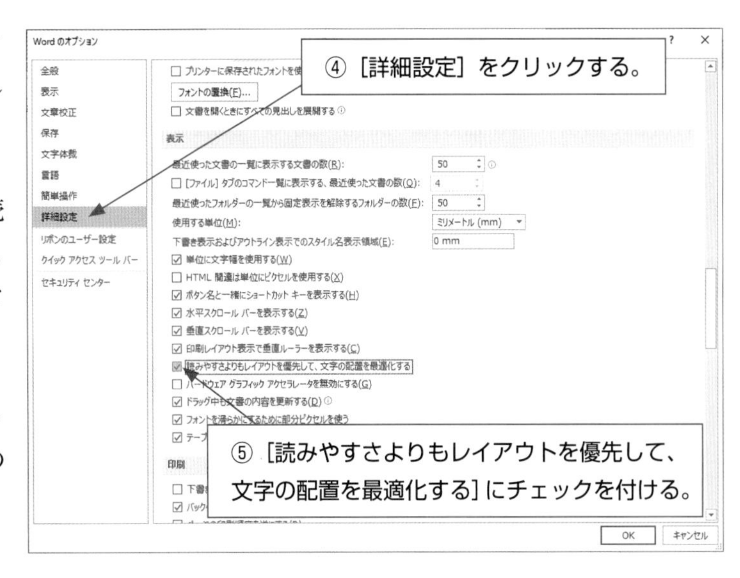

【解説５】［３．オートコレクト（段落番号）機能の解除
Ａ　箇条書きの設定を解除］

「１.」と入力して改行すると、次の行に自動的に「２.」と表示されることがあります。この機能は文字ずれを起こすので、設定を解除します。

①［Wordのオプション］ダイアログボックスの左にある［文章校正］をクリックします。

②［文章校正］画面から［オートコレクトのオプション］をクリックして、［オートコレクト］ダイアログボックスを表示します。

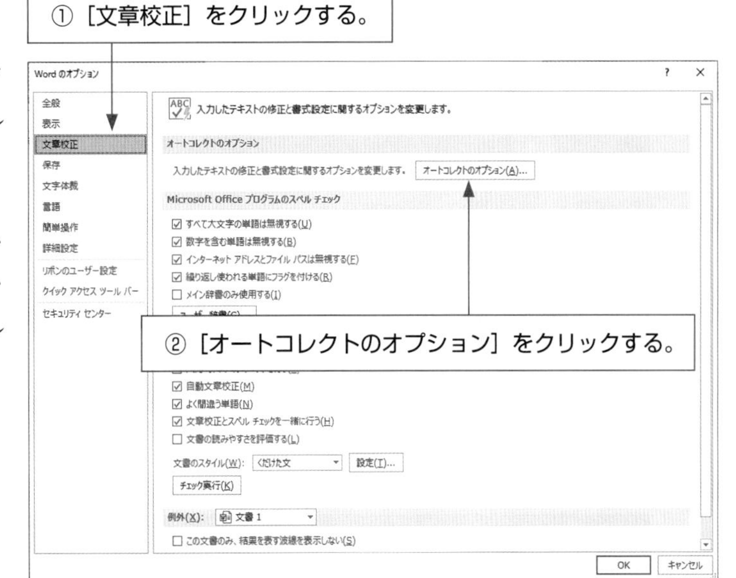

③［オートコレクト］ダイアログボックスにある［入力オートフォーマット］タブの［箇条書き（行頭文字）］と［箇条書き（段落番号）］の２か所のチェックをはずします。

④［オートコレクト］ダイアログボックスの［ＯＫ］をクリックし、［Wordのオプション］ダイアログボックスの［ＯＫ］と、［段落］ダイアログボックスの［ＯＫ］をクリックします。

＊以上の**【解説１】**から**【解説５】**までの設定を行うことにより、文字ずれが解消されます。

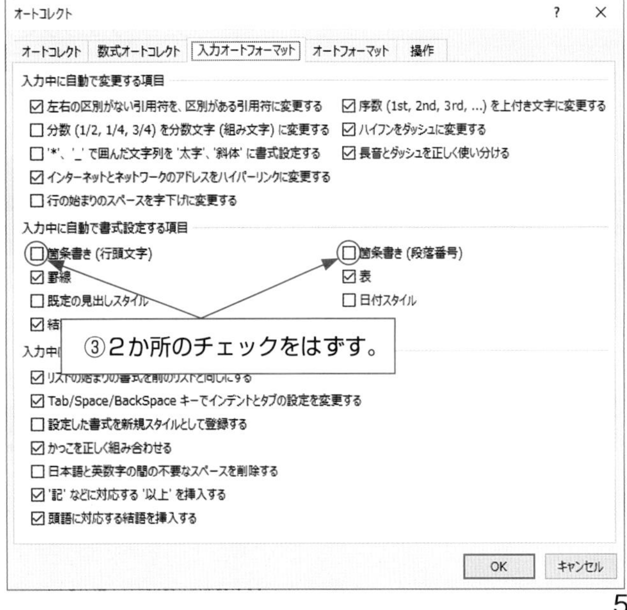

Word2019の「リボン」について

Word2019は、Word2010・2013・2016・2021と同様に、メニュータブとグループから構成されている「リボン」により、アイコンをグループ化して表示しています。操作方法・アイコンの場所などを確認してから操作することが必要です。

◆それぞれの「タブ」と「リボン」の機能

①［ファイル］タブは、ファイルを「開く」「保存」「印刷」などの操作を選択します。

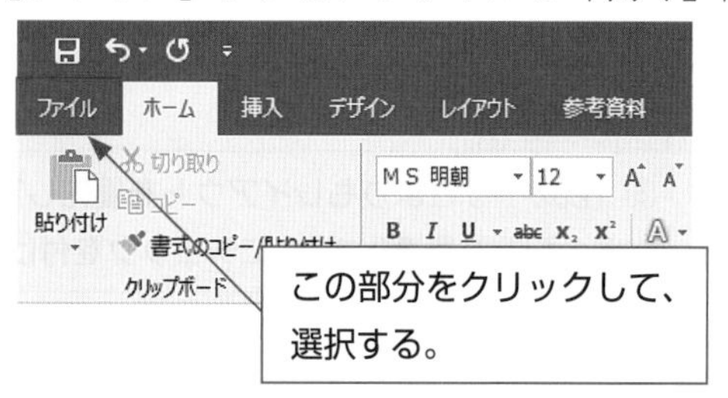

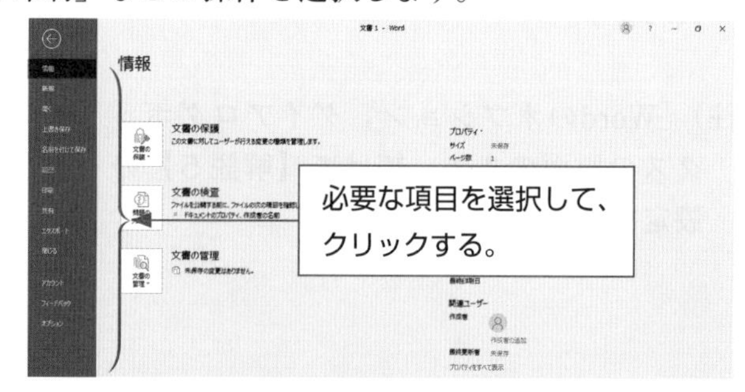

②［ホーム］タブは、編集機能のアイコンが中心になっています。

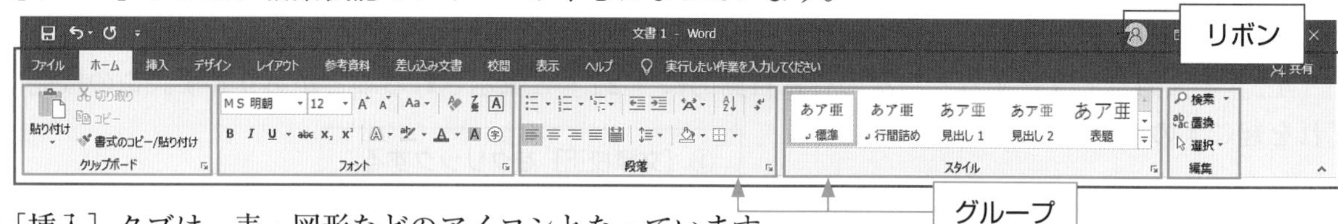

③［挿入］タブは、表・図形などのアイコンとなっています。

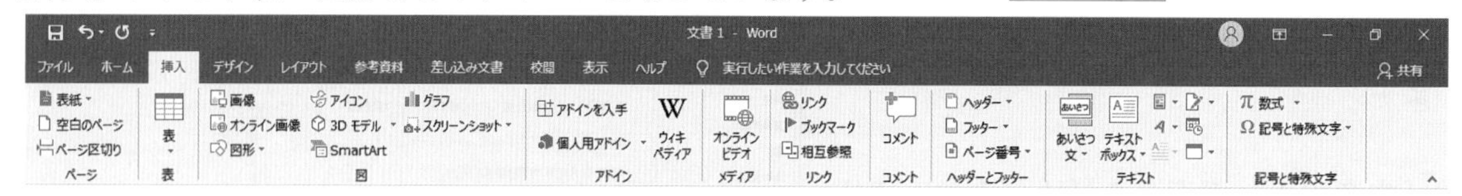

④［レイアウト］タブは、ページ設定や段落の操作ができます。

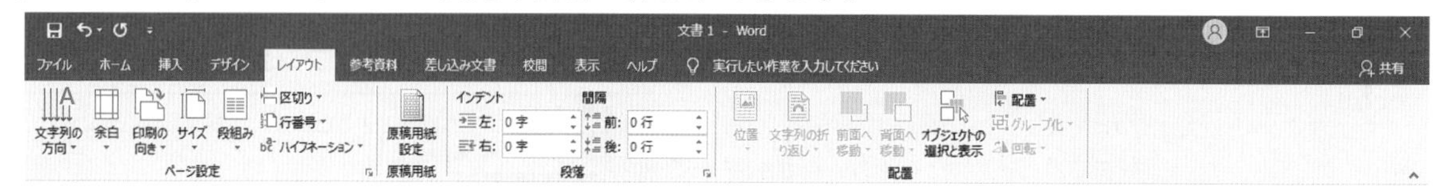

⑤［表示］タブでは、レイアウトやグリッド線などが操作できます。

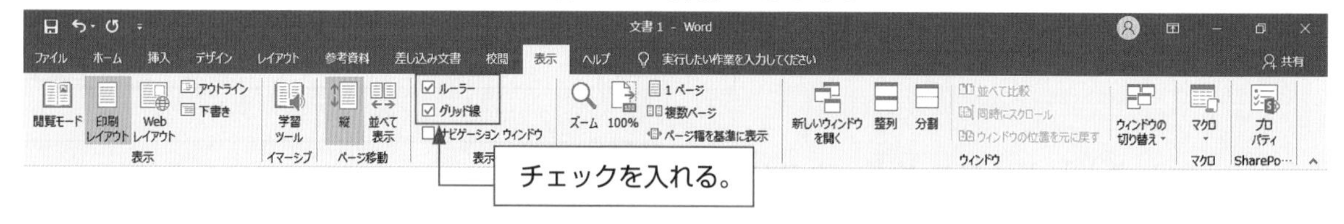

⑥文章中の「表」内を選択（クリック）すると、リボンに表ツールの［デザイン］タブと［レイアウト］タブが追加表示されます（表ツールの［デザイン］タブは、［テーブルデザイン］タブの場合もある）。

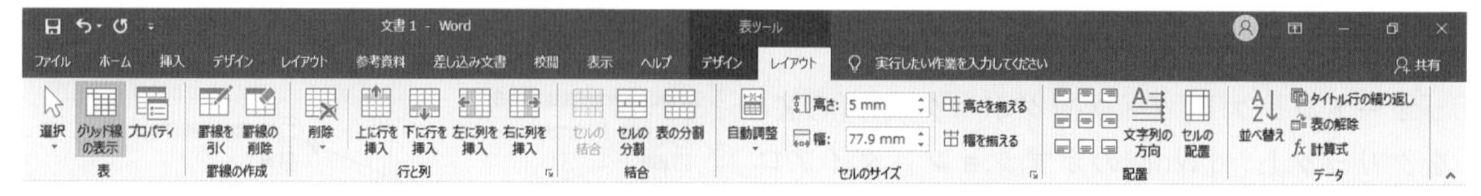

⑦文章中の「図形・オブジェクト」のデータを選択（クリック）すると、リボンに描画ツールの［書式］タブが追加表示されます（描画ツールの［書式］タブは、［図形の書式］タブの場合もある）。

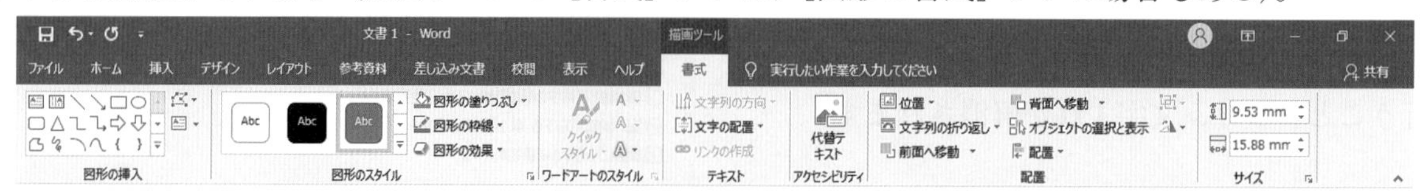

Word2019によるヘッダーの設定方法

①［挿入］タブ⇒［ヘッダーとフッター］グループにある［ヘッダー］アイコンをクリックして、［ヘッダーの編集］をクリックします。

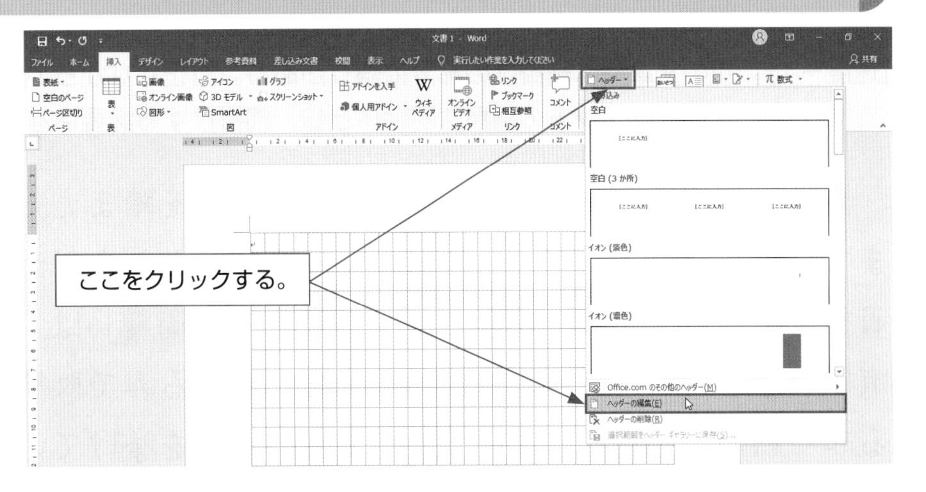

②ヘッダー部分が編集可能な状態となるので、必要事項を入力します。

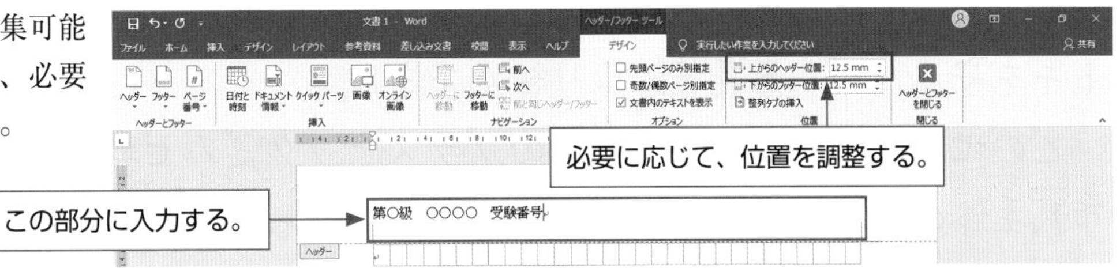

③入力が終了したら右端の［ヘッダーとフッターを閉じる］をクリックします。

簡単なヘッダー入力

※　Word2007～2021では、上余白をダブルクリックするだけでヘッダーを入力できます。また、編集の終了は、本文の入力画面をダブルクリックするか、Escキーでも可能です。

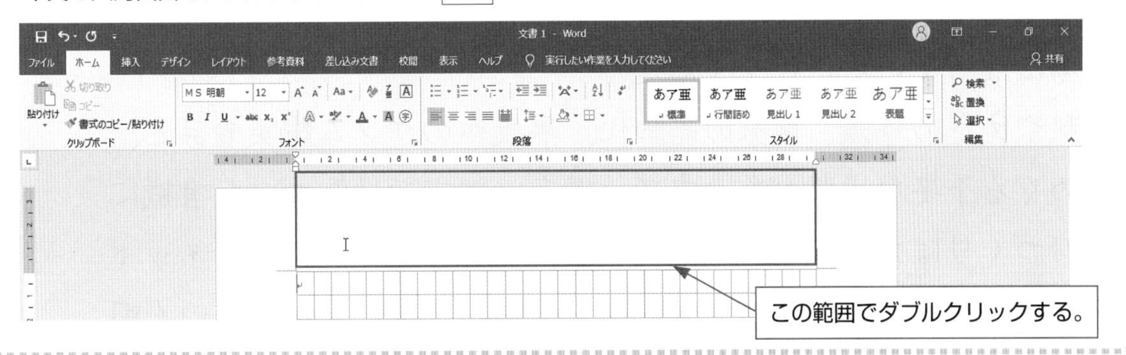

2 速度部門

【速度－1】 次の文章には網掛けの部分に誤りがある。訂正しながら1行30字で入力しなさい。
なお、フォントの種類は明朝体とし、網掛けする必要はない。（制限時間10分）

農林水産省は、みどりの食料システム戦略を踏まえ、２０２５年	30
までに１００の市町村で、オーガニックビレッジを創出することを	60
目指している。この「オーガニックビレッジ高層」は、これまでの	90
有機農業者の取り組みの推進に加え、地域ぐるみで取り組みを進め	120
る市町村のことだ。すでに多くの自治体が手を挙げているが、島根	150
や熊本では有機給食の先進地として、兵庫や新潟ではコウノトリや	180
トキを守るため、無農薬に取り組んできた。	201
どの地域も魅力的だが、京都のプラスチックごみゼロの町では、	231
市民主体の農業イベントが機動力になっている。その活動の拠点に	261
なっている役場の食堂は、誰もが利用でき「開かれたアトリエ」と	291
いわれている。さらに、農家が軸となり有機野菜を保育園や幼稚園	321
でも使い始めた。	330
また、市が駅前の土地を買い取り、オーガニック公園にする計画	360
をしている担当者が、東京の都市農業公園を視察のため訪問した。	390
高速道路の脇に出現する都会のオアシスには、有機の田と年間５０	420
種類の野菜を作る畑やハーブ園が広がる。これまで、一般の人には	450
特殊な農業方法と思われてきたものを、簡単に取り組めることを伝	480
える場になっていることを学んだ。	497
肥料やえさの口頭、農家の高齢化、無表示のゲノム編集食品と、	527
食をめぐる不安な情報が多い中で、現在、地方で活気づいた有機に	557
よる町づくりは大きな希望だ。これこそが、職のセーフティネット	587
である。安心できる食べ物、土や川、生物の多様性を守っていく町	617
づくりを通じ、市民と生産者、自治体と生活協同組合、農村と都市	647
が手を結ぶことにより、わくわくする新しい関係も生まれている。	677
環境の世紀と呼ばれる中、ついに日本でも有機農業が身近になって	707
きた。	710

拠点（きょてん）　軸（じく）
特殊（とくしゅ）　肥料（ひりょう）

90	高層→構想	527	口頭→高騰	587	職→食

1	採点欄	総字数		エラー数		純字数	
2	採点欄	総字数		エラー数		純字数	
3	採点欄	総字数		エラー数		純字数	

【速度－2】 次の文章には網掛けの部分に誤りがある。訂正しながら1行30字で入力しなさい。なお、フォントの種類は明朝体とし、網掛けする必要はない。（制限時間10分）

本文	字数
南極観測船「宗谷」が、１９５６年に東京を出向してから６０年	30
以上になる。この間、得られた科学的な知見は数多くある。隕石の	60
大量発見による地球惑星科学への貢献だけでなく、アイスコア掘削	90
により、過去、７２万年の気候変動の記録が得られる。また、極地	120
の生態系の解明、オーロラ発生の仕組みの解明などがある。そのほ	150
かに、これまで積み重ねてきた気象や海洋などのモニタリングによ	180
り、過去、現在の地球の姿を捉え、将来のありようを推測する貴重	210
なデータを得ることができた。南極が人類にとって、かけがえのな	240
い地域であることが明らかになった。	258
また、北極の観測研究の重要性も認識されてきている。地球規模	288
の環境変動を理解するためには、どちらの研究も、閉行して進める	318
必要があるということがわかってきた。しかし、実際に観測や研究	348
を進めるにあたっては、両極における事情は大いに異なる。	376
人間社会から遠いところにある南極へは、輸送力がモノをいう。	406
なかでも昭和基地は、大陸沿岸ではもっともアクセスが困難な場所	436
にある。同時に、そのことは昭和基地で得られるデータは、非常に	466
貴重であることも意味する。周囲千キロ異常にわたって、越冬観測	496
している基地は皆無なためだ。日本で例えれば、北海道から九州ま	526
での間に、一か所しか観測点がないことに匹敵する。	551
日本は戦後間もない時期に、国際地球観測年（ＩＧＹ）における	581
プロジェクトの一環として、アジアで初めて南極観測をスタートさ	611
せた。１９５９年には南極条約が採択され、平和利用、科学的調査	641
の自由と国際協力などを定めている。当初から観測に参加していた	671
１２か国の一因として、南極の環境を保護し、人類の将来に貢献し	701
なければならない。	710

宗谷（そうや）　知見（ちけん）
隕石（いんせき）　掘削（くっさく）
捉（とら）え　越冬（えっとう）
皆無（かいむ）

1	採点欄	総字数		エラー数		純字数	
2	採点欄	総字数		エラー数		純字数	
3	採点欄	総字数		エラー数		純字数	

30	向→港	318	閉→並	496	異常→以上	701	因→員

【速度－3】 次の文章には網掛けの部分に誤りがある。訂正しながら1行30字で入力しなさい。なお、フォントの種類は明朝体とし、網掛けする必要はない。（制限時間10分）

本文	字数
なぜ多くの船会社が、貨物船を大型化しようとするのか。大型化	30
により、どうやって競走力を強めようと考えているか、調べてみた	60
い。	63
輸送手段である船舶が大きくなって、積み込む貨物が増えれば、	93
海運会社の収入が増加することは一目瞭然だが、それでは費用の方	123
はどうなるか。船舶輸送での大きなものは、費用構成を示せば船舶	153
そのものの建造費用・維持整備費、船員の労務、燃料、顧客の拠点	183
から、あるいは、拠点への貨物の移動輸送と保管、営業など、陸上	213
の支援要員費用などである。それでは、船を動かすのに必要な燃料	243
費用について、２万ＴＥＵ船と５千ＴＥＵ船（船舶業界では、長さ	273
約６メートルのコンテナを１ＴＥＵ単位として数える）を比較して	303
みる。	307
積み込み可能なコンテナ本数の要領が４対１とはいえ、船の長さ	337
は前者が約４００メートルに対して、後者は約３００メートルであ	367
り、いずれも大型船であることに間違いない。だが意外にも、積み	397
込む貨物量の違いの割りに、エンジンの大きさに違いがない。エネ	427
ルギーとしては、Ｃ重油が必要だが、Ｃ重油の消費量はエンジンの	457
出力に左右されるので、燃料の購入費用もエンジンの大きさに影響	487
を受ける。出力は、速度の３乗に比例すると言われている。	515
つまり、超大型船と大型船のエンジンの大きさにそんなに差がな	545
いのは、サービスに影響が出ない程度に、超大型船が速度を少し抑	575
えているからだ。超大型船は船が大きくなった分の出力アップもあ	605
るが、速度調整によりエンジン出力を抑えることによって、コンテ	635
ナ当たりの燃料消費量では、かなり削減高価が出ている。経済的な	665
船の特徴は、ゆっくり大きなものを運ぶことにある。超大型船利用	695
の最大の理由はここにあるのだ。	710

1	採点欄	総字数		エラー数		純字数	
2	採点欄	総字数		エラー数		純字数	
3	採点欄	総字数		エラー数		純字数	

船舶（せんぱく）　一目瞭然（いちもくりょうぜん）
拠点（きょてん）

60	走→争	337	要領→容量	665	高価→効果

【速度－4】 次の文章には網掛けの部分に誤りがある。訂正しながら1行30字で入力しなさい。なお、フォントの種類は明朝体とし、網掛けする必要はない。（制限時間10分）

日本に火薬が伝わったことに諸説あるが、確かなことは、種子島	30
に偶然流れ着いたポルトガル人により、鉄砲が伝えられた１５４３	60
年だと言われている。日本で初めて花火を見た人物は徳川家康とさ	90
れ、１６１３年に、イギリス国王の使者である、Ｊ・セーリス氏が	120
来日した際、動向の中国人の手で花火を見せたという記録が残って	150
いる。１５８９年に、伊達政宗が見たという記録もあるようだが、	180
確かではない。	188
家康が見たと言われるのは、打ち上げ花火のようなものだったよ	218
うで、それを機に、将軍家をはじめ諸大名の間で大流行し、江戸の	248
町民にまで広がったことで大流行した。ところが、花火が減員とな	278
る火災が何度も発生した。そして、ついに江戸幕府は、花火禁止令	308
を出して大川端でのみ許可されるようになったが、一度火のついた	338
流行はなかなか収まらない。幕府の禁止令は、その後、６回も出さ	368
れたが、１７３３年、将軍吉宗は前年の飢饉と悪病払いのために、	398
水神祭というイベントを大きな橋周辺で催し、大々的に花火を打ち	428
上げた。これが、両国開きの始まりとなった。	450
両国開きの時に、花火師を勤めたのが鍵屋６代目の弥兵衛であっ	480
た。その後、鍵屋に特に腕の良い、清七という名の弟子がいた。彼	510
は暖簾（のれん）分けをしてもらう形で、玉屋を立ち上げた。以降	540
玉屋と鍵屋は、両国開きで共演することとなったのである。これが	570
「たまやあ、かぎやあ」という、花火が打ち上げられる時の掛け声	600
の由来となった。しかし、玉屋はその後、大火災を起こしたため、	630
江戸を追放されて、一代限りで断絶してしまった。	654
両国開きは水質汚染などの理由で、１９６１年に中止されるが、	684
その後、東京の名物花火大会として見事に復活したのだ。	710

種子島（たねがしま）　伊達政宗（だてまさむね）
大川端（おおかわばた）　飢饉（ききん）
水神祭（すいじんさい）　催（もよお）す
弥兵衛（やへえ）

150	動向→同行	278	減員→原因	480	勤→務

1	採点欄	総字数		エラー数		純字数	
2	採点欄	総字数		エラー数		純字数	
3	採点欄	総字数		エラー数		純字数	

【速度－5】 次の文章には網掛けの部分に誤りがある。訂正しながら1行30字で入力しなさい。なお、フォントの種類は明朝体とし、網掛けする必要はない。（制限時間10分）

皆さんは、福利更生とは何かを知ってるだろうか。海浜保養所や	30
ＩＳＡ保養所システムなどが、真っ先に思い浮かぶかもしれない。	60
しかし、福利厚生はレジャー関連だけではない。給与とは別に支払	90
われる「報酬」という面がある。つまり福利厚生は、私たちの生活	120
を豊かにするための利益と言ってもいいだろう。したがってこれこ	150
そが、学生が企業を選択する際の、勤務地や給与などに並ぶ重要な	180
選択肢のひとつなのである。そんな福利厚生だが、いったいいつか	210
ら始まったのだろうか、歴史を調べてみた。	231
江戸時代を例にあげてみよう。当時の商いの世界は「奉公」とい	261
う、店主を育成するための雇用形態が主流だった。最初は、でっち	291
として１０歳くらいから主人の家に住み込みで働き、なんと給与は	321
ゼロ。労働の対価は、住み込みによる衣食住の保証のほか、休みと	351
してはお盆・暮れの年２回だけ、他には実家への手土産などが支給	381
される程度だった。一人前になると、賃金も支給され、自分の家を	411
持つことも許されたが、それまでの約１０年間は、現在でいう福利	441
厚生のみで生活をする労働環境だったようだ。つまりこの時代は、	471
衣食住や休日などが給与そのものと考えられていた。	496
その後の大正時代、福島県工場協会設立時の競技事項の中には、	526
義務教育が未修了の学齢児童を雇用する工場では、就学上、必要な	556
措置をとることが銘記されている。このことは、就労によって困難	586
となる教育機会をまかなうサービスがあったことを示し、大正時代	616
には福利厚生があったと思われる。	633
現代において、企業は、従業員が活力を持って仕事に集中できる	663
環境を作る必要がある。このためにも福利厚生を導入することで、	693
そのサポートが可能となるであろう。	710

1	採点欄	総字数		エラー数		純字数	
2	採点欄	総字数		エラー数		純字数	
3	採点欄	総字数		エラー数		純字数	

報酬（ほうしゅう）　措置（そち）

30	更→厚	351	証→障	526	競技→協議	586	銘→明

【速度－6】 次の文章には網掛けの部分に誤りがある。訂正しながら1行30字で入力しなさい。なお、フォントの種類は明朝体とし、網掛けする必要はない。（制限時間10分）

博物館に展示されている人骨資料の多くが、レプリカである。人	30
の出入りが多く証明が長時間当たる展示場所は、湿度や温度の変化	60
によって骨が劣化してしまうため、本物ではなくレプリカを展示し	90
ている。	95
では、本物の骨は無くても良いのではと思うだろう。最近では、	125
成功なレプリカも多く、本物と見間違うほどだ。大きさや形、質感	155
などの形態分析は、レプリカでもある程度わかる。だが、化学分析	185
は本物でなければできない。骨に含まれる成分から、骨自体の性質	215
以外にも、骨の持ち主が生きた時代背景もわかる。	239
たとえば、人骨に含まれているタンパク質を分析すれば、個体が	269
死亡する前１０年程度の食生活を知ることができる。魚や肉、野菜	299
など、どんな食料を主とした日常だったのか、という食生活が見え	329
てくる。また、タンパク質からは年代を測定することもできる。そ	359
こに取り込まれている放射性炭素は、５７３０年周期で半減すると	389
いう性質に基づき、その料を調べれば、生命がいつ停止したのか、	419
何時代の人物なのかを推定できるのだ。	438
また歯からは、親から子へと伝わる遺伝子の本体である、ＤＮＡ	468
を抽出できる。ＤＮＡを解析すれば、同じ遺跡から出土した人骨と	498
の血縁関係や、その個体がどんな道筋でその土地に来たのかを探る	528
ことも、可能なのだ。	539
このように、化学分析は骨に秘められた情報を引き出す。人骨は	569
個人が生きた証であり、研究資料としての役割も担っている。われ	599
われは分析を通して、異なる時代・異なる国々の人間の生活や分化	629
を知ることができるのだ。将来、新しい分析技術により、骨に潜む	659
事実が今後さらに解明される日が来るかもしれない。そのためにも	689
本物の骨は、丁寧に保管していく必要がある。	710

抽出（ちゅうしゅつ）　担（にな）って

丁寧（ていねい）

1	採点欄	総字数		エラー数		純字数	
2	採点欄	総字数		エラー数		純字数	
3	採点欄	総字数		エラー数		純字数	

60	証→照	155	成功→精巧	419	料→量	629	分→文

【速度－7】 次の文章には網掛けの部分に誤りがある。訂正しながら1行30字で入力しなさい。なお、フォントの種類は明朝体とし、網掛けする必要はない。（制限時間10分）

星座の期限は古く、ＢＣ３世紀にまでさかのぼる。その故郷は、	30
古代文明の発祥地であるメソポタミアという。その地に住む遊牧民	60
が、羊の番をしながら夜空を見上げ、明るい星に名前を付けたり、	90
星の並びを線で結び、絵を描いたことが始まりとされている。彼ら	120
は、この図柄を目印にして方位を知り、また、時刻や季節の変化を	150
読み取った。やがて、月や太陽の運行をもとに暦が作られると、あ	180
る特定の線に添った１２の図柄が注目されるようになった。これが	210
現在の１２星座の原型といわれている。この考えは、やがて世界の	240
各地へ広まり、新しい文化を遂げることになる。	263
エジプトでは、メソポタミアとほぼ同じ頃に古代文明が栄えた。	293
毎年決まった時期におきるナイル川の氾濫は、農工に欠かすことの	323
できない肥えた土を運んでくれた。この時期を予測するために、星	353
の観測をもとにした太陽暦が発達し、独自の星座が作られた。同じ	383
時期にギリシアへもたらされた星座は、神話の神々や英雄と結びつ	413
けられた。この国の天文学者は、天動説を唱え、星座を４８に分類	443
した。	447
１７世紀初頭に発明された望遠鏡は、天文学に大きな革命をもた	477
らした。今まで肉眼で確認できなかった暗い星が、だれでも簡単に	507
観察できるようになったからである。この成果を取り入れて新しい	537
星が次々と発見され、天体観測が一種の流行になったという記録も	567
残されている。学者たちは先を争って望遠鏡を購入し、正座を見つ	597
けては勝手に名付けていた。そのため、当時の天体図は作者ごとに	627
異なり不統一だった。	638
この混乱を解消するため、ＩＡＵ（国際天文学連合）委員会で６	668
年検討された結果、古来の４８個に新しく発見された４０種類を加	698
えて、８８星座となった。	710

発祥（はっしょう）　遂（と）げる
氾濫（はんらん）

1	採点欄	総字数		エラー数		純字数	
2	採点欄	総字数		エラー数		純字数	
3	採点欄	総字数		エラー数		純字数	

30	期限→起源	210	添→沿	323	工→耕	597	正→星

【速度－8】 次の文章には網掛けの部分に誤りがある。訂正しながら1行30字で入力しなさい。
なお、フォントの種類は明朝体とし、網掛けする必要はない。（制限時間10分）

都内でオンライン診療を手掛けるあるベンチャー企業は、夜間に 30
子どもが体調を崩したときに、健康相談サービスのアプリを提供し 60
ている。また、必要があれば医療につなぐことも可能だ。そして、 90
新型コロナウイルス感染症を契機として、病院に行くことをためら 120
う親も増加し、判断に迷っている保護者の需要を期待している。 150

このアプリは、専属の看護師に質問ができる健康相談とともに、 180
インターネット海鮮を利用し、医師のオンライン診療も可能だ。さ 210
らに、自宅に医師を呼び、診察をしてもらう往診の予約もできる。 240
症状に応じて、救急病院への受診やオンラインの診療、往診の利用 270
をアドバイスしてくれる。診療や往診の費用については、健康保健 300
や地域の助成が適用される。 314

現在、この健康相談は、全国どこからでも利用が可能である。し 344
かし、オンライン診療と往診は、関東エリアの都市部にかぎり受け 374
付けており、地方では、東海エリアのみ往診予約だけを提供してい 404
る。製造業が集まる同エリアでは、子育て世帯や女性が、働きやす 434
い環境づくりを目指している企業が多く、口コミによって利用者の 464
拡大を目指している。今後、医療機関のネットワークをさらに広げ 494
ていくようだ。 502

同社は、ＱＲコードを利用して、医師などと気軽に相談ができる 532
システムを目指して設立された。現在、初心でのオンライン診療が 562
特例で認められ、医療機関側から対価を得るしくみになっており、 592
大手企業の出資を受けてサービスエリアの拡大を図っている。さら 622
には、病児保育や病院送迎タクシーの廃車システムの導入も検討し 652
ている。同社の社長は、アプリが普及すれば、軽症者が救急外来を 682
安易に利用することを減らす効果も、期待できるとしている。 710

1	採点欄	総字数		エラー数		純字数	
2	採点欄	総字数		エラー数		純字数	
3	採点欄	総字数		エラー数		純字数	

診療（しんりょう）　往診（おうしん）
助成（じょせい）　安易（あんい）

210	海鮮→回線	300	健→険	562	心→診	652	廃→配

【速度－9】 **次の文章には網掛けの部分に誤りがある。訂正しながら1行30字で入力しなさい。なお、フォントの種類は明朝体とし、網掛けする必要はない。**（制限時間10分）

予選グループで３勝しながら、勝ち点の差で８強入りを逃した、	30
ラグビーＷ杯イングランド大会から４年後の日本大会は、日本代表	60
チームが予選を４戦全勝し、グループ１位で８強入りを決めた。ア	90
イルランド、スコットランドなどの強豪を破っての、決勝トーナメ	120
ント進出だ。半人前扱いされてきた日本が、アジア初開催のＷ杯で	150
ラグビー強国の一画を占めたのは、選手、監督、コーチ、関係者の	180
鍛錬の成果である。	190
大会でスコットランド戦に勝利し記者の取材に答え、多くの日本	220
選手が口にした「あらゆることを、犠牲にしてやってきた」という	250
印象的な言葉があった。前回大会で、優勝候補の南アフリカを粘り	280
倒し「ブライトンの奇跡」と称賛されつつも、スコットランド戦で	310
の大敗などが響き「最強の敗者」に終わった。その無念を機転に、	340
切磋琢磨してきたのである。	354
日本のチームほど、Ｗ杯に火をつけたチームはなかったと、欧州	384
の専門誌が称賛したほどだ。ルールの難解さなどから、ラグビーに	414
縁遠かった人を含めてファン層を拡大したのは、チームの躍進とＷ	444
杯の誘致・運営に汗を流した、関係者の努力の賜物である。	472
ラグビーの国際試合は英国の４つの国家をはじめ、英連邦の国々	502
を中心に繰り広げてきた。時にスコットランドが、イングランドへ	532
の対抗心をむき出しにするなど、それは民族意識を発露させる場で	562
もあった。一方で、Ｗ杯は出場選手に国籍要件を要求しない。日本	592
代表は日本人、日本国籍を持つ海外出身者、外国籍者の混声チーム	622
だ。群を抜く多様性が育んだ健全な国家主義もまた、８強入りを支	652
えたと言っても過言ではない。	667
そこには、日本の経済界が、世界に型を並べていくためのヒント	697
が潜んでいるように思える。	710

鍛錬（たんれん）　称賛（しょうさん）
切磋琢磨（せっさたくま）　賜物（たまもの）
発露（はつろ）

1	採点欄	総字数		エラー数		純字数	
2	採点欄	総字数		エラー数		純字数	
3	採点欄	総字数		エラー数		純字数	

180	画→角	340	機転→起点	622	声→成	697	型→肩

【速度－10】 次の文章には網掛けの部分に誤りがある。訂正しながら1行30字で入力しなさい。なお、フォントの種類は明朝体とし、網掛けする必要はない。（制限時間10分）

たばこは、南米で時勢していたナス科の植物である。南米では、	30
主に宗教的な行事に用いられ、乾燥した野性のたばこの葉を火にく	60
べ、その煙を吸っていたといわれている。１４９２年にコロンブス	90
が原住民からたばこをもらったことにより、喫煙習慣がスペインに	120
伝えられた。そして、次第にヨーロッパ各地へと広まっていった。	150
さらに、第一次産業革命以降、紙巻たばこの大量生産がスタートし	180
たことで、喫煙習慣が一般庶民にも急速に広まっていった。	208
日本にたばこが持ち込まれたのは、江戸時代であった。鹿児島や	238
長崎などの説があるが、はじめてたばこが栽培されたのは、長崎市	268
の教会だといわれている。その後、全国各地へと栽培が広がった。	298
それとともに、喫煙習慣も各地へ伝播していった。１９世紀末から	328
２０世紀のはじめに、機械化や興業化、都市化が進み、たばこをと	358
りまく環境が大きく変化していった。	376
明治時代以降、たばこ税則が定められ、たばこの栽培製造販売も	406
本格化し、それにつれて喫煙習慣もさらに広がっていった。だが、	436
年少者にも喫煙が広がりを見せ始めたことから、健全なる青少年の	466
育成を目的に、未成年者喫煙禁止法が施行された。しかし、日清・	496
日露戦争によって国費が膨大化したことで、当時の政府が必要に迫	526
られて完全専売化を始めることになった。	546
喫煙による健康への影響が明らかになるにつれて、喫煙の対策が	576
講じられるようになった。２００５年には、ＷＨＯによる「たばこ	606
既成枠組条約」が発効された。現在、多国籍たばこ企業が国境を越	636
えた販売活動を行っている。たばこ対策のための枠組条約は、たば	666
こによる健康問題の解決に向けて、国境を越えた取り組みが必要だ	696
との観点から進められている。	710

喫煙（きつえん）　栽培（さいばい）
伝播（でんぱ）　税則（ぜいそく）
施行（せこう）

30	時勢→自生	358	興→工	636	既成→規制

1	採点欄	総字数		エラー数		純字数	
2	採点欄	総字数		エラー数		純字数	
3	採点欄	総字数		エラー数		純字数	

【速度－11】 次の文章には網掛けの部分に誤りがある。訂正しながら1行30字で入力しなさい。なお、フォントの種類は明朝体とし、網掛けする必要はない。（制限時間10分）

文字を習う出発点は、小学校の国語の時間だ。新学習指導要領の	30
書写の項に、文字は姿勢や筆記具の持ち方を正して書くことと示し	60
てある。さらに、点画の書き方や文字の形に注意しながら、筆順に	90
従い、点画相互の接し方や交わり方、長短や方向などに注意して、	120
文字を正しく書くことと表記されている。	140
小学校低学年の文字の練習には、通常２Ｂか書写用の６Ｂの鉛筆	170
が使われる。太くて濃い鉛筆を使うのは「とめ、はね、はらい」を	200
きちんと書かせて、欠く際の筆圧を身に付けるのに適しているから	230
とされている。鉛筆の正しい持ち方は、先端から１ｃｍ位の場所を	260
親指と人差し指でつまみ、中指は鉛筆の下に寝かせて、紙に接する	290
角度は約６０度だとされる。この持ち方に慣れるためには、軸が丸	320
いシャープペンより、６角形の鉛筆が持ちやすく適している。	349
正しい市政、正しい持ち方で、整った文字を書く習慣は早期に身	379
に付けることが望ましいため、小学校低学年では、鉛筆を使うこと	409
から出発する。この二つの筆記具の利点を一言で言えば、鉛筆は、	439
書く基本を習得するのに適しており用途の幅も広い。シャープペン	469
は、削る手間がかからず、芯が次々に繰り出される効率的な筆記具	499
ということになる。	509
最近、小・中学校の教室を訪ねると、ぎこちない手つきで、鉛筆	539
やシャープペンを握り、雑な字を書く生徒を見かける。基本を身に	569
付ける段階で、授業でどのような指導を受けてきたのか、疑いたく	599
なることがある。現代では、スマートフォンやパソコンが普及し、	629
文字を書く器械は、次第に減っているかもしれない。そんな状況に	659
なっても、鉛筆やシャープペンを持てば姿勢を正し、しっかりした	689
字を書ける力は、保っていってほしいものだ。	710

1	採点欄	総字数		エラー数		純字数	
2	採点欄	総字数		エラー数		純字数	
3	採点欄	総字数		エラー数		純字数	

点画（てんかく）　用途（ようと）
削（けず）る　芯（しん）

230	欠→書	379	市政→姿勢	659	器械→機会

【速度－12】 次の文章には網掛けの部分に誤りがある。訂正しながら1行30字で入力しなさい。なお、フォントの種類は明朝体とし、網掛けする必要はない。（制限時間10分）

トイレ用の擬音装置や電子歩数計、体脂肪計、紫外線計など、ボ	30
タン電池を使う携帯危機は、エコや健康の分野にも広がっている。	60
そこで、環境や体に負担をかけないような、電池の処分方法や取り	90
扱い注意点をまとめてみた。	104
ボタン電池で問題視されているのは、材料に使われている水銀で	134
ある。負極の亜鉛の腐食を抑えて、液漏れや破裂を防いでいるが、	164
この水銀は有害な重金属である。乾電池は、すべての商品で水銀ゼ	194
ロをすでに達成している。しかし小型のボタン電池は技術的に難し	224
く、現在でも一部商品に微量の水銀が含まれている。環境への影響	254
を考えて、家庭からごみとして出す場合は、種類に合わせた適切な	284
処理が求められる。その種類は、電池に刻印されている型番で分か	314
る。	317
例えば、型番がＬＲ４４の場合、種類記号を示す最初の文字Ｌが	347
重要となる。種類記号がＬとＳの電池には、一部商品に水銀が含ま	377
れているため、電器店や時計店などに置かれているボタン電池用の	407
回収缶に入れてほしい。回収した電池からは、水銀、鉄などがリサ	437
イクルされている。続くＲは、円筒形状を現す記号であり、ボタン	467
電池すべてに共通している。数字は電池の大きさを表しており、例	497
で示した４４のような国際規格番号のほか、外径・高さを表す実際	527
の数字の場合もある。	538
電池が、遺物として体に入るケースがある。幼い子どもは、携帯	568
機器の分会に夢中になったり、小さな電池を口や鼻に入れたりする	598
ことがある。子どもが機器から電池を取り出さないように、注意が	628
必要だ。電池や機器を子どもの手の届かない所に置くように、電池	658
工業会は呼びかけている。また、ボタン電池の重ね置きはショート	688
して発熱、破裂などにつながると警告している。	710

擬音（ぎおん）　亜鉛（あえん）
腐食（ふしょく）　抑（おさ）えて
漏（も）れ　微量（びりょう）

1	採点欄	総字数		エラー数		純字数	
2	採点欄	総字数		エラー数		純字数	
3	採点欄	総字数		エラー数		純字数	

60	危機→機器	467	現→表	568	遺→異	598	会→解

【速度－13】 次の文章には網掛けの部分に誤りがある。訂正しながら1行30字で入力しなさい。なお、フォントの種類は明朝体とし、網掛けする必要はない。（制限時間10分）

有効なワクチンが開発されなければ、オリンピック開催は難しい	30
と、日本医師会（ＪＭＡ）はワクチン開発の重要性を訴えた。ある	60
雑誌によれば、世界中の企業や大学等がワクチン開発に乗り出し、	90
少なくとも６機関が、ボランティアに対して少量を摂取する、初期	120
の安全試験も始めているという。	136
ウイルスや細菌に感染して、一度病気にかかると、二度目に同じ	166
病原体に感染しても、病気になりにくかったり、症状が軽く済んだ	196
りすることが、昔から経験的に知られている。私たちの体が、最初	226
の感染で病原体への対処法を覚え、二度目は素早くやっつけるから	256
である。	261
なぜだろうか。体内で病原体を退治するのは免疫細胞たちだ。あ	291
る免疫細胞は、新しいウイルスに出合うと勢いよく食べて分解し、	321
その部品を見せて知らせる。氏名手配書の役割を果たすこの部品を	351
抗原という。新型コロナウイルスの場合は、周囲のとげのようなス	381
パイクタンパク質が目立つ高原になりそうである。	405
免疫細胞は、そのとげの形に合わせた「抗体」という武器を大量	435
に作り始め、抗体はぴったり張り付き、新型ウイルスだけに攻撃す	465
る。また、キラーＴ細胞と呼ばれる免疫細胞が増え、とげを目印に	495
ウイルスに的を絞り、細胞ごと壊して増殖を止める。初めての場合	525
は、指名手配書を基に武器を作り、キラーＴ細胞を増やすのに数日	555
程度がかかる。その間にウイルスなどが増加すると、発病してしま	585
う。ところが、次に同じ抗原を発見すると、今度は早速大量の抗体	615
を作って、キラーＴ細胞も素早く動く。一度目よりも、早く協力に	645
免疫が働くのだ。	654
それなら、対処法を予め覚えておけば、最初から病気にならずに	684
済むはずだ。その役目を果たすのがワクチンなのである。	710

細菌（さいきん）　感染（かんせん）
免疫（めんえき）　抗原（こうげん）
絞（しぼ）り　予（あらかじ）め

1	採点欄	総字数		エラー数		純字数	
2	採点欄	総字数		エラー数		純字数	
3	採点欄	総字数		エラー数		純字数	

120	摂取→接種	351	氏→指	405	高→抗	645	協→強

【速度－14】 次の文章には網掛けの部分に誤りがある。訂正しながら1行30字で入力しなさい。なお、フォントの種類は明朝体とし、網掛けする必要はない。（制限時間10分）

若い世代の人たちがよく使う新語は、感覚的に簡単で分かりやす	30
いものもあれば、やや高度で、理解に手間取るものもある。後者の	60
代表には「世界線」という言葉があるが、初めて聞く言葉だという	90
人もいると思う。	99
私たちが進む方向は、複数の可能性が考えられる。様々な方向が	129
あり、その行先は不明だが、世界が一つの方向に進んで行く軌跡の	159
ことを、線に例えて世界線という。この言葉は、２００９年に発売	189
されたコンピュータゲームの影響により拡散した。このゲームは、	219
端的に言えば、マイナス方向へ進むはずの世界線から、別の線に乗	249
り換えて、理想の方向に起動修正させるものである。	274
私は世界線と聞いて、パラレルワールド（並行世界）という用語	304
を思い浮かべた。ＳＦ作品に出てくる世界とは少し違ったもので、	334
それぞれの空間に、個々の自分がいて、異なる人生を送っていると	364
いう意味である。しかし、世界線の考え方はまったく違う。実際の	394
世界は一つであり、自分も一人だけだ。ただ、進んでいく可能性に	424
は複数の選択があり、複数の世界線があるということだ。	451
２０２０年春、地球上で新形コロナウイルスの感染拡大が深刻化	481
した。ＳＮＳでは「気兼ねなく、ライブを楽しむ世界線に早く戻り	511
たい」等、再び仲間と一緒に、同じ時を進んでいたいという希望の	541
声が満ちている。一刻も早く事態が収束し、望み通りになる世の中	571
に戻ってほしいと願う。その気持ちを、世界線という現代ならでは	601
の言葉により表現している。だが、元は物理学用語で、その概念の	631
提唱者はアインシュタインであった。この高度な学術用語を、若い	661
世代の人たちがアレンジし、誰もが使う日常語にしてしまった。若	691
い人たちの創造性には、簡単させられる。	710

軌跡（きせき）　拡散（かくさん）
端的（たんてき）　深刻化（しんこくか）
収束（しゅうそく）

274	起動→軌道	481	形→型	710	簡単→感嘆

1	採点欄	総字数		エラー数		純字数	
2	採点欄	総字数		エラー数		純字数	
3	採点欄	総字数		エラー数		純字数	

【速度－15】 次の文章には網掛けの部分に誤りがある。訂正しながら1行30字で入力しなさい。なお、フォントの種類は明朝体とし、網掛けする必要はない。（制限時間10分）

夢の「空飛ぶクルマ」が現実になろうとしている。ある自動車メ	30
ーカーが出資する会社が、空中を時速１００キロで非行し、地上を	60
６０キロで走る自動車を発売予定である。	80
国連は現在、ＳＤＧｓと呼ばれる持続可能な開発目標を掲げて、	110
貧困や不平等の解消、ジェンダーの平等や教育対策、さらには働き	140
がい、クリーンエネルギーの対策など、２０３０年までに達成すべ	170
き、１７の目標と１６９のターゲットを提示している。国連の広報	200
はこのことを楽しみながら理解してもらおうと、問いに答えてコマ	230
を進める世界共通のすごろくを作り、Ｗｅｂで後悔している。	259
その問題のひとつに、興味深いものがある。質問の内容は、エネ	289
ルギーの節約や地球の保護のための方法として、現実的でないもの	319
を選ぶというものだ。答えは「空飛ぶ自動車」と選ばざるを得ない	349
選択肢になっており、資源の節約や地球の保護の観点で、不適切で	379
あるという位置づけになる。	393
国連は、空飛ぶクルマはエネルギーを浪費するぜいたく品と考え	423
ているのだろうか。味方を変えて考えれば、有線電話の手配が遅れ	453
た地域で、スマホが導入され便利になったように、道路整備の進ん	483
でいない地域では、空飛ぶクルマが道路建設による、環境破壊を防	513
ぐ切り札になる可能性がある。	528
電動化、自動操縦、垂直離着陸を条件とすれば、いずれも環境に	558
優しく、運行コストの大幅な引き下げに役に立つ。空飛ぶクルマが	588
実現したとして、都会だけではなく、交通が不便な山間地にも需要	618
はあり得る。日本は島国だから、離党と本土とを結ぶ移動で空飛ぶ	648
タクシーとしても活躍しそうだ。より手軽なドクターヘリとなり、	678
さらに、地上の交通が寸断された災害時の復旧対応にも役立つだろ	708
う。	710

1	採点欄	総字数		エラー数		純字数	
2	採点欄	総字数		エラー数		純字数	
3	採点欄	総字数		エラー数		純字数	

貧困（ひんこん）　浪費（ろうひ）
寸断（すんだん）

60	非→飛	259	後悔→公開	453	味→見	648	党→島

【速度－16】　次の文章には網掛けの部分に誤りがある。訂正しながら1行30字で入力しなさい。
なお、フォントの種類は明朝体とし、網掛けする必要はない。（制限時間10分）

本文	字数
令和の日本で、私たちの生き方はどう変化していくのだろうか。	30
平成における幕開けでは、バブル景気に沸いていたが、その高揚感	60
はない。少子高齢化は進み、生産年齢人口は減少を続け、存続が難	90
しくなる自治体もある。それでも、自分の身の丈に会った幸せの形	120
はあるはずである。そこで、新時代の新しい価値観を探る人たちを	150
訪ねた。	155
ＩＴ企業に勤務する会社員は、都内で開かれた子育てのイベント	185
会場に子どもと一緒に現れた。彼の会社が、ネット上の告知に協力	215
したイベントである。彼の日課は、家族の朝食を作った後、二人の	245
子どもを保育園へ送っている。また、仕事の現場に子どもを連れて	275
向かうこともあるという。	288
会社では企画室長として、子育て情報を集めたサイトを運営し、	318
社内・社外で、子育て支援のイベントを手掛けている。子どもたち	348
の反応が参考になることもあり、子育てと仕事は別物ではなく、互	378
いに良い影響を与え合っているという。また、育児に奮闘する父親	408
たちに、横のつながりを作ってもらおうと座談会を開催している。	438
毎回、仕事との料率や教育費など話題は尽きない。実際は、多くの	468
人が「パパ友」を求めているようだ。	486
メディアも、父親の子育てを後押しするようになった。番組など	516
の編集を取り仕切るは、かつて「昭和型」だった４０代以上の男性	546
が中心だ。ＮＨＫの番組を手掛けるあるプロデューサーは、最近の	576
スタジオ撮影では「恥ずかしがらずに、子どもと一緒に弾ける父親	606
が増えている」と、現場の状況を説明する。ある雑誌の編集長は、	636
「男性が火事や育児をこなし、子どもを自律させることは、これま	666
でにはなかった喜びだ」と女性任せではなく、男性も楽しむ価値観	696
を新しい幸せの形としている。	710

沸(わ)いて　　高揚感(こうようかん)
身(み)の丈(たけ)　　互(たが)いに
奮闘(ふんとう)　　弾(はじ)ける

120	会→合	468	料率→両立	666	火→家	666	律→立

1	採点欄	総字数		エラー数		純字数	
2	採点欄	総字数		エラー数		純字数	
3	採点欄	総字数		エラー数		純字数	

【速度－17】 次の文章には網掛けの部分に誤りがある。訂正しながら1行30字で入力しなさい。なお、フォントの種類は明朝体とし、網掛けする必要はない。（制限時間10分）

前代未聞の数のバッタが、アラビア半島やアフリカ、西アジアの	30
地域で大発生するという。バッタが大地や空、田畑を埋め尽くし、	60
農作物や牧草などすべて食べ尽くすという被害状況である。巨大な	90
群れは、体積にして東京ドーム３８６個分に相当し、その密度は、	120
「４畳半に４万個」というすさまじさだ。そして、世界各地で貧困	150
により苦しんでいる地域の食糧を食い尽くし、世界飢餓を引き起こ	180
す恐れがある。	188
専門用語で「孤独相」と呼ばれるバッタは、緑色の退色である。	218
豪雨があると、かれらの繁殖にとって好適な草原が広がる。バッタ	248
は、繁殖を繰り返すため密度が増す。そして、バッタ同志の体が触	278
れ合うほどの高密度になる。バッタ同士が触れ合うようになると、	308
その刺激によって体色が黒色化し、このバッタは「群生相」と呼ば	338
れる。	342
また、孤独相はお互いを避け合うが、群生相になると、お互いに	372
惹かれ合い、群れて集団移動する習性を示す。さらに、発育・繁殖	402
する能力が向上し、短い期間で、爆発的に個体数を増やして移動を	432
続ける。そして、農作物のみならず緑という緑を食い荒らし、深刻	462
な食糧不足を引き起こすことになる。	480
現在、群生相の防除は化学農薬に頼っているのが現状だ。そのた	510
め、成虫が大群となって飛来すると防御ができない。駆除するため	540
には、バッタが集合化する兆候をモニタリングしていくしかない。	570
その中で大流行しそうな集団を見つけ、幼虫の段階で農薬を散布す	600
ることが友好である。そのため、ＦＡＯ（国際連合食糧農業機関）	630
には、バッタ対策班が設置されている。このチームは人工衛星によ	660
る地理情報システムを利用し、発生を監視しながらアフリカや中東	690
の国々と連携し、所期の防衛に努めている。	710

前代未聞（ぜんだいみもん）　飢餓（きが）
群生相（ぐんせいそう）　駆除（くじょ）

1	採点欄	総字数		エラー数		純字数	
2	採点欄	総字数		エラー数		純字数	
3	採点欄	総字数		エラー数		純字数	

218	退→体	278	志→士	630	友好→有効	710	所→初

【速度－18】 次の文章には網掛けの部分に誤りがある。訂正しながら1行30字で入力しなさい。なお、フォントの種類は明朝体とし、網掛けする必要はない。（制限時間10分）

机の片隅に「鶴」の折り紙がぽつんと置かれていたり、幼い子が	30
慣れない手つきで紙風船を折っているような後継を見たら、貴方は	60
懐かしく感じるだろうか。一枚の紙から、さまざまな夢が生まれる	90
折り紙。今や、日本の代表的な伝統工芸のひとつである和紙にこだ	120
わってみた。	127
私たちが暮らしていく上で、紙が無いという状況はまったく考え	157
られない。紙は、文字を書くことによって記録を残すことや、印刷	187
することで、情報を伝達するメディアとしての役割を持っている。	217
その他、物を包んだり、拭いたり、また衣料としても注目されてい	247
る。生活に密着した役割の用途を果たすのは、主に洋紙といわれる	277
紙だ。その一方で、和紙には書道で使う半紙のような美術的な用途	307
と、折り紙のように紙自体を工芸的に仕上げる使い道がある。生活	337
に必要不可欠な紙幣も特殊な加工がされた和紙だが、暮らしの中で	367
和紙の存在感は薄くなっている。	383
内閣府公認のＮＰＯ法人である「国際おりがみ境界」は、あらゆ	413
る和紙を扱っていることから、テレビや新聞などのマスコミによっ	443
て、広く世界に紹介されている。さらに各国の政府機関に招かれ、	473
和紙文化の普及にも鋭意勤めている。	491
また千代紙一つにも、季節の移ろいの中に、日本伝統の柄・色・	521
紙質・歴史が採り入れられている。大都市の中心にあるという交通	551
の利便性もあり、海外版ガイドブックを頼りに協会に来館する人た	581
ちに大きな感動を与えている。それは、素材の素晴らしさだけでな	611
く、日本文化の造形を教室で再現し、それを具体的にギャラリーで	641
展示しているからだ。また、１００歳になっても楽しめる会館とし	671
て、開館当時よりバリアフリーであるため、身体に障がいがある方	701
にも喜ばれている。	710

鶴（つる）　貴方（あなた）

懐（なつ）かしく　拭（ふ）く

60	後継→光景	413	境界→協会	491	勤→努

1	採点欄	総字数		エラー数		純字数	
2	採点欄	総字数		エラー数		純字数	
3	採点欄	総字数		エラー数		純字数	

【速度－19】 **次の文章には網掛けの部分に誤りがある。訂正しながら1行30字で入力しなさい。なお、フォントの種類は明朝体とし、網掛けする必要はない。**（制限時間10分）

私が隣町の商業高校を希望したのは、自転車での通学が便利で、	30
体験入学で学習したことに興味を持ったからだが、体験入学に行く	60
きっかけとなったのは、同じ学校に通う兄がいたからだ。	87
入学前は不安だったが、新しい生活が始まるので楽しみにしてい	117
た。１年次では簿記、情報処理、ビジネス基礎を学習するのだが、	147
はじめて教科書を見たときは難しく感じて、授業についていけるの	177
かが心配だった。しかし、先生方がていねいに教えてくれ、理解し	207
やすく、学校へ行くのが楽しみになった。検定前の補習は苦労した	237
が、努力すれば努力しただけ、結果につながると信じて勉強した。	267
２年次移行は、ＩＣＴの進展に対応する専門科目を履修しながら、	297
授業以外の検定にも挑戦した。部活動では、初心者ながら、卓球部	327
に入り、練習に毎日励んだ。その後部長を任され、先輩方が築いた	357
電灯を守りながら、よりよい部活にしようとがんばり、高校最後の	387
大会では、いい結果を残すことができた。	407
また、就職のためのガイダンスは大変だったが、あいさつやおじ	437
ぎなど社会で必要なマナーを学べた。３年次の夏休みは、履歴書や	467
面接の練習、就職試験に向けての勉強などとても辛かった。しかし	497
一番大変だったのは先生方だと気が付き、感謝している。試験当日	527
は緊張したが、受験に向けての勉強や面接練習をしたことが自身に	557
つながり、いい結果を残すことができた。	577
「努力は必ず報われる」という言葉がある。私は高校で努力する	607
ことの大切さを知った。努力することは大変なことだが、一生懸命	637
がんばれば、必ず結果がついてくるはずだ。高校での三年間という	667
時間は今しかない。あとで振り返った時に悔いが残らないように、	697
今、がんばることが大切だ。	710

励（はげ）んだ　築（きず）いた

辛（つら）い　悔（く）い

297	移行→以降	387	電灯→伝統	557	身→信

1	採点欄	総字数		エラー数		純字数	
2	採点欄	総字数		エラー数		純字数	
3	採点欄	総字数		エラー数		純字数	

【速度－20】 次の文章には網掛けの部分に誤りがある。訂正しながら1行30字で入力しなさい。なお、フォントの種類は明朝体とし、網掛けする必要はない。（制限時間10分）

私が人類の進化に興味を持つ理由は、その進化の過程は、人間の	30
一人の発達過程と煮ているといわれるように、乳児の行動を理解す	60
る上で参考になるからである。特に人間の多様な能力の起源、獲得	90
していく経緯は、乳児がその行為をどのように獲得していくか、そ	120
の過程が参考になる。どの時点で、また、どのような環境が用意さ	150
れ、どのような関係を持てば、最適なのかなど、その糸口を発見で	180
きる確率が高いからだ。	192
乳児を観察していると、その能力の高さを感じると同時に、限り	222
ない能力があることを確信できる。一方、その能力がある理由は、	252
明確に解明できていない。これまでの乳児研究により、少しずつそ	282
の能力が解明されてきているが、まだ奥が深そうである。そして、	312
この研究の成果をすぐに出すということは難しい。	336
現在、２０４５年問題が話題である。これは、その年に人工知能	366
（ＡＩ）が、人類の知能を上回る可能性があるという問題である。	396
そのような時代が到来しても、乳児が持っている能力を機械が代替	426
することは不可能だと、私は確信している。乳児は、よく指さしや	456
身振りをする。その行為事態は、霊長類もすると言われている。だ	486
が、人類だけは、行為に利益がなくても、指さしや身振りをするこ	516
とが判明している。しかし、本当に利益がないと判断することに、	546
私は疑問を抱く。	555
人間が長い進化の過程で、その行為が、自分自身にとって意味が	585
なければ、結果として、その遺伝子はなくなっているはずだ。人間	615
の協力的コミュニケーションの基盤が、すべての強調活動の基盤と	645
同様ならば、人間はそれを協力や文化的な生活全般へ、より大きな	675
適応へと深化させた可能性がある。この点において、ＡＩは可能で	705
あろうか。	710

獲得（かくとく）して　　代替（だいたい）する

抱（いだ）く

60	煮→似	486	事態→自体	645	強→協	705	深→進

1	採点欄	総字数		エラー数		純字数	
2	採点欄	総字数		エラー数		純字数	
3	採点欄	総字数		エラー数		純字数	

【速度−21】 次の文章には網掛けの部分に誤りがある。訂正しながら1行30字で入力しなさい。なお、フォントの種類は明朝体とし、網掛けする必要はない。（制限時間10分）

日本では大規模災害が起きると、学校の体育館が避難所に転用さ	30
れるケースが多く、この状況は、約１００年変わっていない。多く	60
の被災者が、足の踏み場がないほど床に横たわっている状態だ。こ	90
れは、日本には布団で寝る習慣があり、雑魚寝に対して抵抗がない	120
ためである。	127
しかし、そういう生活は不衛生で体への負担が大きい。ウイルス	157
や最近を含んだ床からのホコリを吸ってしまい、呼吸器系の感染症	187
が蔓延しやすい状態になる。このほかにも、食事やトイレで多くの	217
人が並ばないようにする必要がある。そのため、食事は食堂で配膳	247
して提供した方がよい。また、トイレは少なくとも２０人に１個、	277
女性用を多くすることが必要だ。感染予防のためにも、食事は暖か	307
く栄養のバランスが取れたものになるように、避難所で調理して、	337
提供できることも大切だ。	350
欧米の避難所では、一人当たり４平方メートルの広さが必要とさ	380
れ、簡易ベッドを全員が使用するのが一般的である。食事は、食堂	410
とキッチンカーが避難所に配置されて、おいしく温かいものが提供	440
される。また、トイレとシャワーが付いたコンテナも備えられてい	470
る。そして、欧米では４８時間以内を目標に、これらを準備するこ	500
とが法令によって制定されている。	517
我が国でも、避難所の態勢を抜本的に変えていくことが必要だ。	547
避難所・避難生活学会では、トイレ、キッチン・食事、簡易ベッド	577
を、４８時間以内に準備する「ＴＫＢ４８」を提唱している。その	607
実現のためには、欧米と同様に、日本も「市民社会保護」の理念に	637
立ち、災害救助法など災害関連法の見直しと、改正の法整備が必要	667
である。さらに、国レベルの備蓄、災害時の職能ボランティア団体	697
の育成も必要だとしている。	710

雑魚寝（ざこね）　不衛生（ふえいせい）
蔓延（まんえん）　配膳（はいぜん）
抜本的（ばっぽんてき）　備蓄（びちく）

187	最近→細菌	307	暖→温	547	態勢→体制

1	採点欄	総字数		エラー数		純字数	
2	採点欄	総字数		エラー数		純字数	
3	採点欄	総字数		エラー数		純字数	

【速度－22】 次の文章には網掛けの部分に誤りがある。訂正しながら1行30字で入力しなさい。なお、フォントの種類は明朝体とし、網掛けする必要はない。（制限時間10分）

５月下旬に、回転した自動車の販売店が話題となっている。例え	30
ば、客は店舗に入ると同時に「いらっしゃいませ長谷川様、本日は	60
定期点検のご予約ですね」と名前を呼ばれ迎えられる。店外に設置	90
してあるカメラが、車で訪れた顧客の車両ナンバーを読み取って、	120
受付担当者の腕時計型の端末にデータが送られて通知される。この	150
システムを導入することで、迅速な接客ができるのである。	178
一方で、顧客は店内に入ると、手元のタブレット型端末に、自分	208
の車を整備する様子が映像で映し出され、待ち時間も確認できる。	238
あらゆるモノをインターネットに接続することで、情報交換ができ	268
るＩｏＴを活用した次世代の店舗である。	288
国内の新車の需要が減少する中、販売店は、サービスを充実させ	318
て収益につなげようと工夫を重ねてきた。自動車販売協会の調査に	348
よれば、バブル期における売り上げの約６割が、新車販売であった	378
が、２０００年代では５割を切った。逆に、点検や部品交換などの	408
サービスは、３５％から約４０％へと増えている。自動車メーカー	438
は、海外に成長を求めることができるが、販売店が根付いた地域で	468
生き残るためには、顧客とのつながりを掘り下げ、経営を維持する	498
しかない。	504
メーカーの直販で、顧客との新たな関係を築いているのは、国内	534
に６店舗の直営店を構えている米国のＥＶメーカーだ。この会社の	564
特徴は、注文をすべて、スマートフォンで簡潔できることだ。顧客	594
とのダイレクトな関係に、新しさを感じると評判である。さらに、	624
日本の石油販売会社も、ネット通販会社と共同し、新車販売に算入	654
している。給油所のメンテナンスサービスと給油の割引とを組み合	684
わせることで、新たな販売ルートの開拓を目指している。	710

1	採点欄	総字数		エラー数		純字数	
2	採点欄	総字数		エラー数		純字数	
3	採点欄	総字数		エラー数		純字数	

長谷川（はせがわ）　迅速（じんそく）

30	回転→開店	594	簡潔→完結	654	算→参

【速度－23】 次の文章には網掛けの部分に誤りがある。訂正しながら1行30字で入力しなさい。なお、フォントの種類は明朝体とし、網掛けする必要はない。（制限時間10分）

食生活は、地域や民族を問わず所得の増加によって以下の四段階	30
のパターンをたどるとされている。第一段階として、主食から雑穀	60
やイモ類が減り、米・小麦・トウモロコシなどが増える。次に主食	90
が減り、肉や玉子、魚や野菜といった副食が増え、次の段階では、	120
副食の中でも動物性タンパク質の割合がさらに増加する。第四段階	150
では食事を簡単にすませようとし、レトルト食品や外食が増える。	180
他方、伝統的な食事を見直し、高級化の動きも見られる。	207
ただし注意すべき点は、健康を意地するためには、必ずしも上記	237
のような四段階が良いというわけではないことだ。むしろその逆で	267
あり、経済的状況がどうであれ、外食、レトルト食品、アルコール	297
や肉食などは控えめにし、野菜や米などを中心とした食生活を贈る	327
のが良いとされ、さらに雑穀を摂ることも、健康に良いと指摘され	357
ることも最近は多くなっている。	373
人に必要なエネルギーは食品中の蛋白質、脂肪や炭水化物の三大	403
栄養素によって供給されている。三大栄養素の英語の頭文字である	433
Ｐ、Ｆ、Ｃをとり、各エネルギーの比はＰＦＣエネルギー日と言わ	463
れて、それぞれ適正比率がある。日本人の食生活は今までは、ほぼ	493
この適正比率の範囲に入っており、世界一長寿の秘訣なのかもしれ	523
ないと考えられている。	535
ただし、日本でも最近は欧米型の食生活に近づいており、肉食が	565
増えていることが懸念されている。欧米では肉食中心なので、脂肪	595
比率が非常に高く、ＰＦＣエネルギーバランスが悪いため、肥満や	625
心臓病が多いのである。また、動脈硬貨の増加につながっていると	655
も考えられている。これ以上洋食に傾かないよう、気をつけたいも	685
のであるとも言われ、日本型食生活が見直されている。	710

1	採点欄	総字数		エラー数		純字数	
2	採点欄	総字数		エラー数		純字数	
3	採点欄	総字数		エラー数		純字数	

摂（と）る　　蛋白質（たんぱくしつ）
秘訣（ひけつ）　　動脈硬化（どうみゃくこうか）

237	意地→維持	327	贈→送	463	日→比	655	貨→化

【速度－24】 次の文章には網掛けの部分に誤りがある。訂正しながら1行30字で入力しなさい。
なお、フォントの種類は明朝体とし、網掛けする必要はない。（制限時間10分）

現在でも、無電柱化への取り組みに対して様々な意見がある。で	30
は、なぜ、今でも議論されているのかを考えてみたい。無電柱化は	60
ＣＣＢＯＸ（電線共同溝）などを設置し、道路から電柱をなくすこ	90
とだ。電柱には、それが果たす役割である電気や通信の機能面とは	120
裏腹に、社会へ不利益を与えるとされる「外部不経済」がある。そ	150
の理由として、第一に、将来に起こりうる大震災への懸念が高まる	180
なかで、電柱は防災面で危険であることだ。先の大きな地震では、	210
多くの電柱が倒れた。道路をふさぐように倒れた電柱は、救急車両	240
の走行を阻むことになった。	254
第二に、道幅を狭めて歩行者などの通行を妨げている。さらに、	284
自動車事故では、電柱への衝突により、死亡者は他の自己の１０倍	314
であり、これも危険である。そして、第三は美観を損ねることだ。	344
美的間隔は、人によって異なると言われるが、世界遺産として認定	374
されるためには、電柱・電線がないことが条件となっている。	403
経済学では、外部不経済の解決策について二つの論点があるとさ	433
れている。一つは、その不利益を金銭に換算して、電柱の所有者で	463
ある事業者に、是正のための「ピグー税」を科すべきという点であ	493
る。だが、年間に課される税金は、主要な都市部でも、電柱一本当	523
たり１，０００円に過ぎない。電柱を埋める費用とは比べものにな	553
らないため、撤去を促進する動機付けとはなってこなかった。	582
もう一つは、不利益を出す権限が加害者にあるのか、停止を求め	612
る権限が被害者にあるのか、この権限の配分問題である。この二つ	642
の点において、これまで日本は、電気や通信の安定性が産業立国に	672
貢献してきたことが優先され、外部不経済については、認められな	702
かったといえる。	710

狭(せば)めて　是正(ぜせい)
促進(そくしん)　貢献(こうけん)

314	自己→事故	374	間隔→感覚	493	科→課

1	採点欄	総字数		エラー数		純字数	
2	採点欄	総字数		エラー数		純字数	
3	採点欄	総字数		エラー数		純字数	

【速度－25】 次の文章には網掛けの部分に誤りがある。訂正しながら1行30字で入力しなさい。なお、フォントの種類は明朝体とし、網掛けする必要はない。（制限時間10分）

無人探査ロボットによる海底探査を競う国際レースが、始めて開	30
かれた。日本からは、チーム「ＫＵＲＯＳＨＩＯ」が参加し準優勝	60
となった。優勝したのは、アメリカを拠点にしている多国籍チーム	90
だった。このレースは２０１８年に実施され、ギリシャ南部の沖合	120
約３０ｋｍ、深さ最大約４０００ｍの地中海で行われた。１１日間	150
のうち任意の２４時間を使い、調べた面積や作成した地形図の精度	180
で競った。この大会は、月面探査レースを催したＸプライズ財団が	210
主催し、５チームが挑戦した。その結果が、２０１９年の５月末に	240
発表された。	247
ＫＵＲＯＳＨＩＯは、洋上と海中の２台のロボットを連携させて	277
地形図を作成した。乗用車とほぼ同じ大きさの船型のものが、洋上	307
で人工衛星から信号を受けて位置を確認し、自動高校している海中	337
ロボットが音波により海底を測量した。同チームによると、調査し	367
た範囲は約１６７．５平方ｋｍであった。	387
同チームは、都内で会見して準優勝の報告をした。また、賞金は	417
約１億円であった。会見でリーダーは「欧米の強豪がひしめく中、	447
この結果は素直にうれしい。日本の海洋調査技術の高さを示せた」	477
と語った。本来は、２台の海中ロボットを使用する予定だったが、	507
直前に１台が故障して使用できなかった。ほかのメンバーの研究員	537
は「２台とも動いていたら、優勝も狙えた」と話していた。	565
海底探査は現在、有人の船を養生に出し、探査機を沈めて行って	595
おり、多くの費用がかかる。完全に無人化しようとしても、風雨や	625
うねりなど、天候に左右されるため課題も多い。この賞金を開発費	655
にあてて、油田探査や漁業の無人化、レジャーとしての深海探査、	685
津波の予測など、新たなニーズの開拓を目指している。	710

探査（たんさ）　沖合（おきあい）
催（もよお）した　連携（れんけい）
狙（ねら）えた　沈（しず）めて

30	始→初	337	高校→航行	595	養生→洋上

1	採点欄	総字数		エラー数		純字数	
2	採点欄	総字数		エラー数		純字数	
3	採点欄	総字数		エラー数		純字数	

【速度－26】 次の文章には網掛けの部分に誤りがある。訂正しながら1行30字で入力しなさい。
なお、フォントの種類は明朝体とし、網掛けする必要はない。（制限時間10分）

　昨今、盗作疑惑というものが騒がれることがある。インターネッ　30
トの普及により情報がグローバル化し、一般人でも画像検索をかけ　60
れば、世界中の類似のものが容易に閲覧できるようになった。それ　90
に対して、個人がＳＮＳを利用して「盗作だ」と発信し広がってい　120
く。もちろん、盗作を行程するつもりはないが、私のような作家の　150
仕事をしている人間にとって、憂慮する問題である。　175
　優れた作品が、ある日突然何もないところから現れるだろうか。　205
私は、過去の影響を受けていない作品はないと考えている。学問も　235
そうだが、先行研究があるから次があるわけで、全部を初期化して　265
無の状態から生み出すのは、途方もない労力が必要不可欠だろう。　295
芸術にしても、過去の優秀な作品、技術があるからこそ新しい作品　325
が誕生する。そうでなければ、私たちの文化の歴史は断片的なもの　355
になり、成長は不可能なものとなる。そう考えると、文化は、過去　385
を学び次世代に引き継ぐことで確立していき、徐々に伝統と呼ばれ　415
るものとなっていく。　426
　では、文化はどう学ばれ、軽傷されてきたのか。私自身の経験を　456
踏まえて、学びの方法を二つ紹介しよう。まず最初は、文字や言葉　486
に頼らないで、実際に存在するモノを通して学ぶことである。結果　516
は目の前に存在するが、課程を理解することは不可能だから、推測　546
する以外は手段がない。次に、経験から学ぶ。これは、一番身に付　576
く学習方法だと思う。特に失敗を糧にした学習が重要であり、自分　606
自身の経験から学習する。ミスの原因を探り、それを改善して次へ　636
引き継ぐ。　642
　以上のように、それぞれ長所短所があるが、最低限、学ぶという　672
行為は、自らが興味を持ち、研鑽を深めていかなければ身に付かな　702
いということだ。　710

1	採点欄	総字数		エラー数		純字数	
2	採点欄	総字数		エラー数		純字数	
3	採点欄	総字数		エラー数		純字数	

閲覧（えつらん）　憂慮（ゆうりょ）
糧（かて）　研鑽（けんさん）

150	行程→肯定	456	軽傷→継承	546	課→過	

【速度－27】 次の文章には網掛けの部分に誤りがある。訂正しながら1行30字で入力しなさい。なお、フォントの種類は明朝体とし、網掛けする必要はない。（制限時間10分）

農業ビジネスは、農産物の生産に限ったものではない。最近は、	30
マーケティングや商品企画、ブランド化戦略、ネットによる宣伝な	60
ど、農業周辺ビジネスの重要度が増している。それは従来、農家が	90
苦手としていた分野だ。	102
商業分野などの企業が外部のコンサルタントを雇うように、農業	132
にもスペシャリストに対するニーズが存在する。これらの業務には	162
個人の能力や、ノウハウがあればよく、設備やシステム構築といっ	192
た、大きな初期投資が不要なことがメリットだ。もし私自身が企業	222
するとすれば、これまでの経験が活かせる、このような周辺ビジネ	252
スを迷わず狙う。	261
しかし、農家経営の実態を踏まえない事業は苦戦するのは当たり	291
前だ。例えば、ある会社は、一般企業に劣らない立派なＷＥＢサイ	321
トを構築するという、サービスを展開していたが、業績は上がらな	351
い。肥料や農薬などの私財も、つけで農協から購入できる農家が、	381
効果がわからない販売促進アイテムに、高いお金を払うわけがない	411
からだ。機器以外の投資リスクを避けたがる農家の特製を踏まえる	441
と、小規模な農業経営に見合った商品や販売形態が、大きな可能性	471
を秘めている。	479
口コミで「おいしい豚肉」という評判が広まったＭ社の社長は、	509
生産の素人が農業で成功した典型的な例だ。彼は大学卒業後、いっ	539
たん大手企業へ就職したが、その後退職して、実家の養豚場を継い	569
だが、株式会社化して、養豚自体に深く関わらなかった。ブランド	599
化、イベント開催、販路の開拓などに力を注いできた。売り上げは	629
小さくても、一般的な畜産農家よりはるかに高い利益率である。そ	659
れは、料理店や消費者への直販が５割を締め、単価が高くかつ中間	689
マージンが低いことなどが背景に挙げられる。	710

1	採点欄	総字数		エラー数		純字数	
2	採点欄	総字数		エラー数		純字数	
3	採点欄	総字数		エラー数		純字数	

活(い)かす　　養豚(ようとん)

222	企→起	381	私財→資材	441	製→性	689	締→占

【速度－28】 次の文章には網掛けの部分に誤りがある。訂正しながら1行30字で入力しなさい。
なお、フォントの種類は明朝体とし、網掛けする必要はない。（制限時間10分）

生物多様性をおびやかす危機は、四つに分類できる。第一の危機	30
は、人間の活動による開発や乱獲など、人が直接的に引き起こす負	60
の要因による影響である。開発による生育地の現象や環境の悪化、	90
珍しい生きものを勝手に捕獲することが、現在も続いている。第二	120
の危機は、自然に対する人間の働きかけが減ることによる影響であ	150
る。かつては里山や草原などから、薪や炭、屋根の材料などを得て	180
いた。だが、現在では利用されなくなってしまった。その結果、そ	210
の環境における特有の生きものが、絶滅の危機に瀕している。	239
第三の危機は、人が持ち込むことにより、生態系をかき乱してし	269
まうことだ。持ち込まれたブラックバスやマングースなどの外来種	299
は、以前から生息している生きものを食べたり、生息場所やえさを	329
奪ったりする。他から持ち込まれた外来種は、地域固有の生態系ま	359
でおびやかしている。	370
第四の危機は、地球環境の変化による危機である。地球の温暖化	400
が起きていることは疑う余地がない。気温の上昇などにより、生物	430
の生息環境に影響を与えている。種が絶滅することによる人類への	460
影響は、気候の変動などの問題と比較してわかりにくく、体感しに	490
くいかもしれない。しかし、失われた種を再生することは不可能で	520
あり、気付いたときには、社会や経済活動に死傷をきたしているか	550
もしれない。	557
将来にわたって、生物多様性の恵みを受けていくために必要なこ	587
とは、様々な立場の人が、生物多様性の保全とともに、持続できる	617
取り組みに参加することだ。そのためには、日常生活では広報活動	647
や教育、普及啓発（ＣＥＰＡ）を取り入れなければならない。そし	677
て、個人のライフスタイルを換えるためにも、積極的に参加するこ	707
とだ。	710

乱獲（らんかく）　薪（まき）
瀕（ひん）して　奪（うば）う
疑（うたが）う　啓発（けいはつ）

90	現象→減少	550	死傷→支障	707	換→変

1	採点欄	総字数		エラー数		純字数	
2	採点欄	総字数		エラー数		純字数	
3	採点欄	総字数		エラー数		純字数	

【速度－29】　次の文章には網掛けの部分に誤りがある。訂正しながら1行30字で入力しなさい。なお、フォントの種類は明朝体とし、網掛けする必要はない。（制限時間10分）

新茶の季節が始まり、茶畑では、抹茶の原料となる「てん茶」が	30
大人の腰の高さまで育ち、どこも黒いネットで覆われている。日光	60
を遮ると葉が薄く柔らかくなり、緑が濃くなる。ネットを棚の上に	90
広げ、お茶の木との間に空間を作ることで、香りがよく、まろやか	120
な抹茶となる。５月末までは新茶、６月末から７月までは二番茶、	150
そして、１０月には秋番茶として収穫される。	172
多くは機会で収穫しているが、全体の約３０％は、現在も手摘み	202
で、地元の小中学生も手伝っている。手摘みのお茶は深みがあり、	232
アイスやお菓子などの加工用よりも飲用に向いている。春と秋には	262
肥料をまいて、冬はネットを広げる棚を作ったり修理したりする。	292
また、近くの茶園公園では、新茶の時期に限定し茶摘みを体験でき	322
る。枝から葉だけをしごいて摘む「しごき摘み」を教えてもらい、	352
挑戦することが化膿だ。参加した観光客は「難しい」と声を上げな	382
がら、真剣に取り組んでいる。	397
可働間近の製茶工場には、茶葉が大量に入るコンテナがいくつも	427
並んでいる。ベルトコンベヤーで茶葉を運び、蒸して冷ました後、	457
２００度近い温度で乾燥させる。工場内は、４０度くらいの室温に	487
なり、汗を流して作業をする。ＪＡに納品して、石臼でひくと完成	517
となる。	522
お茶農家は、お茶を栽培する親の背中を見て、農家を継ぐことを	552
決める人が多い。大変なのは、天候に左右されることだ。雨量が少	582
なく、生育が遅れることもある。夏の次期も、日照りに注意が必要	612
だ。そして、大切なのは「水分や肥料、一番大事なのは愛情」だ。	642
ある知人は「抹茶を飲むと、不思議と心が落ち着く。これを世界の	672
平和に利用できないものかと思っている」と語り、抹茶で世界平和	702
を目指している。	710

覆(おお)われ　遮(さえぎ)る
手摘(てづ)み　乾燥(かんそう)
継(つ)ぐ

1	採点欄	総字数		エラー数		純字数	
2	採点欄	総字数		エラー数		純字数	
3	採点欄	総字数		エラー数		純字数	

202	会→械	382	化膿→可能	427	可→稼	612	次→時

【速度－30】　次の文章には網掛けの部分に誤りがある。訂正しながら1行30字で入力しなさい。
なお、フォントの種類は明朝体とし、網掛けする必要はない。（制限時間10分）

電気自動車（ＥＶ）など、環境にやさしい車を普及させていく、	30
グローバル組織が発足し、国内の自治体が初期メンバーとして参画	60
した。フィンランド・ヘルシンキで開催された会合に、招待された	90
職員は、環境都市を目指している国の先進的事例を目にした。環境	120
に賦課がかかる石炭火力発電所があった地域で、再生プログラムの	150
開始から３０年で、環境都市へと生まれ変わらせるプロジェクトが	180
進行している。現地を視察した職員は、街角にごみが落ちていない	210
ことに驚かされた。	220
集合住宅のごみ捨て場は、ＩＤカードにより開閉する。道端のご	250
み箱には、量を感知し収集車に知らせるシステムが導入され、ごみ	280
をあふれさせない仕組みが施されていた。また、北欧諸国における	310
交通機関の環境への配慮も体感した。カラサタマ地区では、バスの	340
路線の一部がＥＶ化されており、バス停に充電設備が設置されてい	370
た。ヘルシンキの中心街には、大通りの路肩に、自家用車用ＥＶの	400
充電スタンドがあった。最も環境にやさしい交通手段である自転車	430
を、利用する人の多さにも驚いたという。	450
メインストリートのほとんどに、自転車専用レーンが設置され、	480
カード式の貸自転車ステーションも町全体にある。交通手段として	510
自転車を理容する人の割合は９％に達し、乗用車の２２％と比較し	540
ても、割合は高くなっている。視察した職員の報告の中でも、市民	570
の意識の高さを感じたとあった。	586
イギリスのある都市では、市内を走るタクシーの１０％がＥＶ科	616
されている。将来は１００％を目指す方針を発表するなど、他の国	646
でも積極的に取り組んでいる。今後、まとめた報告書を分析するこ	676
とにより、自治体において実現が可能なアイデアを取り込んでいく	706
方針だ。	710

1	採点欄	総字数		エラー数		純字数	
2	採点欄	総字数		エラー数		純字数	
3	採点欄	総字数		エラー数		純字数	

道端（みちばた）　施（ほどこ）されて
分析（ぶんせき）

150	賦課→負荷	540	理容→利用	616	科→化

【速度－31】 次の文章には網掛けの部分に誤りがある。訂正しながら1行30字で入力しなさい。なお、フォントの種類は明朝体とし、網掛けする必要はない。（制限時間10分）

大事なエネルギー資源である電気を語るには、経験上、サッカー	30
の話題は欠かせない。私は現在、大学のサッカー部監督を務めてい	60
る。Ｊリーグに所属していた時代には、周囲にサポートスタッフが	90
大勢いて、監督や選手は試合に集中できたが、アマチュアの世界は	120
そうはいかない。練習場の芝刈りや芝生の水まきなど、全部自分た	150
ちの手で行っている。苦労は多いが、選手と一緒にグランドにいら	180
れるのは何より楽しい。	192
現代サッカーは、素早いパス回し、ボールを奪ってからの即効な	222
ど、戦術に違いがあっても、全体的にかなりスピーディーになって	252
おり、選手には豊富な運動量が必要となる。攻撃の選手も常に守備	282
意識をもって、前線から圧力をかける。今は全員守備をすることを	312
前提とした戦術をとっているので、攻撃の選手が、少しでも守備で	342
手を抜くだけで、プレイ全体を崩壊へ導く。長い距離を走る選手は	372
１試合、１０ｋｍ前後を走る計算になる。	392
走るために重要なのが、エネルギー補給となる食事だ。私も現役	422
時代に、夏場の暑さで食欲がなく、十分に食事をしないまま試合に	452
出場した。試合開始後、６０分過ぎからエネルギー切れを起こし、	482
走れなくなった苦い経験がある。栄養のバランスのよい食事を摂っ	512
て、９０分間エネルギーを効率よく試用し、走り続ける。そう考え	542
ると、サッカーと電気は、エネルギーの安定供給という点で共通し	572
ている。	577
電気もエネルギー切れ、つまり停電は許されない。不断は電気を	607
意識した生活をしていないが、それは無意識のうちに、当然の存在	637
であるからだ。電気が使用不能だと、普段の生活も、何もかも使用	667
不可能になるのが現代社会である。今後も、電気が安定的に届けら	697
れる社会を維持してほしい。	710

1	採点欄	総字数		エラー数		純字数	
2	採点欄	総字数		エラー数		純字数	
3	採点欄	総字数		エラー数		純字数	

芝生（しばふ）　摂（と）って

222	即効→速攻	542	試→使	607	不断→普段

【速度－32】 次の文章には網掛けの部分に誤りがある。訂正しながら1行30字で入力しなさい。なお、フォントの種類は明朝体とし、網掛けする必要はない。（制限時間10分）

江戸時代に四つ玉そろばんは、なぜ普及しなかったのか。当時の	30
そろばんといえば、五つ玉が一般的だったが、実は四つ玉もあった	60
という証拠も残っている。祈念切手にもなった、歌川豊国の浮世絵	90
「三美人」に描かれたそろばんや、東京の法明寺、京都の満願寺の	120
釣り鐘に彫られたものも四つ玉である。何より、そろばんの効用を	150
説いた本があるくらいだ。その実物としては、幕末の作といわれる	180
３５桁の大津そろばんが残されている。	199
ではなぜ普及しなかったのだろう。江戸時代は「関東の金遣い、	229
関西の銀遣い」といわれ、特に京都や大阪では、銀貨の重さがその	259
まま価値になる秤量貨幣だったため、十進法を利用する四つ玉のほ	289
うが便利だったはずだ。ところが、長年の慣習というべきか、五つ	319
玉に慣れ親しんでいたために、四つ玉が便利と分かっていても不急	349
しなかったものと推測できる。	364
ところがＳ１３年になって、政府が四つ玉に全国統一したため、	394
以後は現代に至るまで四つ玉が主流になった。現在は各団体が主催	424
して、珠算選手権が盛大に開催されている。このような大会は、い	454
つ頃から行われていたのだろうか。その歴史は古く、江戸時代後期	484
の本の挿し絵には、師匠と助教の前で、生徒が一対一の技を競う図	514
が載っている。このような伝統は、のちに新潟県の「セリ算」や、	544
三重県の「競算」として受け継がれていった。いつの世でも、人と	574
技を競うことは面白く、珠算技術の工場にも役立っていったわけで	604
ある。	608
現在のように、多くの人数が一斉に行う競技方式は、大正時代の	638
貯金局での大会から、その様子がうかがえる。戦後も競技会の歴史	668
は連綿と引き継がれて、多くの選手が「そろばん日本一」をめざし	698
て、今も腕を競っている。	710

歌川豊国（うたがわとよくに）　法明寺（ほうみょうじ）
満願寺（まんがんじ）　釣（つ）り鐘（がね）
秤量貨幣（ひょうりょうかへい）　挿（さ）し絵（え）

90	祈→記	349	不急→普及	604	工場→向上

1	採点欄	総字数		エラー数		純字数	
2	採点欄	総字数		エラー数		純字数	
3	採点欄	総字数		エラー数		純字数	

【速度－33】 次の文章には網掛けの部分に誤りがある。訂正しながら1行30字で入力しなさい。なお、フォントの種類は明朝体とし、網掛けする必要はない。（制限時間10分）

荒れ果てた竹林の整備をすることと、伐採した竹の利用法を研究	30
している、あるＮＰＯ法人が、緑地公園の竹林に散策路を造った。	60
１０年近くもかけて、整備してきた約５万平方メートルの竹林であ	90
る。法人の代表は「取り組みの成果として、散策路から美しくよみ	120
がえったものを、多くの人に見てもらいたい」と話している。	149
散策路は、緑地の西部にある竹の遊歩道の一角で、野球などがで	179
きる自由広場の近くから、ゴルフ場の脇を通る５００メートルほど	209
の小道である。以前は竹が生い茂る荒れた場所だったが、間引きす	239
るように伐採し、枯れてしまったものを取り除いた。地面を平らに	269
し、木星の階段や竹の手すりを設置した。人の手を入れたことで、	299
暗かった竹林に日光が差し込んで明るくなった。下草が生えて、竹	329
に加え広葉樹も育つようになり、カブトムシなどの昆虫も見られる	359
ようになった。	367
また、２０１０年、国連地球生きもの会議（ＣＯＰ１０）でも、	397
生物多様性の一助として、全国で問題になっている放置竹林の整備	427
を県に提案している。また、県が管理している公演から切り出した	457
竹により、会場となった国際会議場の壁面を覆ったり、案内板など	487
を作ったりした。さらに、緑地の広大な竹林の一部でボランティア	517
などの協力で、春には竹を伐採し運び出している。その整備では、	547
竹の処分方法が大きな仮題となるが、ＮＰＯ法人では、様々な使い	577
道を探っている。	586
例えば、不要となった竹を機械で粉砕した粉を、野菜やコメなど	616
の肥料に使ったり、降車の屋上に竹を束ねて敷いて断熱材の材料に	646
したりしている。そのほか、その粉や野菜くず、捨てられた魚のあ	676
らを混ぜ合わせて、肥料の試作やバイオマス発電への活用も模索し	706
ている。	710

生(お)い茂(しげ)る　間引(まび)き
覆(おお)ったり　粉砕(ふんさい)

1	採点欄	総字数		エラー数		純字数	
2	採点欄	総字数		エラー数		純字数	
3	採点欄	総字数		エラー数		純字数	

299	星→製	457	演→園	577	仮→課	646	降車→校舎

【速度－34】　次の文章には網掛けの部分に誤りがある。訂正しながら1行30字で入力しなさい。なお、フォントの種類は明朝体とし、網掛けする必要はない。（制限時間10分）

愛知県の自動車部品メーカーは、宅配便やネットショッピングの	30
商品の受け渡しなどで使用する宅配ロッカー事業に、本格的に参入	60
を検討している。その目的は、電子商取引、ＥＣの拡大による荷物	90
の急増、再配達によるドライバー不足の解消である。また、都合の	120
よい場所で、好きな時間に受け取れるネットワークを拡充しようと	150
している。	156
宅配ロッカーは、コンビニやスーパー、液や事業所、複合施設や	186
集合住宅などでの普及を想定している。システムを共通化し沿革で	216
監視するロッカーを、様々な場所に設置することで、将来的には、	246
複数の業者が取り扱う荷物を、一か所で受け取れるサービスを目指	276
している。同社は、宅配便やコンビニの大手などと連携し、宅配便	306
の受け渡しの課題などを調査してきた。スーパーやクリーニング店	336
にロッカーを設置し、事前にネットで注文した食材、衣類の受け渡	366
しができるシステムも構築した。ロッカーの鍵は、暗証番号の入力	396
など認証キーの代わりになるもので解錠する。電子マネーで決済が	426
できる機能もあり、マイナス２０度まで温度設定ができる仕組みで	456
ある。	460
さらには、ドライバー不足を招いている宅配便の再配達の対策で	490
は、近年、駅の宅配ロッカーとともに、マンションの宅配ボックス	520
の活用が進んでいる。国交省の調査では、再配達率はまだ役１５％	550
となっている。このため、２４時間営業で店舗数が多いコンビニを	580
中心に、設置を薦めている。	594
そして、倉庫から工場の物流システムを手掛ける同社にとって、	624
物流の上流から下流まで、トータルでの在庫管理の効率化を提案で	654
きるメリットもある。一度の配達で、荷物を届けることが可能であ	684
れば、排ガスの削減にもなり、環境問題にも貢献できる。	710

1	採点欄	総字数		エラー数		純字数	
2	採点欄	総字数		エラー数		純字数	
3	採点欄	総字数		エラー数		純字数	

拡充（かくじゅう）　貢献（こうけん）

186	液→駅	216	沿革→遠隔	550	役→約	594	薦→進

【速度－35】 次の文章には網掛けの部分に誤りがある。訂正しながら1行30字で入力しなさい。なお、フォントの種類は明朝体とし、網掛けする必要はない。（制限時間10分）

一般に、商品を買うとき、いきなり買うことはまずない。最初に	30
商品の存在を知り、それに興味や関心を持ったら、その次に買いた	60
いという心理になる。たとえば、冷蔵庫を買う場面を想像しよう。	90
気に入ってもすぐには買わないと思う。自問自答の末に最終行動、	120
すなわち、購買という段階に入るわけだ。衝動買いと呼ばれる購買	150
行為も、実はＡＩＤＭＡの各段階を一瞬で通り抜けているだけで、	180
一足飛びに「注意」から「行動」まで通過したのではない。興味を	210
持ち、欲求や記憶を経た上で、行動に写すことになる。	236
このことから自社の販売施策のどこが失敗なのかを発見できる。	266
有名な洋菓子店を例に挙げよう。フルーツも山盛りで、食べた人は	296
必ず常連になってくれる。だけど、売上が全然伸びない。このよう	326
な辞令は珍しくない。理由は簡単で、認知段階で失敗しているので	356
ある。もし、この洋菓子店がケーキの種類を増やしたり、持ち帰り	386
用の箱を豪華にしたのであれば、早速宣伝して認知を高めるように	416
すべきだ。	422
十分な認知があるのに売れない場合は、感情段階に問題があると	452
理解すべきだろう。興味を持ってくれるだけの情報を詳細に提供し	482
ているか、記憶に残る商品名かどうか、商品への購買意欲を起こす	512
ために反省する材料はあるはずだ。だが、それでも売れないとした	542
ら行動段階の問題だ。最近の例では、ＥＣサイトにおける支払方法	572
の制限だ。店頭販売のみの場合は、遠隔地の方は買えない。または	602
レジが長蛇の列となり、買うのを諦めている顧客がいる可能性があ	632
る。意外にも、行動段階で失うお客さんは多いのだ。	657
以上のように、自社のサービスや販売活動をＡＩＤＭＡの各段階	687
に当てはめて確認することは、とても友好である。	710

衝動（しょうどう）　長蛇（ちょうだ）

諦（あきら）め

236	写→移	356	辞令→事例	710	友好→有効

1	採点欄	総字数		エラー数		純字数	
2	採点欄	総字数		エラー数		純字数	
3	採点欄	総字数		エラー数		純字数	

【速度－36】　次の文章には網掛けの部分に誤りがある。訂正しながら1行30字で入力しなさい。なお、フォントの種類は明朝体とし、網掛けする必要はない。（制限時間10分）

私は、仕事やプライベートなどで異動する際に、心掛けているこ	30
とがある。それは、東海道新幹線を利用して関西方面に向かうとき	60
は、進行方向の右側、横浜から東京に移動するときは、横須賀線の	90
グリーン席の左側を確保している。また、飛行機で羽田から南下す	120
る場合も、予約の際に航空会社のインターネットサイトで、富士山	150
が見える側の席を確保する。なぜ、富士山を見ることにこだわって	180
いるのかと言えば、実際に見えただけで、不思議と元気がもらえる	210
からだ。その富士山を写真に納められると、その日の幸せ度が上昇	240
する。そのため、カメラは常に持ち歩いている。私にとって富士山	270
は元気の源であり、幸せを感じさせる不思議な存在だ。	297
また、私は医者として多くの生死に関わる状況を経験したことに	326
より、人生において大切なことは、生きている一瞬一瞬をどれだけ	356
堪能し、大切にできるかだと気付いた。今は元気でも、明日の補償	386
はどこにもない。現在の日本は、健康づくりブームで関連する話題	416
も多いが、健康づくりに一所懸命になり過ぎて、一番大事なことを	446
見失ってはいけない。	457
世界保健機関（ＷＨＯ）が掲げる健康の定義の中に、日本語では	487
言い表すのは困難な、直訳で「福祉」を表す言葉がある。しかし、	517
福祉という言葉から受ける日本人のイメージと、言葉の定義は随分	547
と異なる。その人なりの幸せ、調和がとれた状態と訳すことが適当	577
だと思うが、実は、日本人が特に苦手なのが幸せづくりであり、幸	607
せを実感することである。	620
「人生にはいろいろあるが、今日は富士山が見られたから幸せ」	650
そう思えるだけでも、昨日の失敗や今日の現実を乗り越えることが	680
できる。もう少し、幸せづくりを意識した行き方をしたいものだ。	710

横須賀（よこすか）　羽田（はねだ）
堪能（たんのう）　一所懸命（いっしょけんめい）
随分（ずいぶん）

1	採点欄	総字数		エラー数		純字数	
2	採点欄	総字数		エラー数		純字数	
3	採点欄	総字数		エラー数		純字数	

30	異→移	240	納→収	386	補償→保証	710	行→生

3 ビジネス文書部門 実技編－ビジネス文書の作成

第1級実技の練習問題

【書式設定】 a．余白は上下左右それぞれ25mmとすること。
b．指示のない文字のフォントは、明朝体の全角で入力し、サイズは12ポイントに統一すること。（12ポイントで書式設定ができない場合は11ポイントに統一すること）。ただし、プロポーショナルフォントは使用しないこと。

【問　題】 次のⅠ～Ⅳに従い、右のような文書を作成しなさい。

Ⅰ　標題の挿入

出題内容に合った標題のオブジェクトを、用意されたフォルダなどから選び、指示された位置に挿入しセンタリングすること。

Ⅱ　表作成

下の資料Ａ・Ｂ並びに指示を参考に表を作成すること。

資料A

回	会　　場	テ　ー　マ
第１回	東京スクエア	「環境にやさしい生活」とはどのような暮らし？
第２回	札幌陽明小学校	自然とくらし～大自然との共生について考える～
第３回	博多ＯＫＭ	中国の大気汚染と日本における影響の考察
第４回	中京都民ホール	地球温暖化と異常気象
第５回	青森大学講堂	水と空気の存在を考えよう
第６回	琴平公園	先人たちの知恵に何をいま学ばねばならないのか

資料B　参加人数の推移

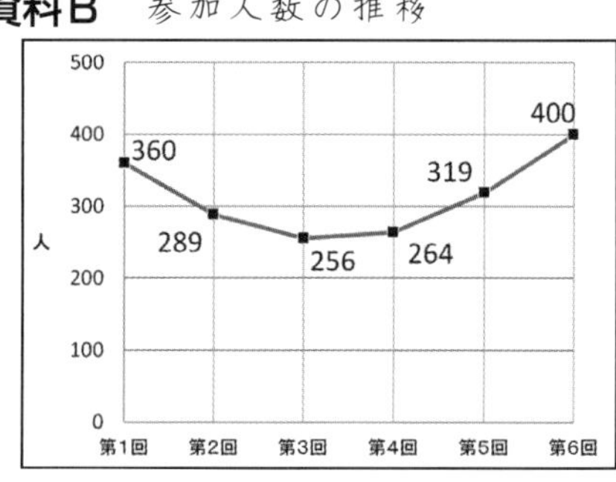

指示

1．表は、行頭・行末を越えずに作成し、行間は、2.0とすること。
2．罫線は右の表のように太実線と細実線とを区別すること。
3．表の枠内の文字は１行で入力し、上下のスペースが同じであること。
4．右の表のように項目名とデータが正しく並んでいること。
5．表内の「参加人数」の数字は、明朝体の半角で入力し、３桁ごとにコンマを付けること。
6．ソート機能を使って、表全体を「参加人数」の多い順に並べ替えること。
7．表の「参加人数」の合計は、計算機能を使って求めること。
8．表の「第５回」の行全体に網掛けをして、フォントをゴシック体にすること。

Ⅲ　テキスト・地図の挿入

1．段組みに使用する文章は、用意されたフォルダなどにあるテキストファイルから取得し、校正および編集すること。
2．出題内容に合った、地図のオブジェクトを用意されたフォルダなどから選び、指示された位置に挿入すること。

Ⅳ　その他

1．右の問題文にある校正記号に従うこと。
2．①～⑬の処理を行うこと。
3．右の問題文にない空白行を入れないこと。
4．右の問題文の［ａ］に当てはまる語句を以下から選択し入力すること。

減少　　増加　　停滞

オブジェクト（標題）の挿入・センタリング

理事の皆さんの努力により、『子ども環境フォーラム』の参加者がここ数年［ a ］しています。特に中学生の増加が顕著です。

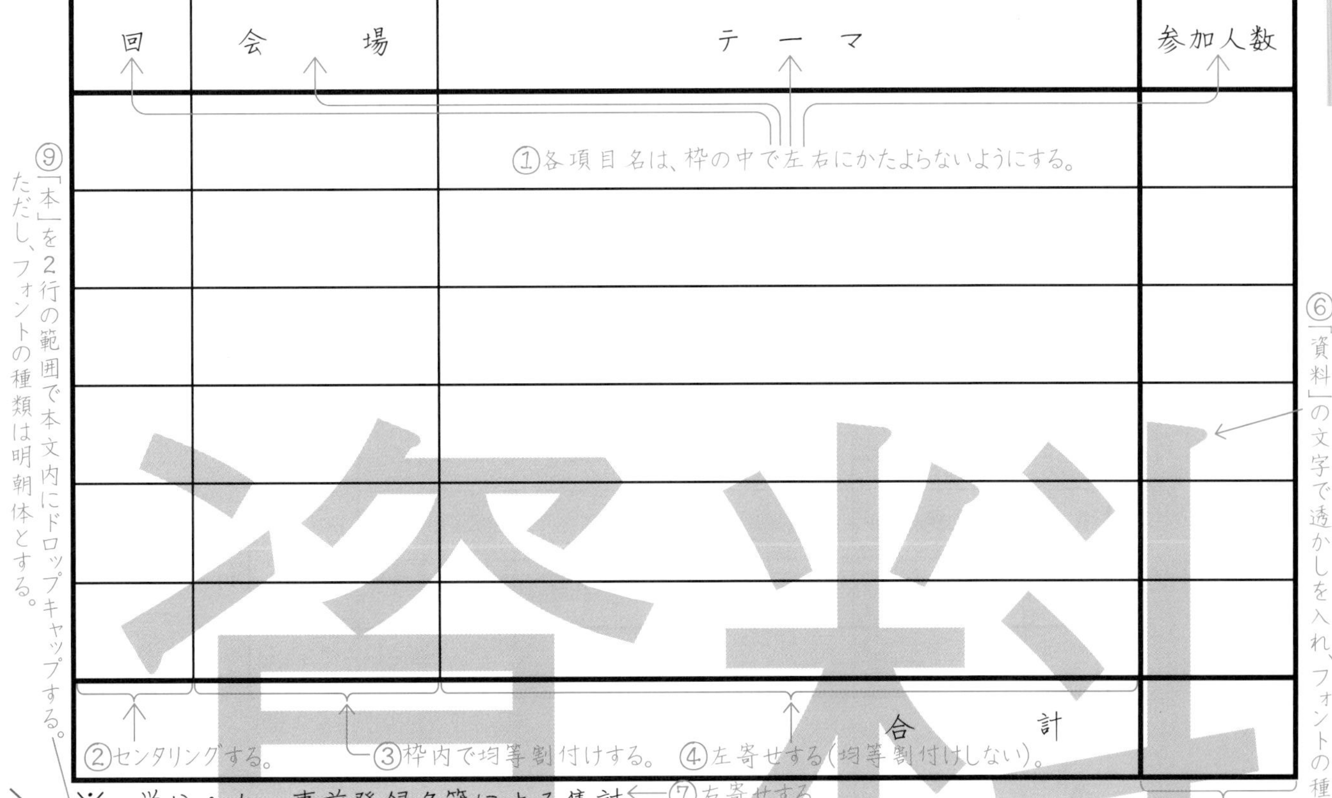

回	会　場	テ　ー　マ	参加人数
		合　計	

※　単位：人　事前登録名簿による集計 ←⑦右寄せする。

⑤右寄せする。

テキストファイルの挿入範囲

本年度のテーマに関する応募は2，000件余りでした。応募内容の多くは、天候異変と二酸化炭素の排出量に関するものでした。本年度のテーマをどうするか、次回の役員会（理事）で検討します。

⑧取得した文章のフォントの種類は明朝体、サイズは12ポイントとし、3段で均等に段組みをする。

テーマは、小中学生でも理解しやすく、討論しやすい内容にすることが大切です。また討論の参考となる資料も、重要な要素です。各理事で事前に検討しておいてください。

本年度開催予定
1　日程　8月7日～10日
2　会場　山梨自然村
3　会費　一人￥4，000
4　申込受付、宿泊業者取扱等
　詳細については、次回理事会で決定する。

⑩枠を挿入し、枠線は細実線とする。
⑪枠内のフォントの種類はゴシック体、サイズは12ポイントとし、横書きとする。

オブジェクト（地図）の挿入位置

⑫地図内の「山梨自然村」の位置を指すように、枠線から図形描画機能で矢印を挿入する。

資料作成：事務局　酒口　絆（きずな） ←⑬明朝体のひらがなでルビをふり、右寄せする。

Word2019による第１級実技の完成例

第１級　○○○○　受験番号

フォーラム参加者の推移について

理事の皆さんの努力により、『子ども環境フォーラム』の参加者がここ数年増加しています。特に中学生の増加が顕著です。

回	会　場	テ　ー　マ	参加人数
第６回	琴　平　公　園	先人たちの知恵に何をいま学ばねばならないのか	400
第１回	東京スクエア	「環境にやさしい生活」とはどのような暮らし？	360
第５回	青森大学講堂	水と空気の存在を考えよう	319
第２回	札幌陽明小学校	自然とくらし～大自然との共生について考える～	289
第４回	中京都民ホール	地球温暖化と異常気象	264
第３回	博　多　ＯＫＭ	中国の大気汚染と日本における影響の考察	256
		合　　計	1,888

※　単位：人　事前登録名簿による集計

本年度のテーマに関する応募は２，０００件余りでした。応募内容の多くは、天候異変と二酸化炭素の排出量に関するものでした。本年度のテーマをどうするか、次回の理事会で検討します。

テーマは、小中学生でも理解しやすく、討論しやすい内容にすることが大切です。また討論の参考となる資料も、重要な要素です。各理事で事前に検討しておいてください。

本年度開催予定

１　日程　８月７日～１０日
２　会場　山梨自然村
３　会費　一人￥４，０００
４　申込受付、宿泊取扱業者等詳細については、次回理事会で決定する。

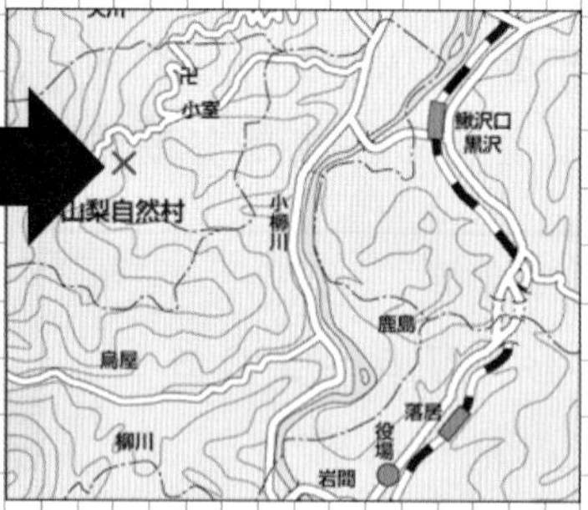

資料作成：事務局　酒口　絆

Word2019による文書の作成プロセス

Word2021、2016、2013、2010、2007、2003、一太郎による手順は、WebにPDFデータをアップしました。

1 オプション・段落の設定

（1）文字ずれをしないための設定を行う（p. 2「初期設定」参照）。

（2）（1）の設定以外に、以下の設定を行う。

① ［ホーム］タブ⇒［段落］グループの をクリックする。

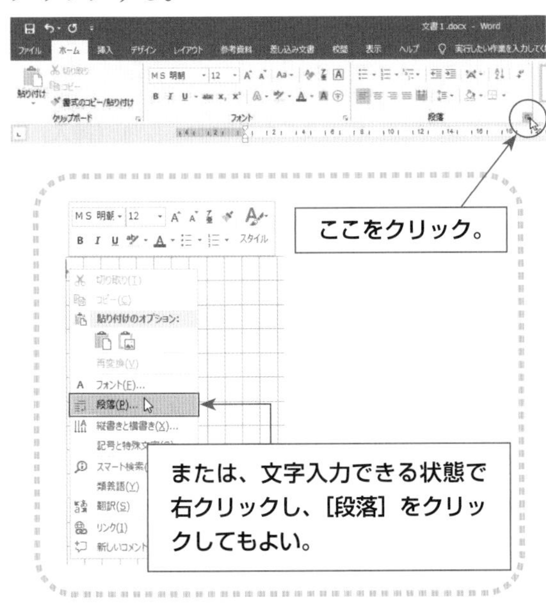

② ［段落］ダイアログボックスの中の［体裁］タブをクリックし、［オプション］をクリックする。

③ ［Wordのオプション］が表示される。左側の［詳細設定］をクリックし、右側に表示された項目の中から、［編集オプション］の設定を右のように変更する。

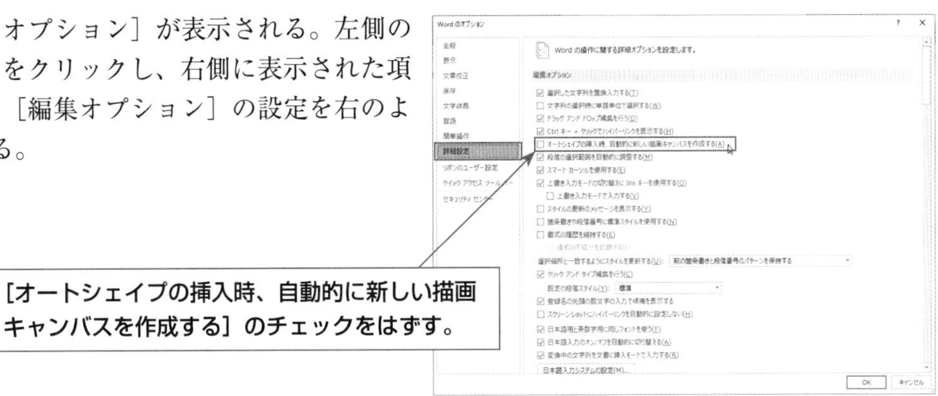

④ スクロールバーを下げ、［レイアウト オプションの適用先］の項目の中から、［表中では行の高さをグリッド線（格子）の高さに合わせる］にチェックを入れる。

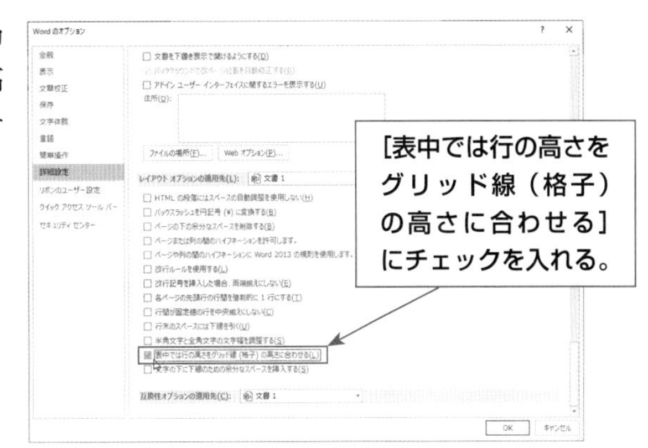

2 ページ設定

問題に合わせて１行の文字数と１ページの行数および上下左右の余白を設定する。ここでは、１行40字、１ページ40行、余白は25mmとした。なお、フォントの設定、グリッド線については、p. 2「初期設定」を参照する。

3 オブジェクト（標題）の挿入

（1）オブジェクトの挿入

［挿入］タブ⇒［画像］⇒ ［PC］の順にクリックし、オブジェクトが保存されているドライブを選択し、ドライブに保存されているオブジェクトから適切なものを選択し、挿入する。

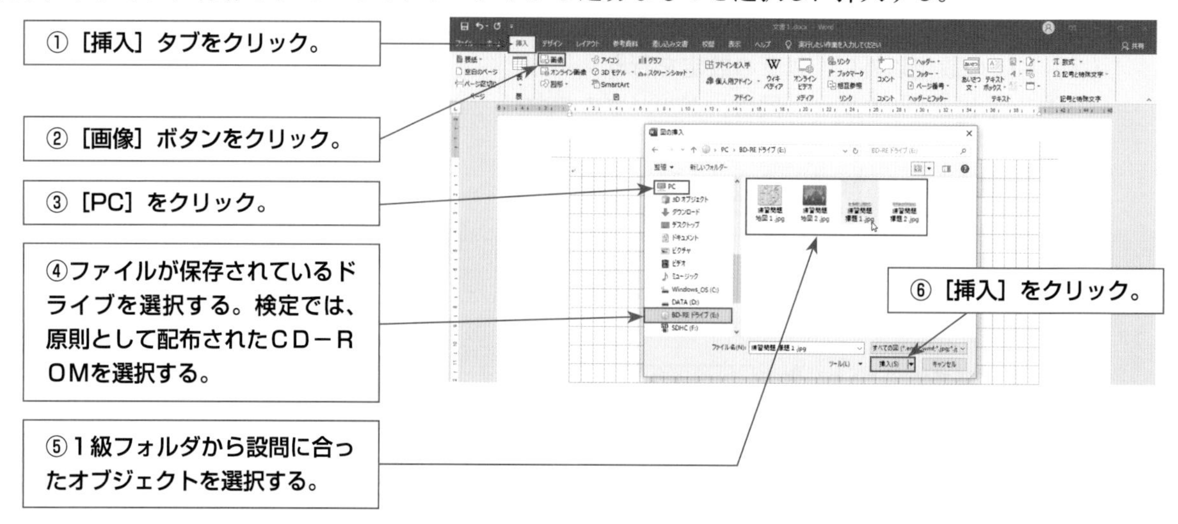

（2）オブジェクトの位置の調整

オブジェクトを挿入すると、下図のように図ツールの［書式］タブのメニューが表示されるので、［位置］ボタンから［中央上に配置し、四角の枠に沿って文字列を折り返す］をクリックする。
（図ツールの［書式］タブは、［図の形式］タブの場合もある。）

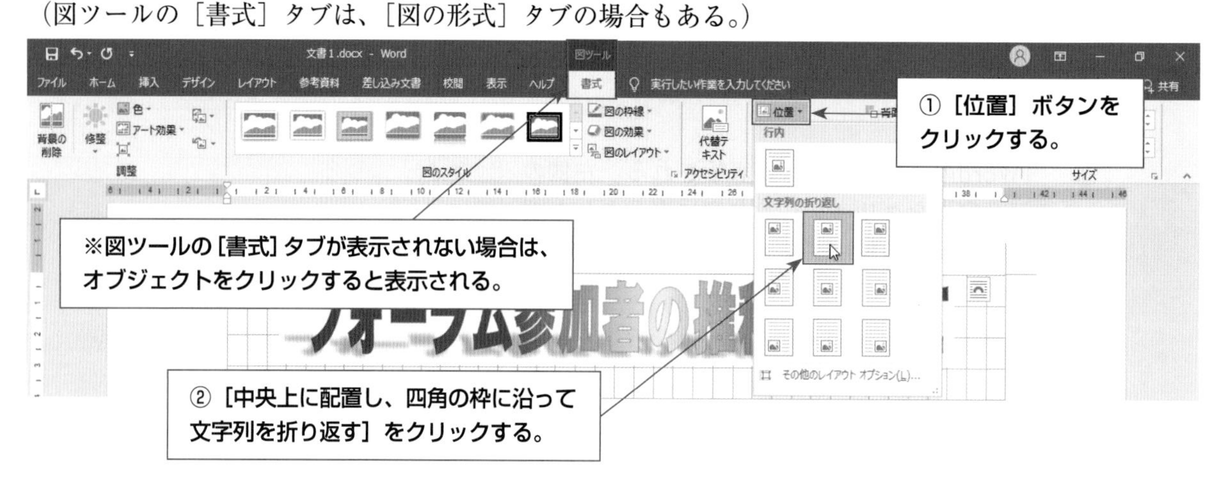

4 文字入力

作成指示に従い、文字を入力し、指示があれば必要な処理を行う。

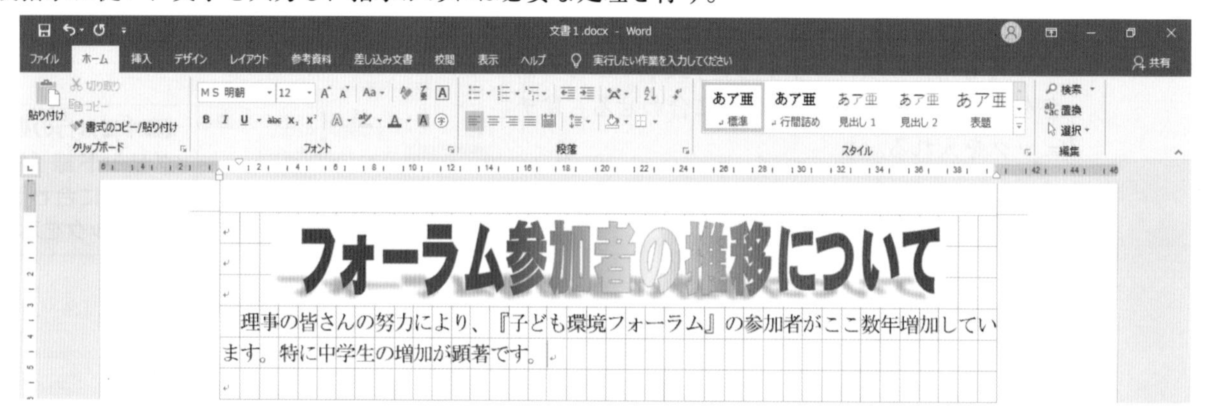

5 表の作成

（1）表の挿入

［挿入］タブ⇒［表］ボタンをクリックし、必要な行数、列数をドラッグする。

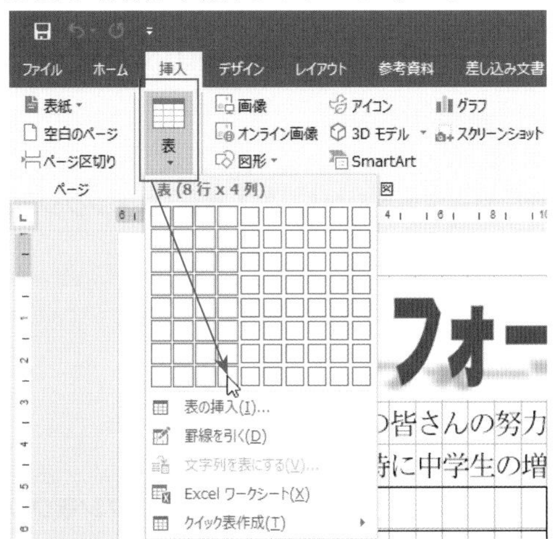

◆9行以上、または11列以上の表の挿入方法

［挿入］タブ⇒［表］ボタンをクリックし、［表の挿入］をクリックする。右下の［表の挿入］ダイアログボックスの表示がされたら、［列数］と［行数］を指定する。

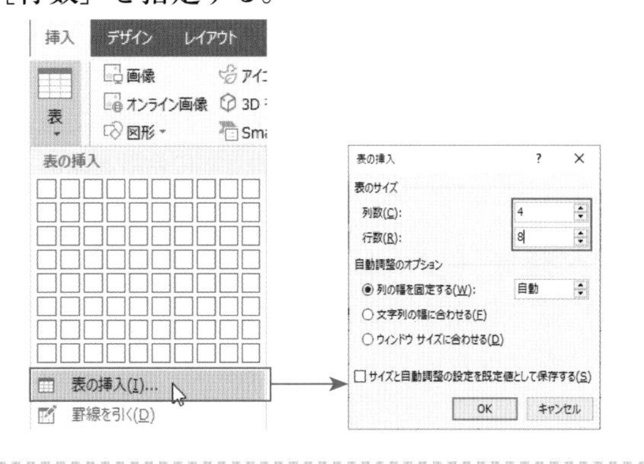

（2）表内の文字の入力

① 表内の文字は、原則として列単位で入力する。第１級では、データの列の並びと表内の列の並びが異なることがあり、入力の誤りを避ける意味で、列単位で入力することが望ましい。また、セルの結合が必要な箇所は、文字を入力する前に操作を行っておく。

② 列ごとに入力後、罫線の縦位置を調整する。罫線の種類と行間設定は最後に行う（8 9）。

※正しい文字数設定でも表の枠内に文字が入りきらない場合は、まず右端の縦罫線をドラッグして枠を広げる。次に、罫線の位置を元に戻すと文字が入る。

（3）表内の文字位置の調整

表ツールの［レイアウト］タブをクリックし、左下の図の［配置］グループの囲みから適切なものを選ぶ。枠内で均等割付けする場合は、［ホーム］タブ⇒［均等割り付け］によって設定する。

6 合計の計算

（1）合計を求めるセル（ここでは参加人数の合計欄）にカーソルを合わせ、表ツールの［レイアウト］タブ⇒［計算式］ボタンをクリックする。

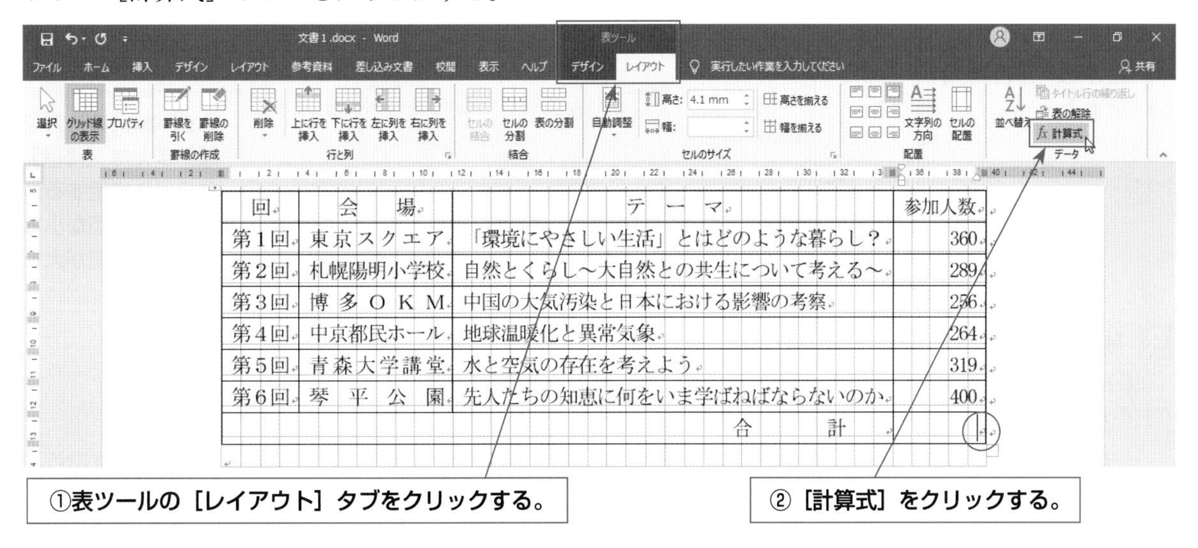

回	会　場	テ　ー　マ	参加人数
第１回	東京スクエア	「環境にやさしい生活」とはどのような暮らし？	360
第２回	札幌陽明小学校	自然とくらし～大自然との共生について考える～	289
第３回	博　多　Ｏ　Ｋ　Ｍ	中国の大気汚染と日本における影響の考察	256
第４回	中京都民ホール	地球温暖化と異常気象	264
第５回	青森大学講堂	水と空気の存在を考えよう	319
第６回	琴　平　公　園	先人たちの知恵に何をいま学ばねばならないのか	400
		合　　計	

（2）［計算式］ダイアログボックスを下記のように設定し、［ＯＫ］をクリックする。

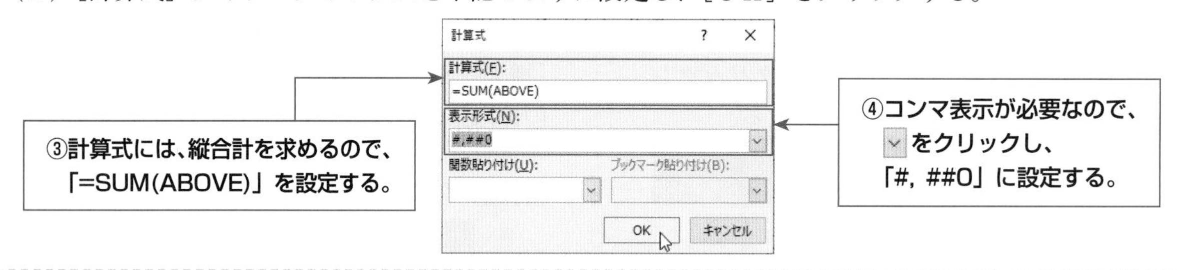

※合計を求める欄が複数ある場合は、上記の操作に続き、次の合計欄にカーソルを動かし、F4 キー（ファンクションキーの４番）を押すと、計算式を入力せずに合計を求めることができる。

7 並べ替え（ソート）

（1）並べ替えをする箇所をドラッグし、領域指定する。

（2）表ツールの［レイアウト］タブ⇒［並べ替え］ボタンをクリックする。

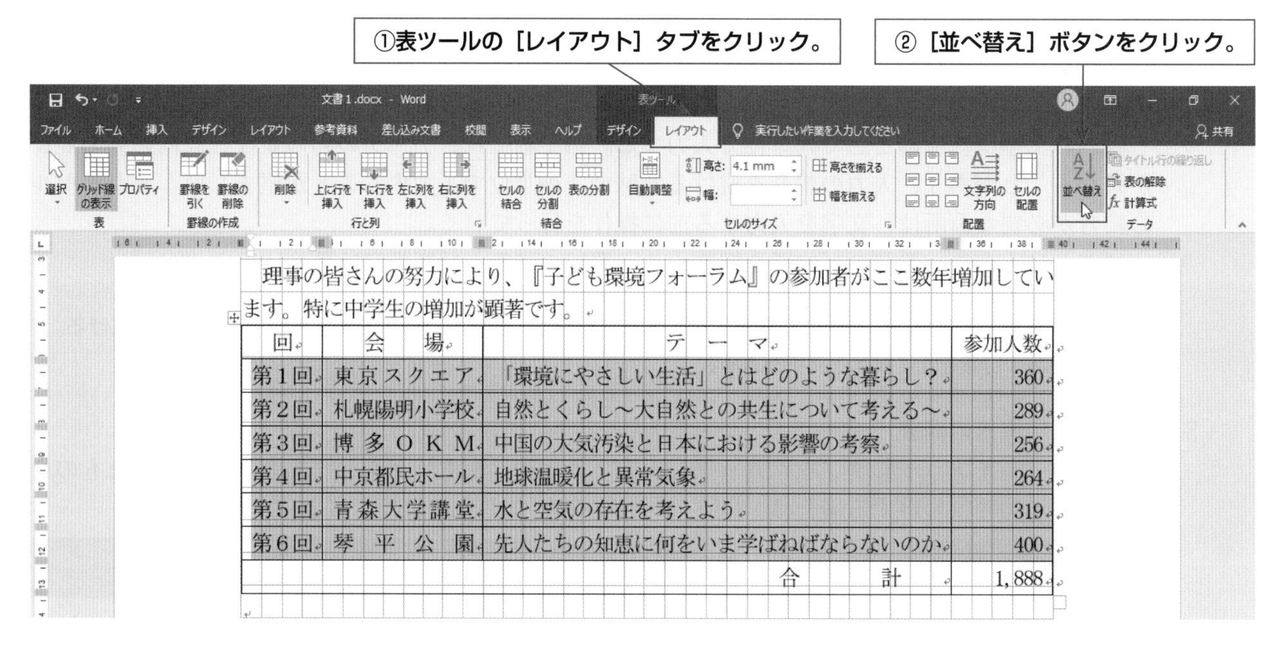

回	会　場	テ　ー　マ	参加人数
第１回	東京スクエア	「環境にやさしい生活」とはどのような暮らし？	360
第２回	札幌陽明小学校	自然とくらし～大自然との共生について考える～	289
第３回	博 多 Ｏ Ｋ Ｍ	中国の大気汚染と日本における影響の考察	256
第４回	中京都民ホール	地球温暖化と異常気象	264
第５回	青森大学講堂	水と空気の存在を考えよう	319
第６回	琴　平　公　園	先人たちの知恵に何をいま学ばねばならないのか	400
		合　　　計	1,888

（3）［並べ替え］ダイアログボックスが表示されたら、並べ替えのキーになる列、種類、並べ替えの仕方を選択し、［ＯＫ］をクリックする。

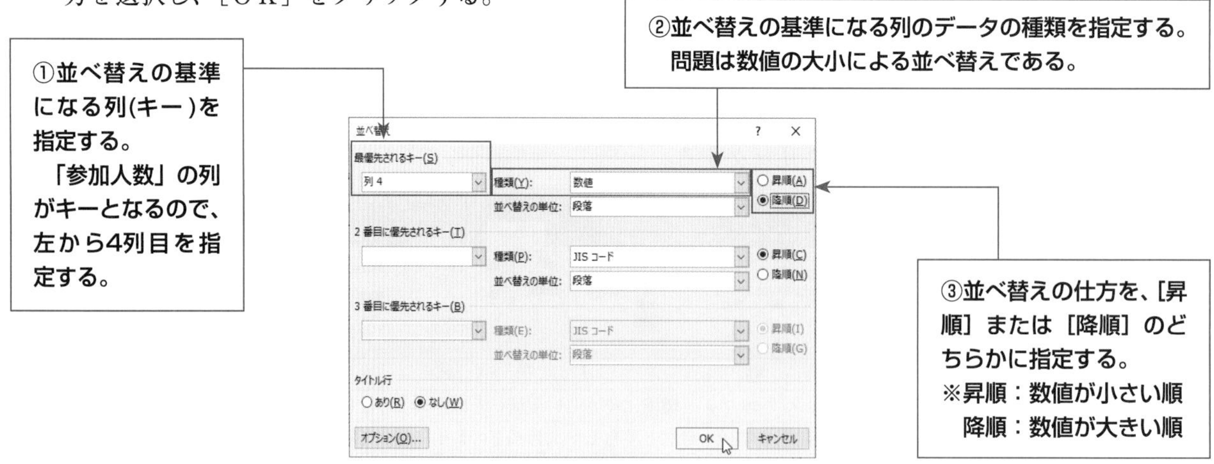

8 線種の変更

（1）問題の指示により、太実線、破線などに線種を変更する。

（2）太実線に変更したい箇所を、ブロック単位で領域指定する。

（3）表ツールの［デザイン］タブをクリックし、線の太さを指定し、［罫線］ボタンから次の操作をする。

①表ツールの［デザイン］タブをクリック。

②⌄をクリックし、線の太さを選ぶ。
例題は太実線を「2.25pt」で作成している。

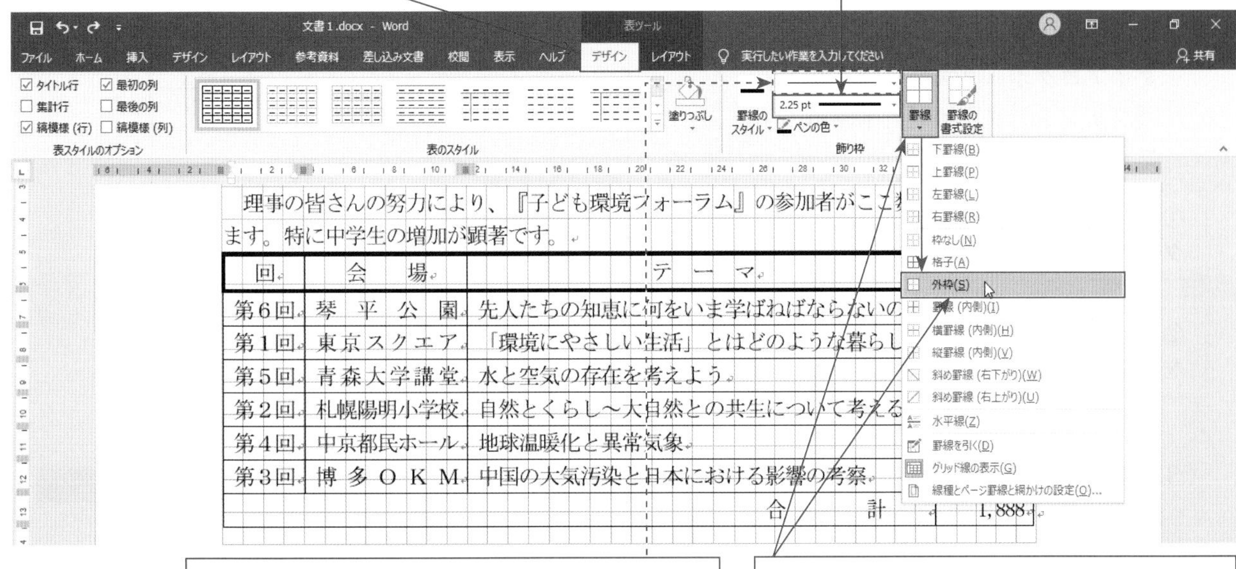

※罫線の種類を選ぶことができる。通常は直線の指定になっているが、問題で破線、点線が出題された場合は、⌄をクリックし、線種を選ぶ。

③［罫線］の▾をクリックすると罫線の引き方の種類が表示される。
④［外枠］にカーソルを合わせ、クリックする。

（4）後は、順に領域指定をし、外枠単位で太実線に変更する。

※上記のように、線種を変更する場合は、ソートした後で変更すること。線種を変更した後でソートすると、行の移動に伴い、線も移動するため、問題の指示と異なる線種になってしまうことがある。

※罫線を太実線に変更したことで、表の枠内に文字があふれて２行になった場合は、枠の右端の縦罫線をドラッグして一度枠を広げる。次に罫線の位置を元に戻すと、文字が枠におさまる。

9 表組の調整

（1）表の下端の横罫線を Alt キーを押しながら８行×２＝16行分となる位置までドラッグして拡大する。

（2）表全体を範囲指定し、右クリックして［行の高さを揃える］をクリックする。

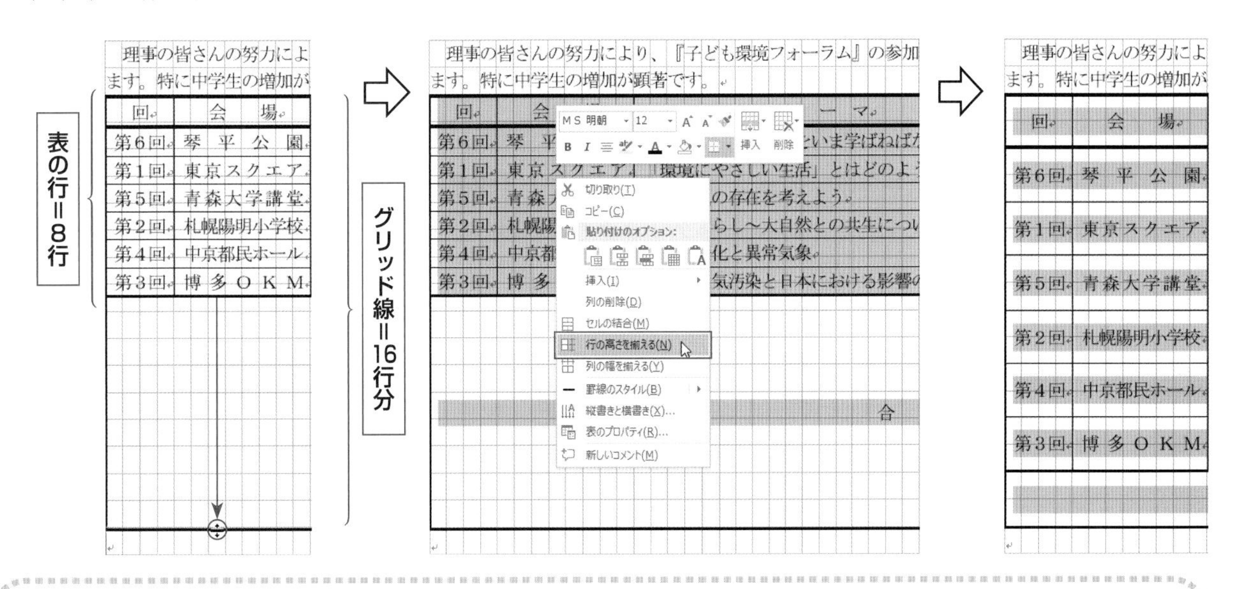

※［ホーム］タブ⇒［段落］グループにある［行と段落の間隔］アイコン をクリックし、「2.0」を選んで行高を変更してもよい。

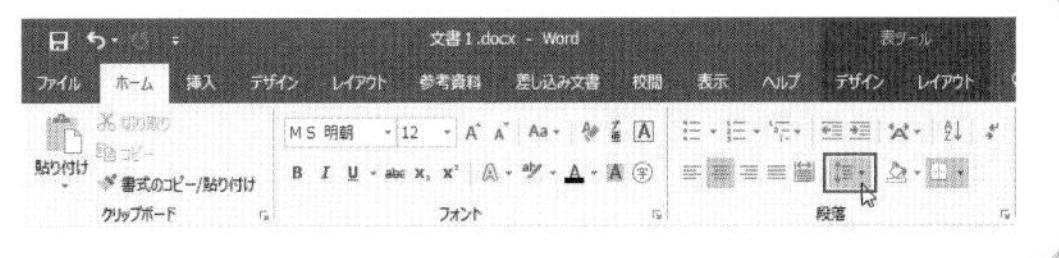

10 行全体のフォントの変更と網掛け

（1）行全体をドラッグし、フォントを変更したい行を領域指定する。

（2）［ホーム］タブ⇒［フォント］ダイアログボックスを表示させ、［フォント］タブ⇒［日本語用のフォント］を変更する。

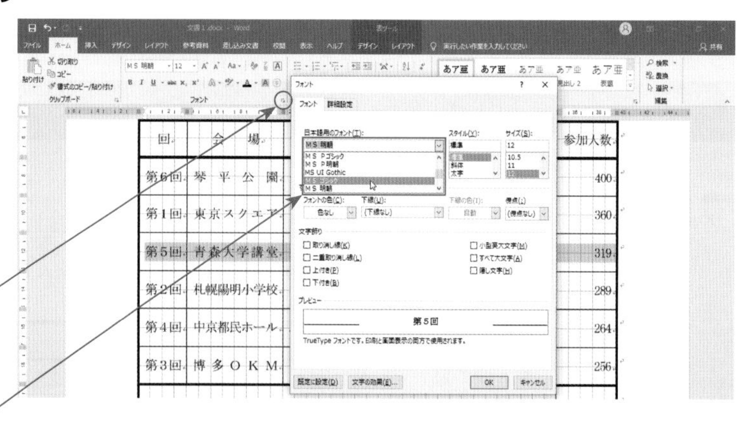

（3）網掛けしたい行全体をドラッグしたまま、［ホーム］タブ⇒［罫線］ボタンの をクリックして表示されるメニューの中から、［線種とページ罫線と網かけの設定］をクリックする。

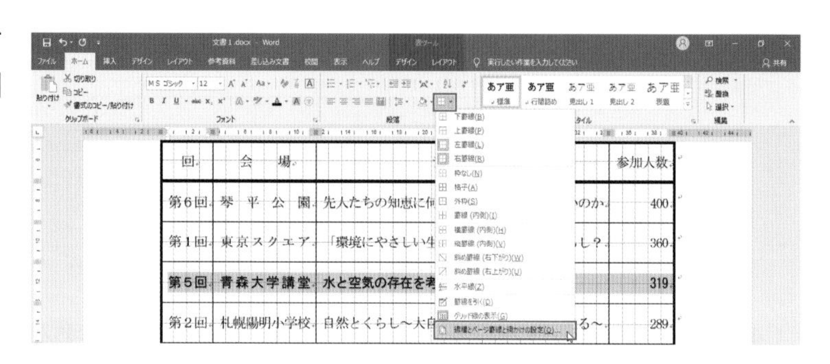

（4）上記の操作をすると、右図のダイアログボックスが表示されるので、［網かけ］タブ⇒［種類］を選ぶと、行全体に網掛けできる。

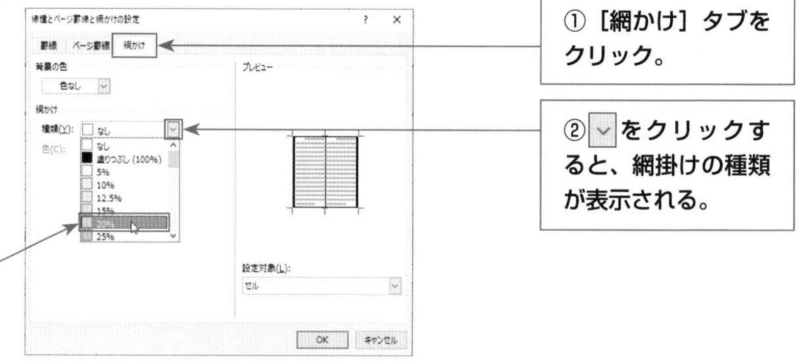

11 テキストの挿入

（1）段組みに使用するテキストを挿入するため、挿入する場所にカーソルを移動させてから、［挿入］タブ⇒［オブジェクト］ボタンの をクリックし、［テキストをファイルから挿入］をクリックする。

（2）左記の（1）の操作をすると、下図のように表示される。テキストが保存されているドライブを選択し、次に問題に該当するファイルを選択して［挿入］をクリックすると、テキストが挿入される。

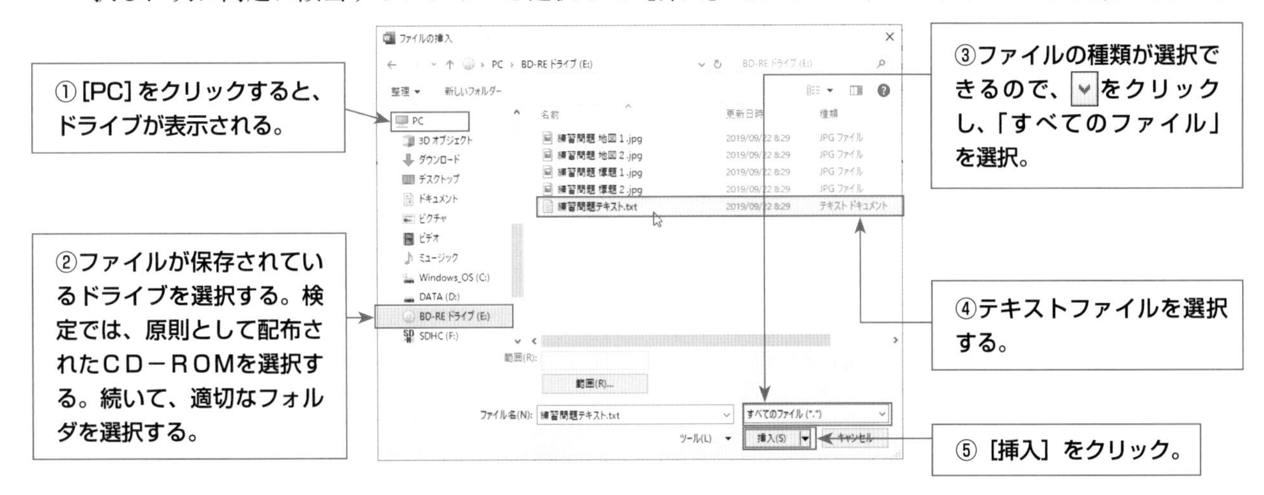

（3）下記のダイアログボックスが表示された場合は、既定値のまま［ＯＫ］をクリックする。

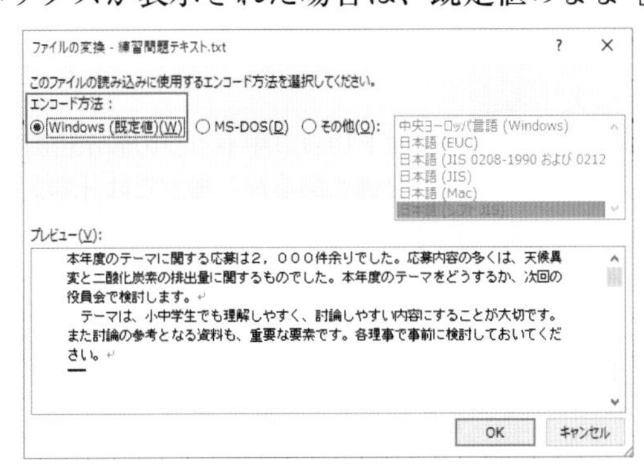

（4）挿入されたテキストは、ゴシック体となっているので、フォントの種類やサイズを調整する。
（5）設問で校正指示等がなされている場合は、その作業をしておく。

12 段組み

（1）段組みする文章をドラッグし、領域を指定する。その後、［レイアウト］タブ⇒［段組み］ボタンの▼をクリックし、［段組みの詳細設定］をクリックする。

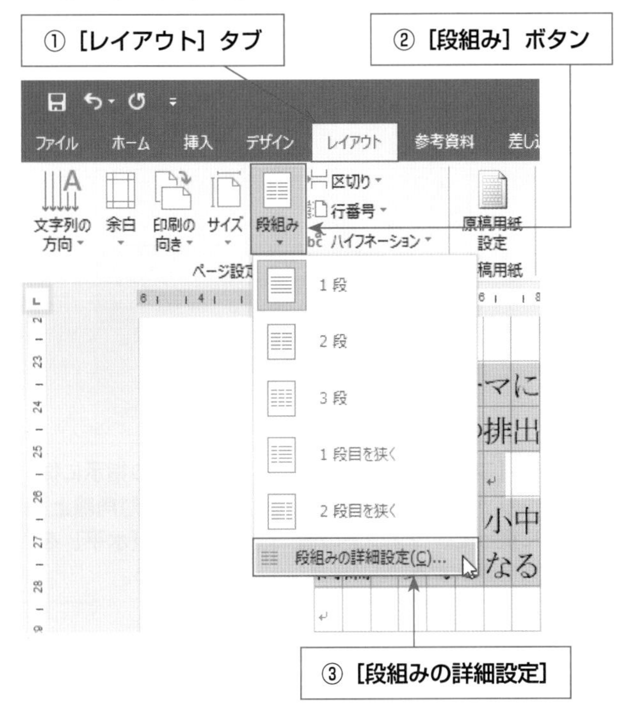

（2）左記の操作をすると、下図のように［段組み］ダイアログボックスが表示されるので、段数を選択し、［ＯＫ］をクリックする。

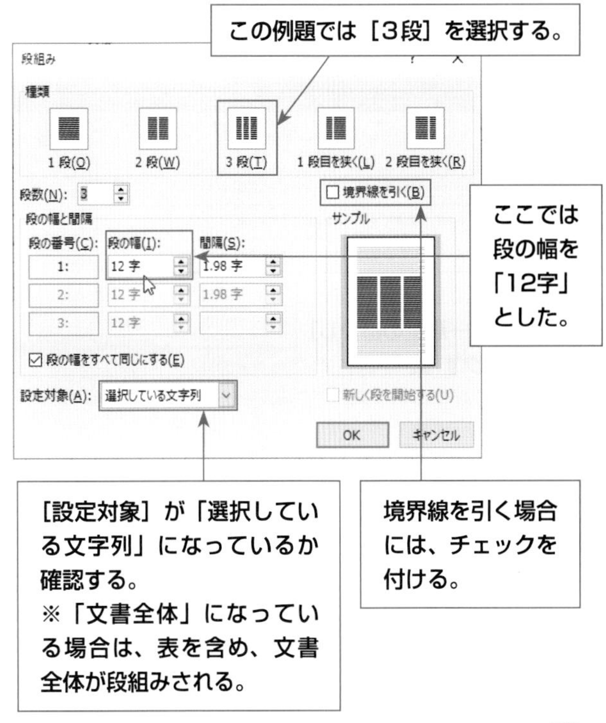

13 ドロップキャップ

（1）ドロップキャップしたい文字がある行にカーソルを合わせ、［挿入］タブ⇒［ドロップキャップの追加］ボタンの順でクリックし、［ドロップキャップのオプション］をクリックする。

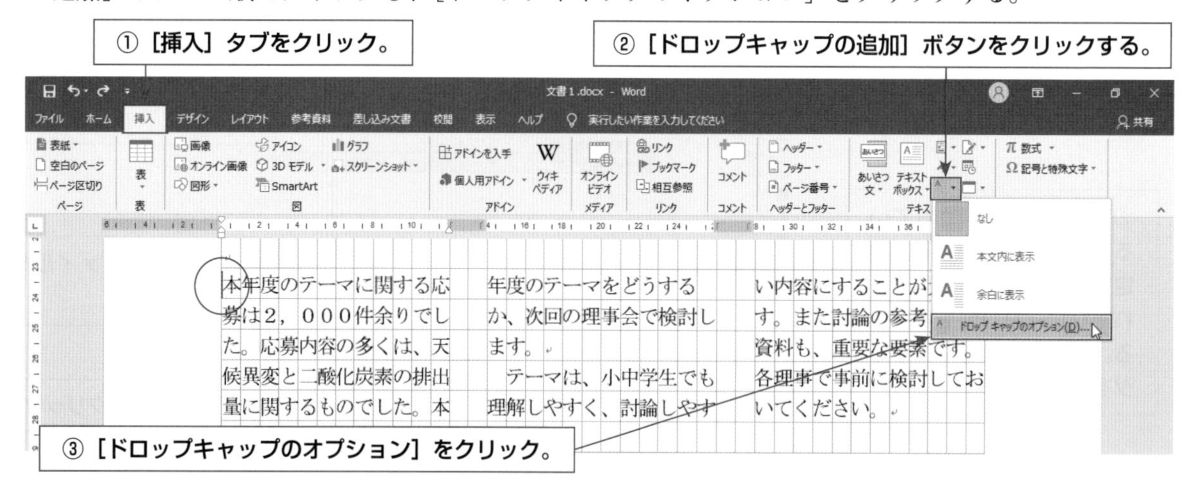

（2）上記の操作を行うと、下図のように表示されるので、問題の指示に従い、［フォント］、［ドロップする行数］を選択し、［ＯＫ］をクリックする。

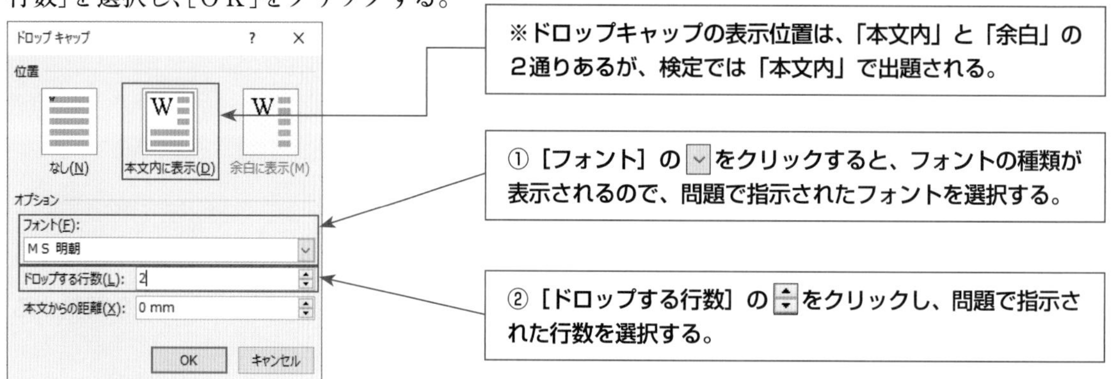

14 透かし文字の入力

（1）［デザイン］タブ⇒［透かし］ボタンをクリックし、［ユーザー設定の透かし］をクリックする。

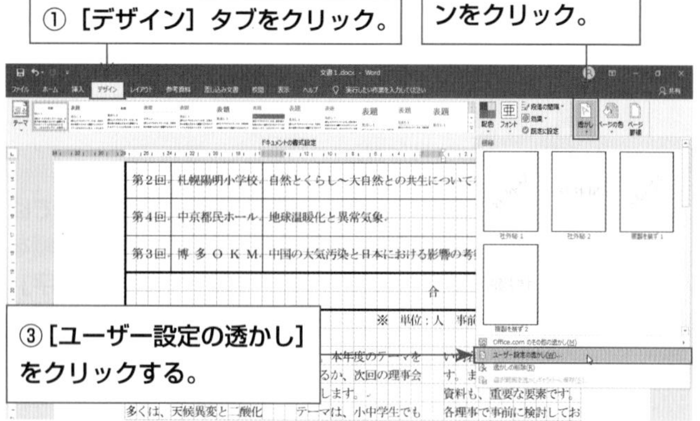

（2）下図が表示されるので、［テキスト］を選択し、指示通り［資料］と入力する。フォントの種類とレイアウトを選び、［ＯＫ］をクリックする。

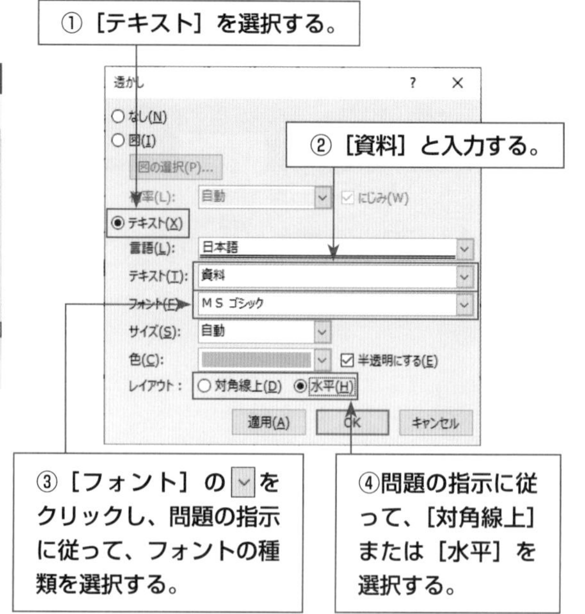

15 テキストボックスの挿入

（1）［挿入］タブ⇒［テキストボックス］をクリックすると、以下のように表示されるので、問題に合わせ、［横書きテキストボックスの描画］か［縦書きテキストボックスの描画］をクリックする。

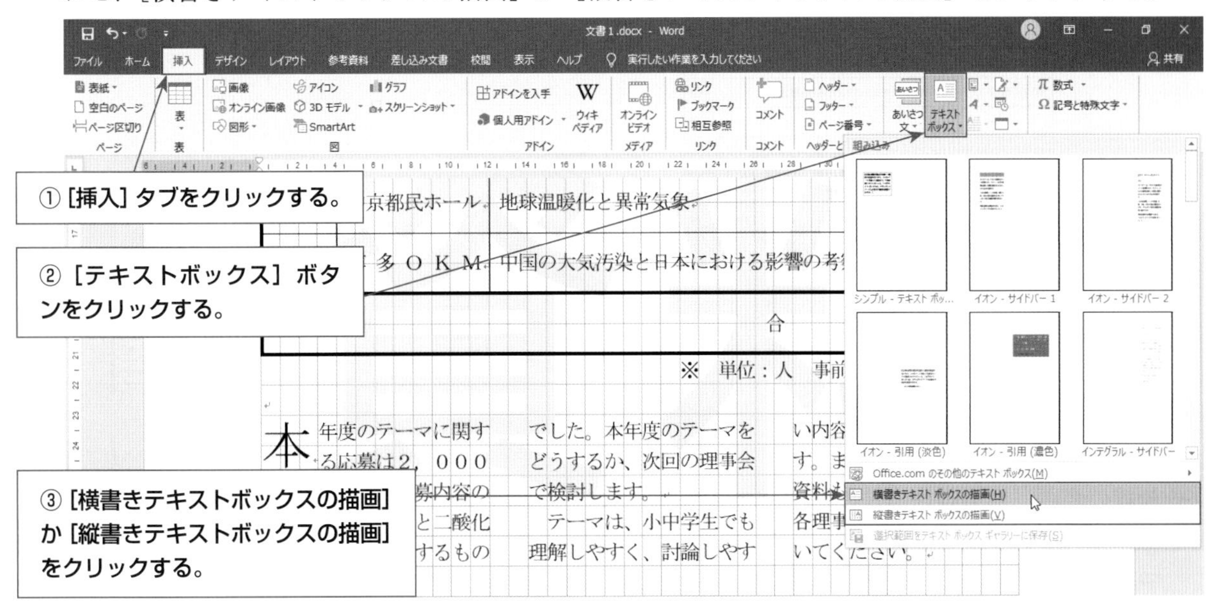

（2）カーソルが「＋」に変化する。枠が必要な位置にカーソルを合わせ、ドラッグする。なお、枠の大きさや位置は後から変更することができるので、とりあえず枠が用意されればよい。

（3）テキストボックス内で文字を入力する前に、フォントの種類と、サイズを問題の指示に合わせる。

（4）文字を入力しながら、テキストボックスの枠の大きさを調整する。右図の○印にカーソルを合わせ、ドラッグすると、枠の大きさを変えることができる。

枠の４隅の○印は自由に大きさを変えられる。
４辺にある４個の○印は、左右方向のみ、または、上下方向のみに枠を縮小・拡大することができる。

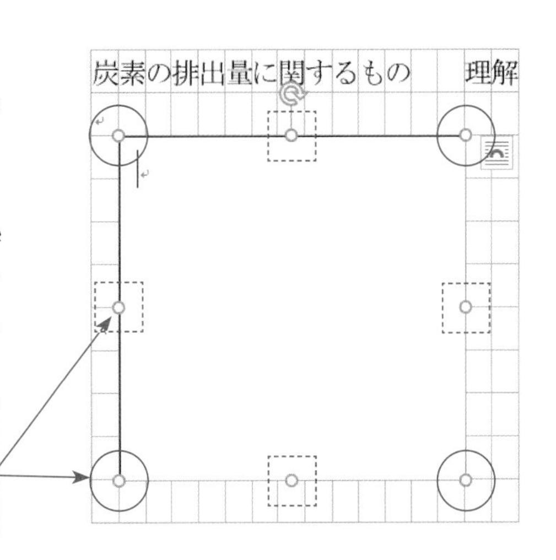

（5）枠線の変更

① 他の線種に変更する場合は、枠線上にカーソルを合わせ、テキストボックスを編集状態とする。

○文字入力状態

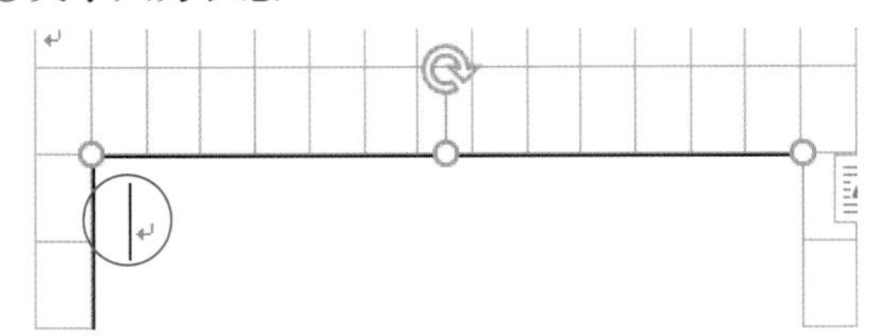

○テキストボックス編集状態

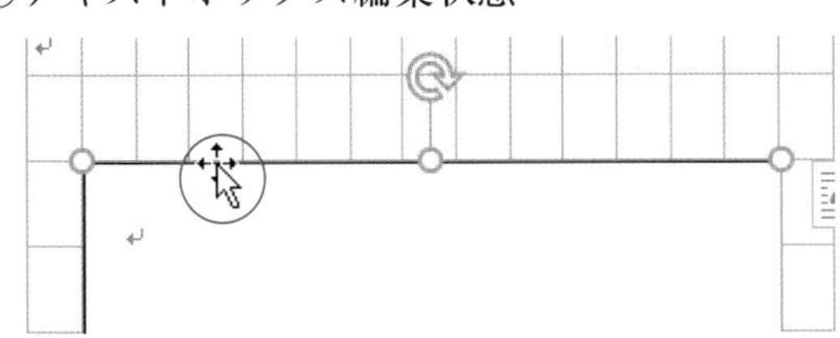

② 右クリックで表示されるメニューから［図形の書式設定］をクリックすると、画面右端に次ページの設定画面が表示される。

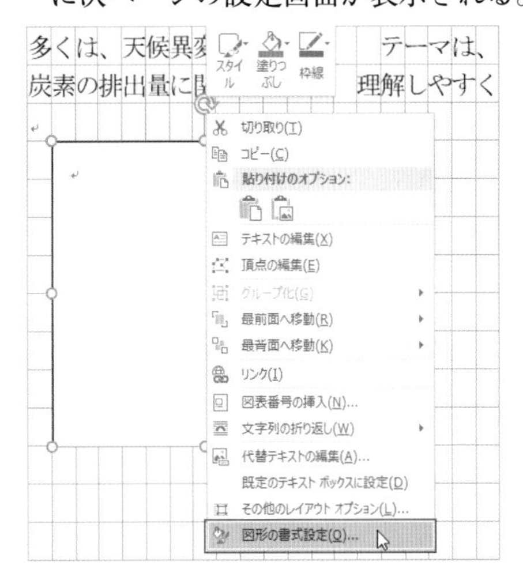

③　二重線に変更する場合は、［線］から［一重線／多重線］の をクリックし、問題で指示された線種を選択する。

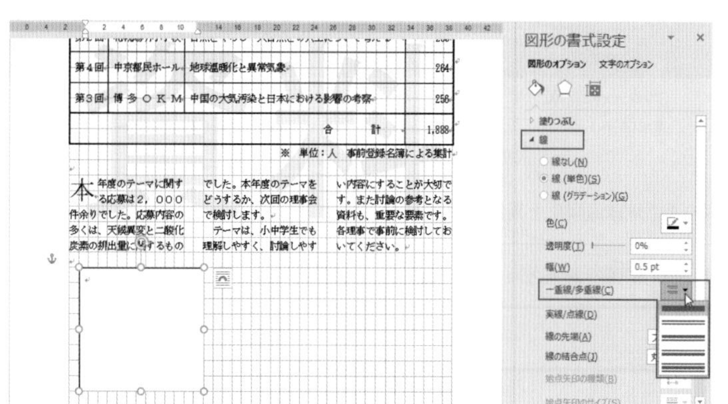

④　破線･点線に変更する場合は、［実線／点線］の をクリックし、問題で指示された線種を選択する。

◆枠線の変更　別の操作方法①

枠線内をクリックし、描画ツールの［書式］タブ⇒［図形の枠線］ボタンから、［太さ］⇒［その他の線］の順でクリックすると、上記の［図形の書式設定］画面が表示されるので、同じ操作を行う。

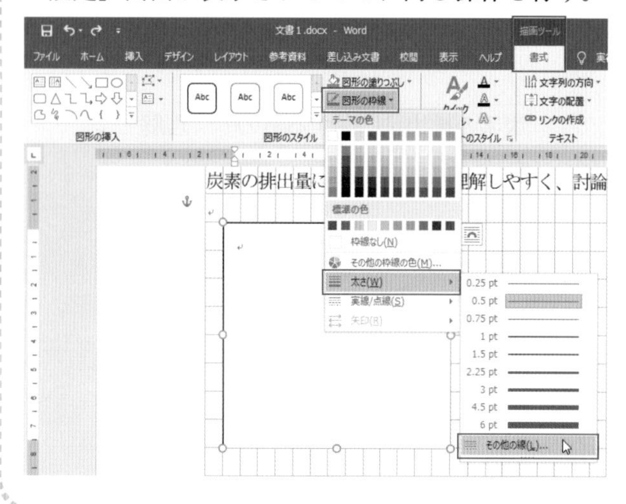

◆枠線の変更　別の操作方法②

枠線内をクリックし、描画ツールの［書式］タブ⇒［図形の枠線］ボタンから、［実線／点線］の順でクリックし、問題で指示された線種を選択する。

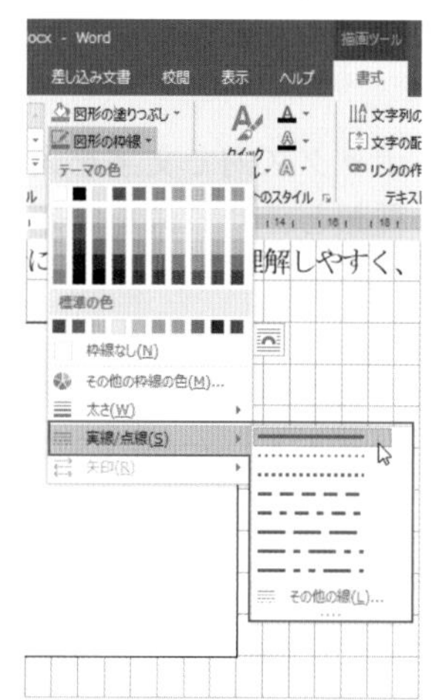

16 オブジェクトの挿入

（1）［挿入］タブ⇒［画像］ボタンをクリックすると、以下のように表示されるので、適切なオブジェクトを選択し、［挿入］ボタンをクリックする。

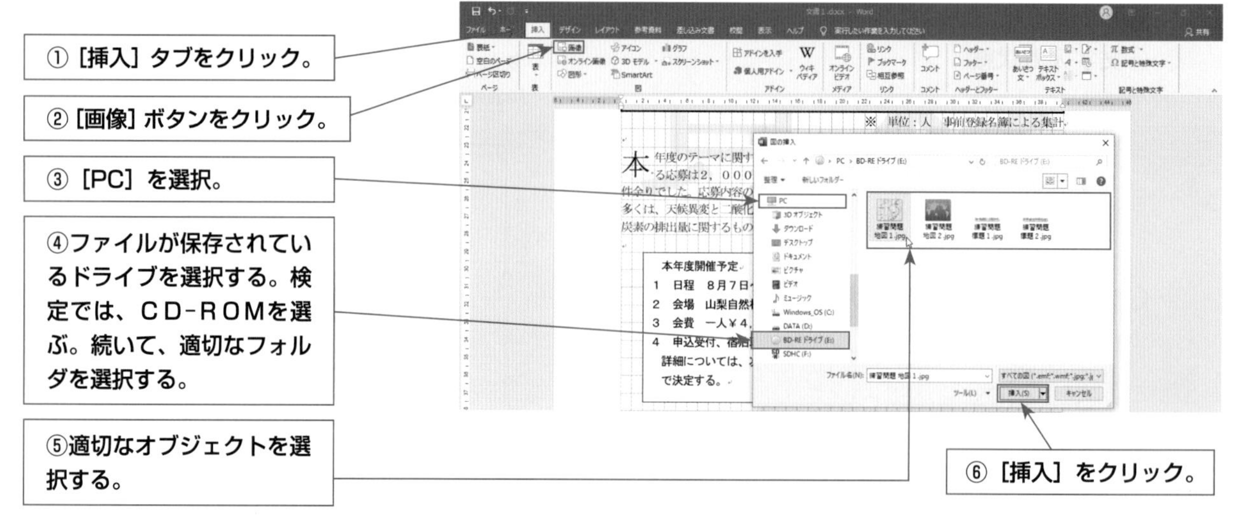

（2）挿入されたオブジェクトをクリックすると、図ツールの［書式］のリボンが表示される。次に、図ツールの［書式］タブ⇒［文字列の折り返し］ボタン⇒［背面］の順でクリックする。

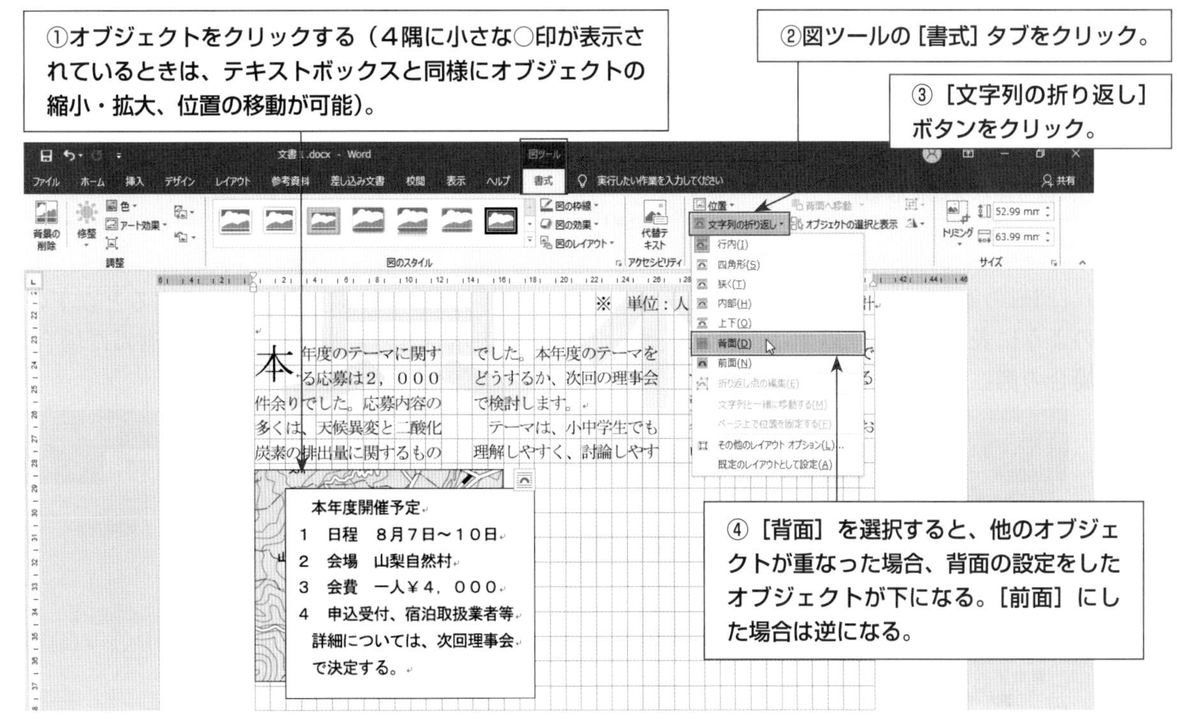

（3）あとは、オブジェクトの大きさと位置を調整する。Altキーを押しながらドラッグすると微調整が可能である。

17 矢印の挿入

（1）［挿入］タブ⇒［図形］ボタンから、［ブロック矢印］を選択する。

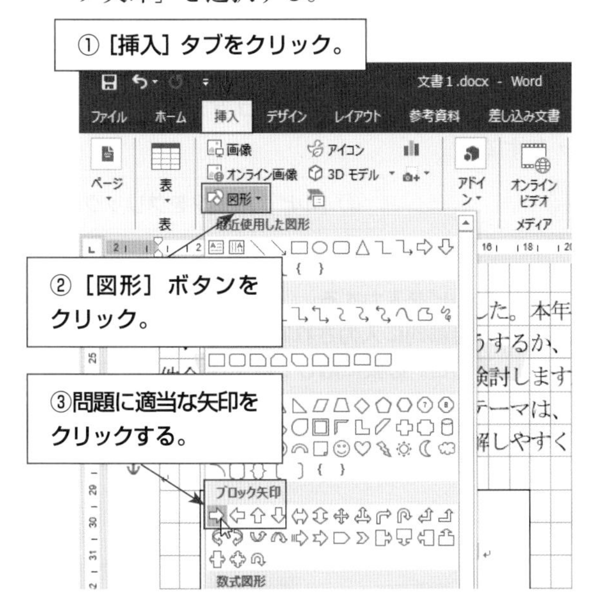

（2）上記の操作を行うと、「＋」のカーソルが表示されるので、適切な位置でドラッグすると、矢印が挿入される。

（3）問題に合わせ、矢印の位置や大きさ、向きをAltキーを押しながらドラッグして調整する。

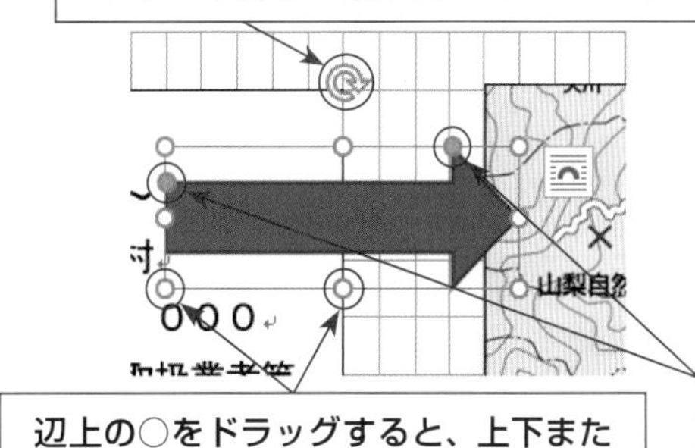

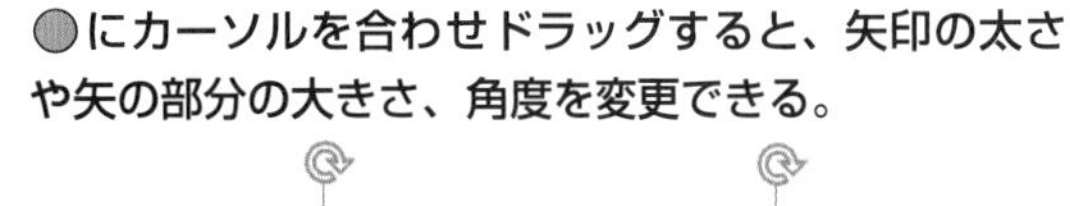

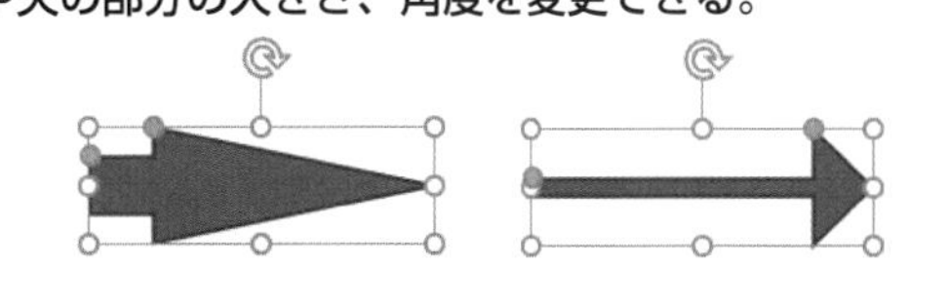

（4）オブジェクトの重なりを調整する。

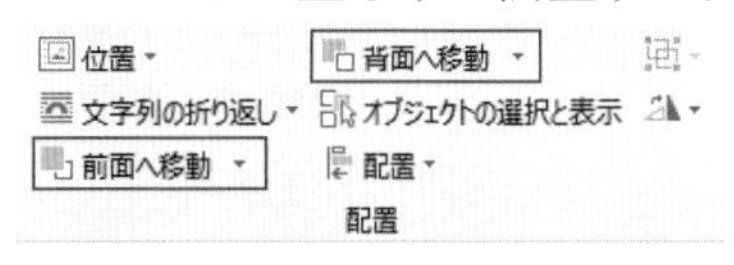

（5）矢印を選択し、矢印の塗りつぶしや枠線を変更することができる。

［図形のスタイル］グループに表示されているさまざまなパターンの中から選択することができる。例えば、右図の中央（ Abc ）を選ぶと、真っ黒な矢印になる。

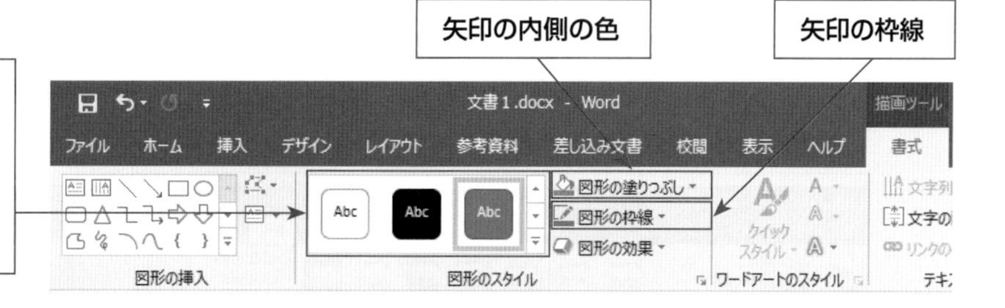

（6）［図形の塗りつぶし］をクリックすると以下のように表示される。以下は、黄色を選んだ場合の例。矢印の内側が黄色となる。

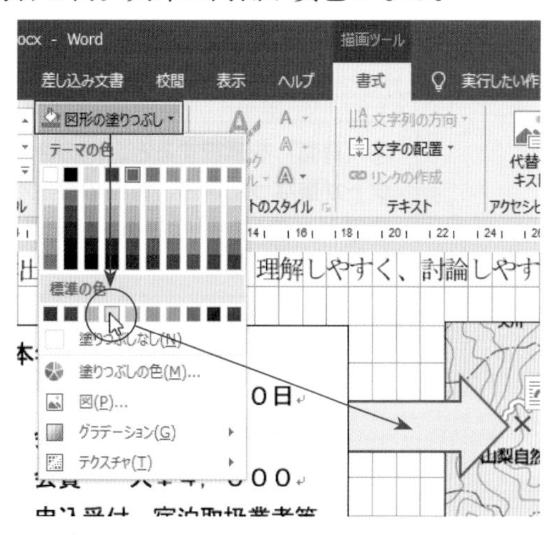

（7）［図形の枠線］をクリックすると以下のように表示される。以下は、赤色を選んだ場合の例。矢印の枠線が赤色となる。

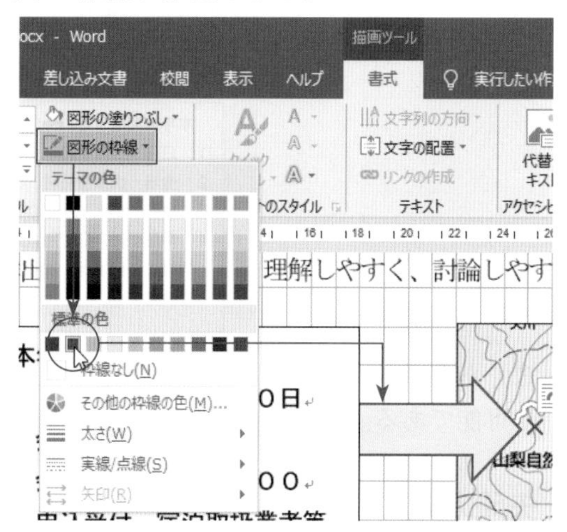

※ ⇨ の矢印を入力する場合は、塗りつぶしは［白色］、枠線は［黒色］を選択する。

18 ルビの入力

（1）ルビをふる文字をドラッグし、領域指定する。

（2）［ホーム］タブ⇒［ルビ］をクリックすると、右下のように［ルビ］ダイアログボックスが表示されるので、ルビ欄に文字を入力し、［ＯＫ］をクリックする。

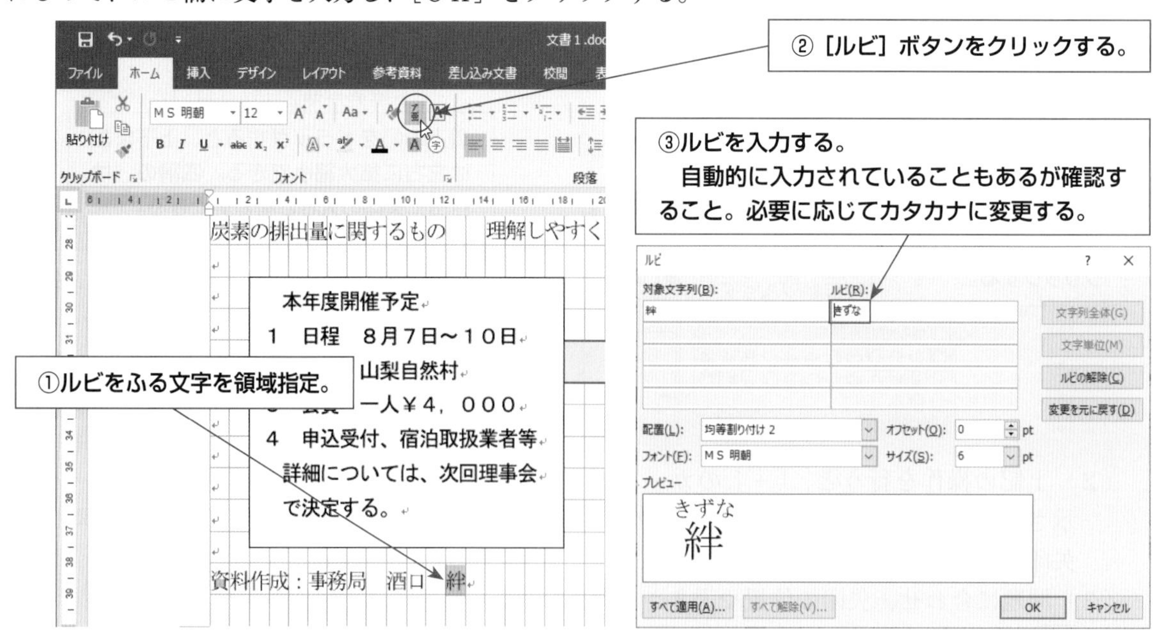

19 文字の加工編集

（1）文字の編集をする場合は、編集したい文字列をドラッグする。

（2）［ホーム］タブの［フォント］グループ、［段落］グループで表示されている機能をクリックする。

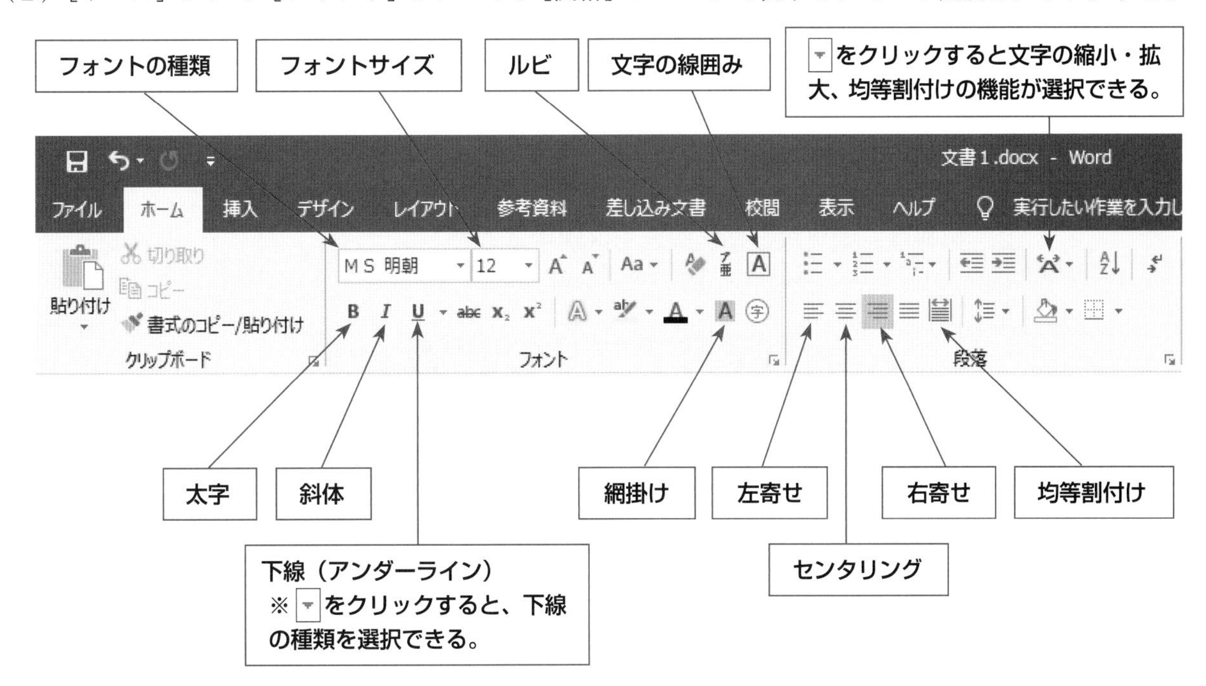

（3）文字飾りを行う場合は、以下の手順で行う。

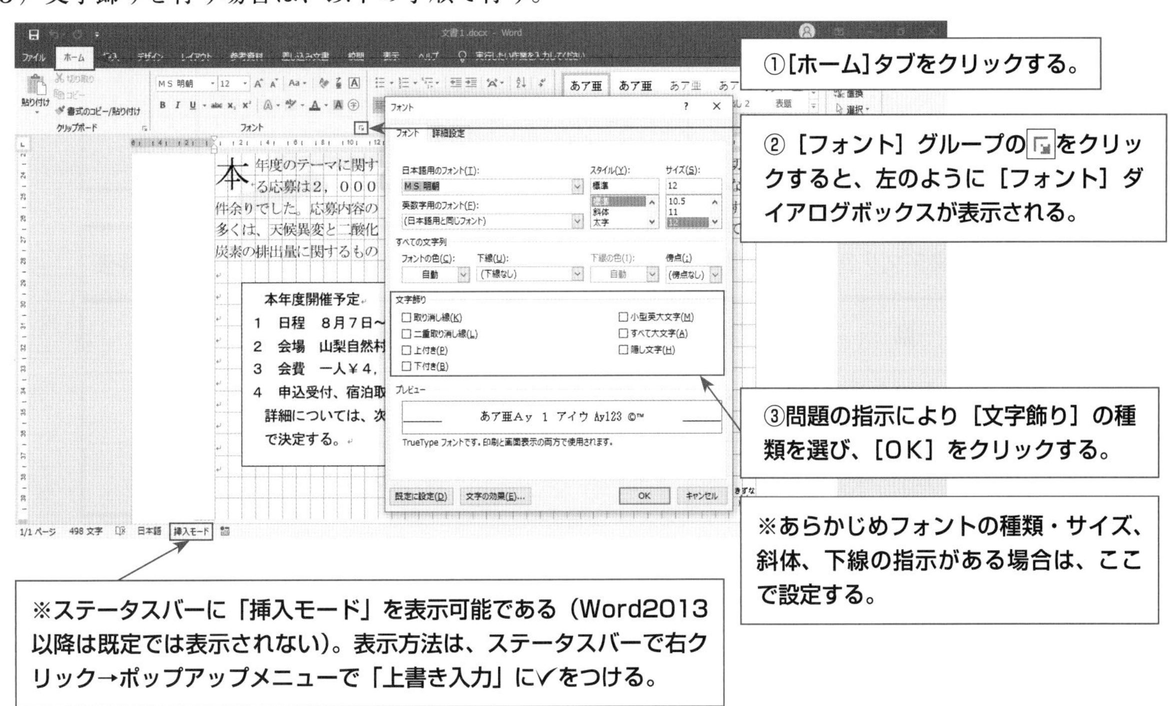

以上で文書問題の作成は終了です。ここに示した作成の仕方は、あくまでも操作の仕方を例示したにすぎません。同じ機能でも、他の操作手順で行うことも可能です。ここに示した操作手順・方法以外で、効率的な操作の仕方や入力の仕方があるかもしれません。みなさん、是非工夫してください。

ビジネス文書部門実技問題

【実技－1】 下記の問題文を、余白は上下左右25mmに設定し、指示のないフォントは明朝体の全角で12ポイントに統一して入力しなさい（12ポイントで書式設定できない場合は11ポイントで統一すること）。なお、ヘッダーに左揃えでクラス、出席番号、名前を入力すること。

（制限時間15分）

【指示】 1．表は、行頭・行末を越えずに作成し、行間は、２．０とすること。
2．罫線は、太実線と細実線とを区別すること。

①オブジェクト（標題）を挿入し、センタリングする。

ABCDE 辞書アプリの評価 あいうえお

　アナログ感覚の操作性、人気のタイトル、信頼性の高さなど、圧倒的な高コスパを誇る当社オンラインストア人気の辞書アプリの一覧です。

②フォントをゴシック体に変更する。

1　英和・和英辞書　③各項目名は、枠の中で左右にかたよらないようにする。

辞書アプリ名	販売価格	特　　徴	総合評価
ベンリーコンサス	600	１９５７年に発行された日本でなじみの辞書	4
基本フレックス	1,000	充実したコラムなど「生の英語」満載	3
ワンツー明解	1,950	コーパス（英語データベース）全面活用	5
ビーニタスJ	4,900	世界的ベストセラー	3

④行全体を網掛けする。
⑤枠内で均等割付けする。
⑥販売価格の数字は明朝体の半角で入力し、3桁ごとにコンマをつけ、右寄せする。
⑦左寄せする（均等割付けしない）。
⑧センタリングする。

②と同じ。
2　国語辞書　③と同じ。

辞書アプリ名	販売価格	特　　徴	総合評価
四県堂	900	言葉の使い方がよくわかる語法解説を充実	4
E式新近代和文釈	1,700	簡潔でわかりやすい説明	3
大学館リアル	2,600	古語文法付きで、今一番売れている人気辞書	5

⑤と同じ。⑥と同じ。⑦と同じ。⑧と同じ。

単位：価格　円

⑨取得した文章のフォントの種類は明朝体、サイズは12ポイントとし、2段で均等に段組みをし、境界線を細実線で引く。
テキストファイルの挿入範囲

当ストアの辞書アプリ総合評価で、一番評価の高いワンツー明解英和・和英辞書は、価格と内容のバランス性が評価されていると分析されます。電子辞書とともに、いまや辞書アプリはビジネスだけでなく、国語や英語などのスキルアップにも欠かせないツールとなっていることを裏付けるものです。

⑩「当」を2行の範囲で本文内にドロップキャップする。ただし、フォントの種類は明朝体とする。

［ワンツー明解］
カスタマー総合評価
5点
☆☆☆☆☆
合計　930件
☆☆☆☆☆ 663
☆☆☆☆ 159
☆☆☆ 58
☆☆ 35
☆ 15

⑪オブジェクト（グラフ）を挿入する。

【レビュー】
星５つ　携帯頭脳に感動！
　検索しやすく助かっています。
星４つ　サクサクと快適な機能！
　使いやすいのに驚いた。利便性を追求し、さらにアップデイトしてくれるのを期待しています。

⑫枠を挿入し、枠線は細実線とする。
⑬枠内のフォントの種類はゴシック体、サイズは12ポイントとし、横書きとする。
⑭18ポイントで斜体文字にする。

作成：新生活応援課　統計係長　野圦（のいり）　靖生

⑮明朝体のひらがなでルビをふり、右寄せする。

【実技－2】 下記の問題文を、余白は上下左右25mmに設定し、指示のないフォントは明朝体の全角で12ポイントに統一して入力しなさい（12ポイントで書式設定できない場合は11ポイントで統一すること）。なお、ヘッダーに左揃えでクラス、出席番号、名前を入力すること。

（制限時間15分）

【指示】 1．表は、行頭・行末を越えずに作成し、行間は、２．０とすること。
2．罫線は、太実線と細実線とを区別すること。
3．表の「前年税収額」の合計は、計算機能を使って求めること。

①オブジェクト（標題）を挿入し、センタリングする。

もっと知りたい税のこと

③行全体に網掛けをし、フォントの種類はゴシック体とする。

　昨年度の税収が確定しました。財政赤字から脱却できない中、税金の役割は極めて重要です。ここで、前年度の税収額と本年度の予算の割合を見てみましょう。

税の種類	税の内容	予算割合	前年税収額
所得税等	個人の所得にかかり、住民税なども入る	30.6	273,248
消費税	納税するのは事業者だが、負担は消費者	22.3	103,951
法人税等	法人の所得に対してかかるもの等	20.7	184,844
その他の消費課税	酒税、たばこ税、揮発油税、自動車税等	11.5	117,871
固定資産税	所有する不動産に対して課税される	9.8	87,510
その他の資産課税等	相続税、贈与税、都市計画税、印紙税等	5.1	46,434
		合計	813,858

②各項目名は、枠の中で左右にかたよらないようにする。
④枠内で均等割付けする。　⑤左寄せする（均等割付けしない）。
⑥予算割合の数字は明朝体の半角で入力し、右寄せする。
⑦前年税収額の数字は明朝体の半角で入力し、3桁ごとにコンマを付け、右寄せする。
⑨取得した文章のフォントの種類は明朝体、サイズは12ポイントとする。

※予算割合の単位は%、税収額は億円

⑧フォントの種類はゴシック体、サイズは20ポイントとし、文字を線で囲む。

必要な財源の確保のために

テキストファイルの挿入範囲

　少子・高齢化やグローバル化が急速に進み、社会保障給付などの増加や経済変動により国の財政がますます厳しくなる中で、本年度予算では２番目に大きい割合であるが、税収の安定性の面から消費税の増税が注目されている。

⑩波線の下線を引く。

⑪オブジェクト（グラフ）を挿入する。

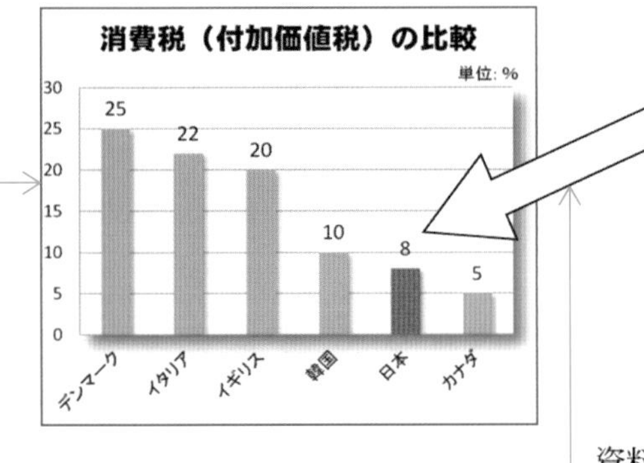

消費税
日本では平成元年から消費者に広く公平に負担を求める『消費税』を導入しましたが、ヨーロッパ諸国ではすでに『付加価値税』として導入されていました。現在、全世界１００以上の国や地域で採用されています。

⑫枠を挿入し、枠線は細実線とする。
⑬枠内のフォントの種類はゴシック体、サイズは12ポイントとし、横書きとする。

資料作成：財政広報委員会　総務課　佃　洸輔（コウスケ）

⑭矢印の先端がグラフ内の「日本」の数値を指すように、枠線から図形描画機能で矢印を挿入する。
⑮明朝体のカタカナでルビをふり、右寄せする。

【実技－3】 下記の問題文を、余白は上下左右25mmに設定し、指示のないフォントは明朝体の全角で12ポイントに統一して入力しなさい（12ポイントで書式設定できない場合は11ポイントで統一すること）。なお、ヘッダーに左揃えでクラス、出席番号、名前を入力すること。

（制限時間15分）

【指示】 1．表は、行頭・行末を越えずに作成し、行間は、２．０とすること。
2．罫線は、太実線と細実線とを区別すること。
3．表の「年間売上金額」の合計は、計算機能を使って求めること。

①オブジェクト（標題）を挿入し、センタリングする。

有人店舗から自動販売機へ

今、自動販売機が新たな時代を迎えています。ＡＥＤが搭載された機種は、人命救助に貢献するなど、有人店舗並みのサービスが今後予想されます。

自販機機種	中　身　商　品　例	普及台数	年間売上金額
飲　　　料	清涼飲料、酒・ビール、牛乳、コーヒー	2,548	2,133,329
券　　　類	乗車券、食券、入場券他	47	1,828,827
日用品雑貨	プリペイド式カード類、新聞、衛生用品他	860	466,972
た　ば　こ	たばこ（外国産を含む）	212	255,602
自動サービス機	コインロッカー、ＩＣカードチャージ機他	1,262	142,320
食　　　品	インスタント麺、冷凍食品、アイス他	69	54,132
	合　　計		4,881,182

（単位：普及台数は千台、年間売上金額は千円）

欧米諸国の人にとって、日本で驚かされるのは街中に自動販売機がたくさんあることだそうです。欧米諸国では、自動販売機を設置すると、すぐに盗難に遭ったり、破壊されたりするためです。また、日本では、駅のホームに一台で**年間３６００万円**もの売り上げをあげた驚異的な自動販売機があります。**通称マンモス**というあだ名がついています。始発の時に補充しても、朝のラッシュが終わると売り切れています。

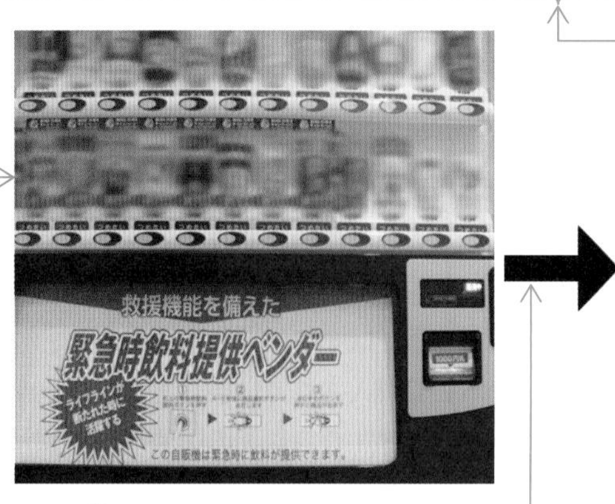

当社製品の販路拡大政策のひとつに、自動販売機の設置という案があります。全国で約６万９千台となっている食品の自動販売機は、今後需要が伸びると予想されます。さらに、地震などの非常時には、停電しても簡単な操作で、無償にて商品などを取り出すことができる最新機種も導入予定です。

資料作成：亢村（コウムラ）　芳伸

②各項目名は、枠の中で左右にかたよらないようにする。
③枠内で均等割付けする。
④左寄せする（均等割付けしない）。
⑤普及台数と年間売上金額の数字は明朝体の半角で入力し、３桁ごとにコンマを付け、右寄せする。
⑥右寄せする。
⑦「業務」の文字で透かしを入れ、フォントの種類はゴシック体、文字の位置は水平とする。
⑧取得した文章のフォントの種類は明朝体、サイズは12ポイントとする。
⑨「欧」を2行の範囲で本文内にドロップキャップする。ただし、フォントの種類は明朝体とする。
⑩フォントの種類をゴシック体に変更する。
⑪オブジェクト（写真）を挿入する。
⑫枠を挿入し、枠線は細実線とする。
⑬枠内のフォントの種類はゴシック体、サイズは12ポイントとし、縦書きとする。
⑭オブジェクトや枠にかからないように、図形描画機能で矢印を挿入する。
⑮明朝体のカタカナでルビをふり、右寄せする。
テキストファイルの挿入範囲

【実技－4】 下記の問題文を、余白は上下左右25mmに設定し、指示のないフォントは明朝体の全角で12ポイントに統一して入力しなさい（12ポイントで書式設定できない場合は11ポイントで統一すること）。なお、ヘッダーに左揃えでクラス、出席番号、名前を入力すること。

（制限時間15分）

【指示】 1．表は、行頭・行末を越えずに作成し、行間は、２．０とすること。
2．罫線は、太実線と細実線とを区別すること。

①オブジェクト（標題）を挿入し、センタリングする。

ワールド美術館で芸術鑑賞

　当社の厚生施設であるワールド美術館が人気スポットになっており、本年の作品展別の来場者人数をまとめました。今後、社外研修の一環として美術鑑賞を企画しています。

【日本のアーティスト】　②各項目名は、枠の中で左右にかたよらないようにする。

人　名	紹　　介	来場者人数
雪　　舟	国宝「秋冬山水図」で知られる室町時代に活躍した水墨画家	157,242
葛飾北斎	江戸時代の浮世絵師で世界的にも著名な画家	143,638
加藤唐九郎	志野茶碗が有名な昭和時代の陶芸家	89,377

【海外のアーティスト】　②と同じ。

人　名	紹　　介	来場者人数
モ　　ネ	印象主義の技法を追求し「光の画家」といわれた画家	183,152
ルノワール	風景画などの静物画はわずかで代表作の多くは人物画である	170,670
ラファエロ	聖母子作品を数多く残したことで有名	89,189
ム　ン　ク	フランス印象派の画家の影響を受ける	84,697

単位：人

③枠内で均等割付けする。
③と同じ。
④左寄せする（均等割付けしない）。
④と同じ。
⑤来場者人数の数字は明朝体の半角で入力し、3桁ごとにコンマを付け、右寄せする。
⑤と同じ。
⑥右寄せする。

ワールド美術館へ行ったことはありますか？　⑧文字を線で囲む。

　その独創的なフォルムを持ったガラス張りの建物はもちろん、充実した内容の企画展でも話題を呼んでいる場所です。ここでは、大人から子どもまでの幅広い世代の方が、気軽に楽しむことができます！ぜひ一度は訪れてみてください。

⑦取得した文章のフォントの種類は明朝体、サイズは12ポイントとし、囲み線の部分を除き、2段で均等に段組みをし、境界線を細実線で引く。
テキストファイルの挿入範囲

お勧めポイントは、まず建物です。外観の美しさはもちろん、時間帯によって光の差し込み方が変わるフロアの表情に注目してください。
　そして、展示内容は「秋冬山水図」で有名な、雪舟の展覧会のように、短期開催でも多くの入場者でにぎわうように、魅力ある作品をチョイスしています。

⑨枠を挿入し、枠線は細実線とする。
⑩枠内のフォントの種類はゴシック体、サイズは12ポイントとし、縦書きとする。

⑪オブジェクト（イラスト）を挿入する。

資料作成：馬淵　俐加（りか）

⑫矢印の先端がイラスト内の「建物」に達するように、枠線から図形描画機能で矢印を挿入する。
⑬明朝体のひらがなでルビをふり、右寄せする。

【実技－5】（制限時間20分）

【問　題】 次のⅠ～Ⅳに従い、右のような文書を作成しなさい。

Ⅰ　標題の挿入

出題内容に合った標題のオブジェクトを、用意されたフォルダなどから選び、指示された位置に挿入しセンタリングすること。

Ⅱ　表作成

下の資料Ａ・Ｂ並びに指示を参考に表を作成すること。

資料A　単位：万円

種　　類	特徴・生態などについて	世界の漁獲量
カツオ	用途が広く、刺身、節、缶詰等に利用	3,442
メバチ・キハダ	熱帯の温帯や海域に生息	1,971
ビンナガ	長い刀状の胸びれが特徴	245
大西洋クロマグロ	地中海を含む大西洋に生息	31
ミナミマグロ	刺身用でクロマグロに次ぐ高級品	17
太平洋クロマグロ	本マグロと呼ばれトロの多い最高級品	~~573~~ 16

資料B

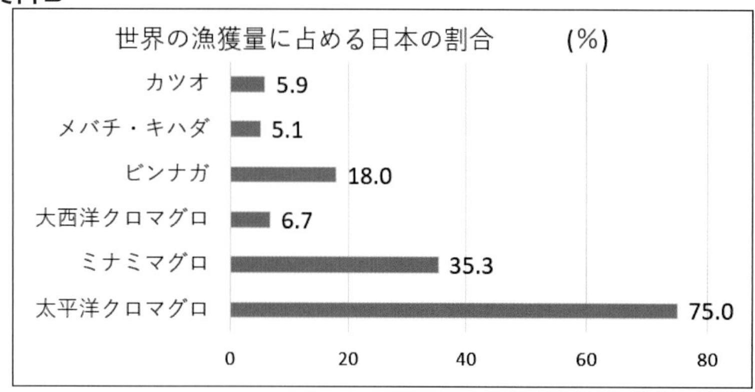

指示

1．表は、行頭・行末を越えずに作成し、行間は、２．０とすること。
2．罫線は右の表のように太実線と細実線とを区別すること。
3．表の枠内の文字は１行で入力し、上下のスペースが同じであること。
4．右の表のように項目名とデータが正しく並んでいること。
5．表内の「日本の割合」と「世界の漁獲量」の数字は、明朝体の半角で入力し、３桁ごとにコンマを付けること。
6．ソート機能を使って、表全体を「日本の割合」の多い順に並べ替えること。
7．表の「世界の漁獲量」の合計は、計算機能を使って求めること。

Ⅲ　テキスト・グラフの挿入

1．挿入する文章は、用意されたフォルダなどにあるテキストファイルから取得し、校正および編集すること。
2．出題内容に合ったイラストのオブジェクトを、用意されたフォルダなどから選び、指示された位置に挿入すること。

Ⅳ　その他

1．問題文にある校正記号に従うこと。
2．①～⑬の処理を行うこと。
3．右の問題文にない空白行を入れないこと。
4．右の問題文の［ａ］に当てはまる語句を以下から選択し入力すること。

太平洋クロマグロ　　大西洋クロマグロ　　ミナミマグロ

オブジェクト（標題）の挿入・センタリング

世界中で、大量に消費されているマグロ類。しかし近年、その資源料（量）が懸念されるマグロも出てきました。そこで、２０１９年の資料で日本の漁獲の割合を調べてみました。

種　　類	特徴・生態などについて	日本の割合	世界の漁獲量
	合　　計		

単位　日本の割合：％　世界の漁獲量：千トン

マグロについては、世界の海域ごとに、５つの国際条約機関があり、資源管理のためのルールを定めています。

このまま、適切に資源の管理をせずにマグロを消費し続けた場合、マグロがずれ（い）食べられなくなってしまう日が来るかもしれません。そうならないようにするためには、マグロを漁獲し、消費している国々が、国際条約の約束を守り、資源や漁獲量をしっかりと管理すること。そして、流通関係者さらには消費者が、資源の変化や違法な漁業を監視して、適切に管理されたマグロのみを消費することが大切です。

日本の漁獲量の割合が一番大きい［ａ］は、全漁獲量の７５％を漁獲している世界一の漁獲国です。またクロマグロ漁は未成魚の漁獲が多いことが特徴で、そのことが近年の資源低下の主な原因と考えられています。

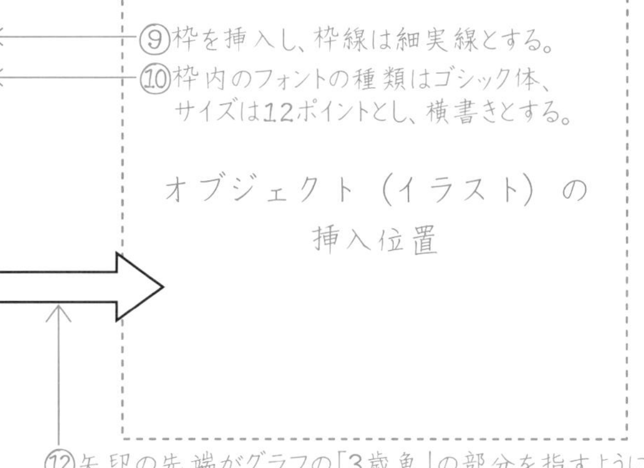

資料作成：古址（コシ）　和磨

①各項目名は、枠の中で左右にかたよらないようにする。
②枠内で均等割付けする。
③左寄せする（均等割付けしない）。
④右寄せする。
⑤右寄せする。
⑥「マグロ」の文字で透かしを入れ、フォントの種類は明朝体、文字の位置は水平とする。
⑦取得した文章のフォントの種類は明朝体、サイズは12ポイントとし、3段で均等に段組みをし、境界線を細実線で引く。
⑧網掛けする。
⑨枠を挿入し、枠線は細実線とする。
⑩枠内のフォントの種類はゴシック体、サイズは12ポイントとし、横書きとする。
⑪波線の下線を引く。
⑫矢印の先端がグラフの「3歳魚」の部分を指すように、枠線から図形描画機能で矢印を挿入する。
⑬明朝体のカタカナでルビをふり、右寄せする。
テキストファイルの挿入範囲

【実技－６】（制限時間20分）

【問　題】 次のⅠ～Ⅳに従い、右のような文書を作成しなさい。

Ⅰ　**標題の挿入**

出題内容に合った標題のオブジェクトを、用意されたフォルダなどから選び、指示された位置に挿入しセンタリングすること。

Ⅱ　**表作成**

下の資料Ａ・Ｂ並びに指示を参考に表を作成すること。

資料A　　単位　１日の利用者：人　維持管理費用：千円

駅　名	無人駅のタイプ	鉄道会社	１日の利用者	維持管理費用
赤川小学校前	終日無人駅	浜神急行	66,772	526,487
おおうさ公園	簡易委託駅	水の国観光	9,590	900,351
ささ	簡易委託駅	さくら臨海線	9,919	634,202
土田渓谷	終日無人駅	木枯らし鉄道	4,533	491,008
文化センター	簡易委託駅	ＴＭ二国	84,306	1,130,455
上谷地通	簡易委託駅	やまなみ鉄道	189,969	1,218,300
えみし	終日無人駅	ＴＭ中日本	129,125	810,114

資料B

駅　名	駅の状況
赤川小学校前	アニメ映画「私の心は」に登場
おおうさ公園	ＣＡＤが使えるパソコンを設置
ささ	２０２２年に駅構内での郵便局が開局
土田渓谷	インターホンを利用し別の場所から応対
文化センター	改札口から直結の受付窓口
上谷地通	駅舎に当地をテーマにしたカフェを設置
えみし	鉄道会社自体が廃線の機会（→危機）

指示

1．「終日無人駅」と「簡易委託駅」の二つに分けた表を作成すること。
2．表は、行頭・行末を越えずに作成し、行間は、２．０とすること。
3．罫線は右の表のように太実線と細実線とを区別すること。
4．表の枠内の文字は１行で入力し、上下のスペースが同じであること。
5．右の表のように項目名とデータが正しく並んでいること。
6．表内の「維持管理費用」と「１日の利用者」の数字は、明朝体の半角で入力し、３桁ごとにコンマを付けること。
7．ソート機能を使って、二つの表それぞれを「１日の利用者」の多い順に並べ替えること。
8．「簡易委託駅」の表の「ささ」の行全体に網掛けをすること。

Ⅲ　**テキスト・写真の挿入**

1．挿入する文章は、用意されたフォルダなどにあるテキストファイルから取得し、校正および編集すること。
2．出題内容に合った写真のオブジェクトを、用意されたフォルダなどから選び、指示された位置に挿入すること。

Ⅳ　**その他**

1．問題文にある校正記号に従うこと。
2．①～⑫の処理を行うこと。
3．右の問題文にない空白行を入れないこと。
4．右の問題文の［ａ］に当てはまる語句を以下から選択し入力すること。

上谷地通　　えみし　　ささ

オブジェクト（標題）の挿入・センタリング

①網掛けする。

駅員が終日いない無人駅が増え、生活に支障を訴える人も増加しています。一方で、他の施設として活用する新たな取り組みもあり、無人駅をタイプ別に調べてみました。

<終日無人駅>

駅　　名	駅　の　状　況	維持管理費用	1日の利用者

②各項目名は、枠の中で左右にかたよらないようにする。

③枠内で均等割付けする。　④左寄せする（均等割付けしない）。　⑤右寄せする。

<簡易委託駅>

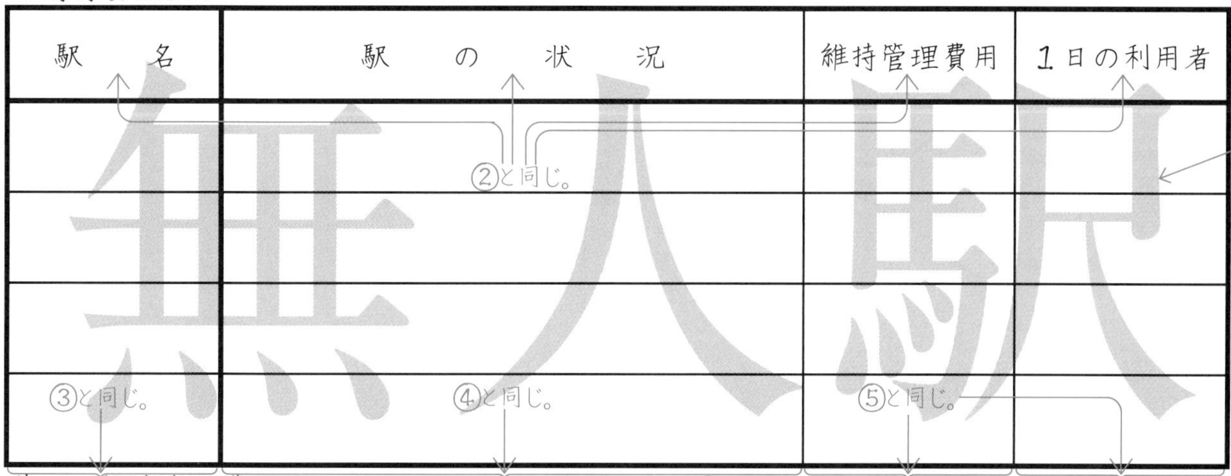

駅　　名	駅　の　状　況	維持管理費用	1日の利用者

②と同じ。

③と同じ。　④と同じ。　⑤と同じ。

⑥「無人駅」の文字で透かしを入れ、フォントの種類は明朝体、文字の位置は水平とする。

単位　維持管理費用：千円　1日の利用者：人　⑦右寄せする。

⑧取得した文章のフォントの種類は明朝体、サイズは12ポイントとする。

テキストファイルの挿入範囲

駅員がいなくなった駅は寂しく感じます。そこで、公共施設や店舗などを駅舎に入れ、その職員が駅員の代わりに対応することが可能です。駅を鉄道利用のためでなく、居心地のいい場所にする取り組みにより、地域にとってこそ身近で魅力的な場所にするのです。（トル）

⑨枠を挿入し、枠線は細実線とする。

⑩枠内のフォントの種類はゴシック体、サイズは12ポイントとし、横書きとする。

オブジェクト（写真）の挿入位置

⑪オブジェクトや枠にかからないように、図形描画機能で矢印を挿入する。

簡易委託駅で1日の利用者が一番多かった「a」駅のように、無人駅を自治体などが活用するため、必要な人を配置すればよいのです。無人化をピンチではなく、駅や鉄道を持続可能にするためのチャンスと（へ）とらえることが大切です。

資料作成：山際　丕好（もとよし）　⑫明朝体のひらがなでルビをふり、右寄せする。

【実技－7】（制限時間20分）

【問　題】 次のⅠ～Ⅳに従い、右のような文書を作成しなさい。

Ⅰ　標題の挿入

出題内容に合った標題のオブジェクトを、用意されたフォルダなどから選び、指示された位置に挿入しセンタリングすること。

Ⅱ　表作成

下の資料Ａ・Ｂ並びに指示を参考に表を作成すること。

資料Ａ

水　族　館　名	所在地	設置者	見　ど　こ　ろ
沖縄ら美海水族館	沖縄県国頭郡	公立	サンゴ礁など自然の姿そのままの展示
海遊館	大阪府大阪市	私立	大水槽でのジンベイザメのエサやり
名古屋港水族館	愛知県名古屋市	公立	世界最大級の野外水槽
八景島シーパラダイス	神奈川県横浜市	私立	フィッシングスクエアで釣りの体験（トル）
鳥羽水族館	三重県鳥羽市	私立	日本で唯一ジュゴンを飼育する水族館
鴨川シーワールド	千葉県鴨川市	私立	ダイナミックなシャチのショー
アクアマリンふくしま	福島県いわき市	公立	震災後に生まれたゴマフアザラシ

資料Ｂ　単位　年間入場者：万人　延床面積：平方メートル

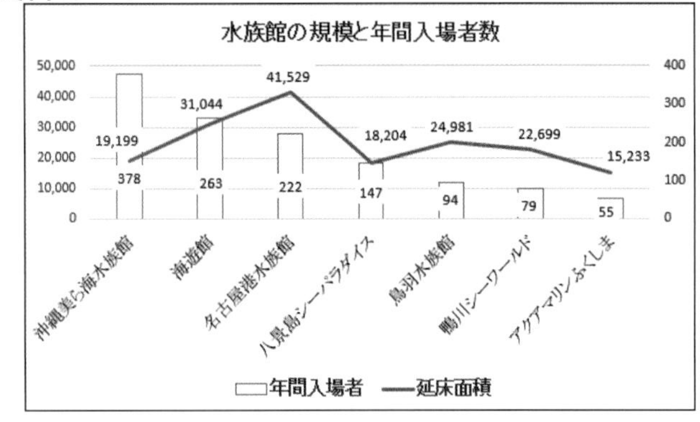

指示

1．「公立」と「私立」の二つに分けた表を作成すること。
2．表は、行頭・行末を越えずに作成し、行間は、２．０とすること。
3．罫線は右の表のように太実線と細実線とを区別すること。
4．表の枠内の文字は１行で入力し、上下のスペースが同じであること。
5．右の表のように項目名とデータが正しく並んでいること。
6．表内の「年間入場者」と「延床面積」の数字は、明朝体の半角で入力し、３桁ごとにコンマを付けること。
7．ソート機能を使って、二つの表それぞれを「延床面積」の大きい順に並べ替えること。

Ⅲ　テキスト・写真の挿入

1．挿入する文章は、用意されたフォルダなどにあるテキストファイルから取得し、校正および編集すること。
2．出題内容に合った写真のオブジェクトを、用意されたフォルダなどから選び、指示された位置に挿入すること。

Ⅳ　その他

1．問題文にある校正記号に従うこと。
2．①～⑩の処理を行うこと。
3．右の問題文にない空白行を入れないこと。
4．右の問題文の ａ に当てはまる語句を以下から選択し入力すること。

沖縄美ら海水族館　　海遊館　　名古屋港水族館

オブジェクト（標題）の挿入・センタリング

日本は人口当たりの水族館数が~~日本~~世界一と言われており、水族館王国と言っても過言ではありません。そのような中から、延床面積が大きい水族館をリストアップしました。

Ａ 公 立

水族館名	見 ど こ ろ	年間入場者	延床面積
②枠内で均等割付けする。	③左寄せする（均等割付けしない）。	④右寄せする。	

①各項目名は、枠の中で左右にかたよらないようにする。

Ｂ 私 立

水族館名	見 ど こ ろ	年間入場者	延床面積
②と同じ。	③と同じ。	④と同じ。	

①と同じ。

単位　年間入場者：万人　延床面積：平方メートル ← ⑤右寄せする。

テキストファイルの挿入範囲

歴史のある水族館も、もっと海の生き物を楽しむことができるようにリニューアルをしたり、違った楽しみ方ができるように様々な工夫が凝らされています。ぜひ次の週末にはお近くの水族館を訪れてみてください。その際にはぜひ水族館の見どころや体験プログラム、生き物たちのパフォーマンスのタイムスケジュールについて、じっくり調べてから余すことなく楽しんでください。

⑥取得した文章のフォントの種類は明朝体、サイズは12ポイントとし、「歴」を2行の範囲で本文内にドロップキャップする。

延床面積日本一である愛知県の　ａ　は、大変貴重な生き物が見られます。
　なかでも、コウテイペンギンは、国内では和歌山の水族館とともに2か所でのみ飼育されており、大変貴重だと言えます。

⑦枠を挿入し、枠線は細実線とする。
⑧枠内のフォントの種類は明朝体、サイズは12ポイントとし、横書きとする。
⑨網掛けする。

オブジェクト（写真）の挿入位置

資料作成：下屋敷　冏子（けいこ） ← ⑩明朝体のひらがなでルビをふり、右寄せする。

【実技－８】（制限時間20分）

【問　題】 次のⅠ～Ⅳに従い、右のような文書を作成しなさい。

Ⅰ　標題の挿入

出題内容に合った標題のオブジェクトを、用意されたフォルダなどから選び、指示された位置に挿入しセンタリングすること。

Ⅱ　表作成

下の資料Ａ・Ｂ並びに指示を参考に表を作成すること。

資料A

単位　国内シェア：％　前年比：％

メーカー	国内シェア	特　　徴	前年比
立山通	7.1	国産タブレットならこのメーカー	104
ＭＤＢルナバ	10.6	初めてのタブレットに価格と最適な機能	200
オレンジ	51.8	９インチ以上の大画面モデルが売れ筋	159
西橋グループ	6.2	８型ワイド液晶モデルがお勧め	151
ナノハード	9.8	「ＷＡＴＰＯ」というブランド名が有名	276
その他	~~25.6~~ 14.5	ここでも際立つ中国メーカーのシェア	162

資料B

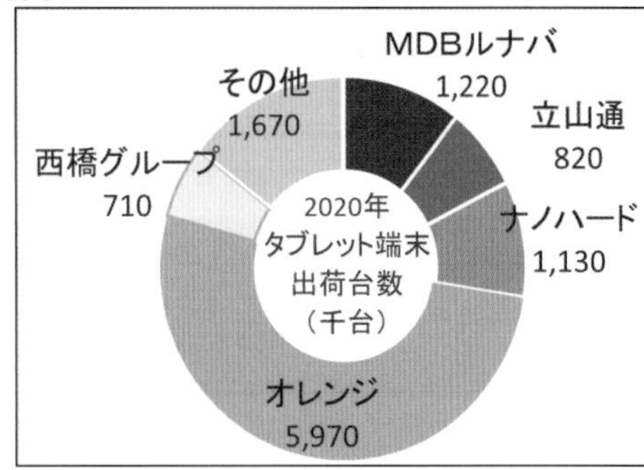

指示

1．表は、行頭・行末を越えずに作成し、行間は、２．０とすること。
2．罫線は右の表のように太実線と細実線とを区別すること。
3．表の枠内の文字は１行で入力し、上下のスペースが同じであること。
4．右の表のように項目名とデータが正しく並んでいること。
5．表内の「国内シェア」と「国内の出荷台数」の数字は、明朝体の半角で入力し、「国内シェア」は小数点以下は１桁まで表示し、「国内の出荷台数」は３桁ごとにコンマを付けること。
6．表内の「国内シェア」と「国内の出荷台数」の数字は、明朝体の半角で入力し、３桁ごとにコンマを付けること。
7．ソート機能を使って、表全体を「その他」を除き「国内の出荷台数」の多いメーカーの順に並べ替え、「その他」を最後の行に加えること。
8．表の「国内の出荷台数」の合計は、計算機能を使って求めること。

Ⅲ　テキスト・グラフの挿入

1．挿入する文章は、用意されたフォルダなどにあるテキストファイルから取得し、校正および編集すること。
2．出題内容に合ったグラフのオブジェクトを、用意されたフォルダなどから選び、指示された位置に挿入すること。

Ⅳ　その他

1．問題文にある校正記号に従うこと。
2．①～⑪の処理を行うこと。
3．右の問題文にない空白行を入れないこと。
4．右の問題文の ａ に当てはまる語句を以下から選択し入力すること。

ＭＤＢルナバ　　オレンジ　　ナノハード

オブジェクト（標題）の挿入・センタリング

①網掛けする。

在宅勤務計画やオンライン授業に、当社の事務処理サポートシステムや教育用アプリを活用してもらうために、国内のタブレット端末の出荷状況を調査しました。

メーカー	特　　徴	国内シェア	国内の出荷台数
合　　計			

②各項目名は、枠の中で左右にかたよらないようにする。
③枠内で均等割付けする。
④左寄せする（均等割付けしない）。
⑤右寄せする。

単位　国内シェア：％　国内の出荷台数：千台

⑥右寄せする。

⑦取得した文章のフォントの種類は明朝体、サイズは12ポイントとし、3段で均等に段組みをし、境界線を細実線で引く。

テキストファイルの挿入範囲

調査によれば、出荷台数は前年比６３パーセント増と、統計を始めて以来最高となる売上数量を記録しました。国内でのタブレット市場の状況は、２０１４年の９２９０千台をピークに下がる傾向でした。

ところが、文部科学省が推進する「ｇｉｇａスクール構想」による、小中学校向けタブレット配備の特需により、出荷台数が大きく伸びたことや、在宅勤務などの用途で買い増しや買い替えが増加したことが、出荷台数が~~慎重~~伸長した要因と考えられます。

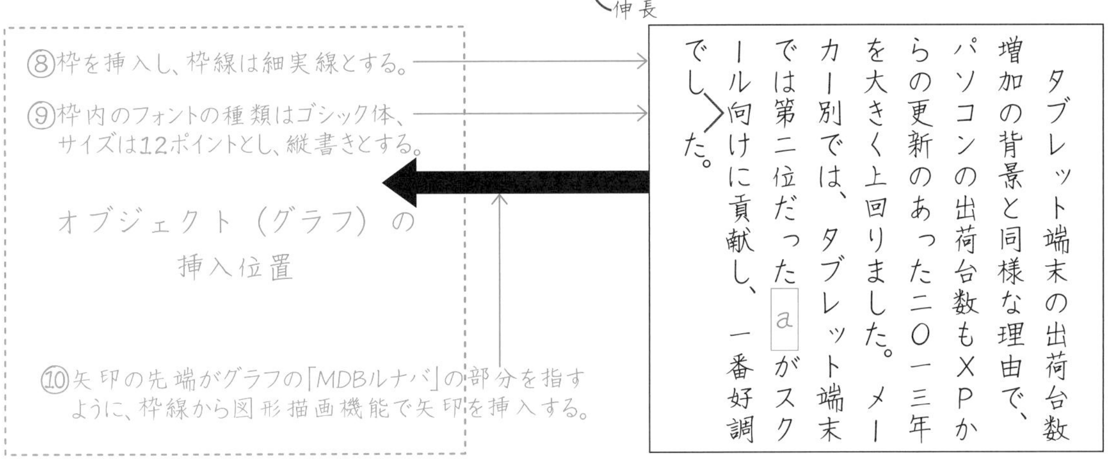

資料作成：大們（ダイモン）　昭代

⑪明朝体のカタカナでルビをふり、右寄せする。

【実技－９】（制限時間20分）

【問　題】 次のⅠ～Ⅳに従い、右のような文書を作成しなさい。

Ⅰ　標題の挿入

出題内容に合った標題のオブジェクトを、用意されたフォルダなどから選び、指示された位置に挿入しセンタリングすること。

Ⅱ　表作成

下の資料Ａ・Ｂ並びに指示を参考に表を作成すること。

資料A

区　分	種　別	補　　　　　足
イノシシ	獣類	都会でもゴミの散らかしや人への攻撃などの被害
カラス	鳥類	過疎地の農林業被害（食害や掘り起こし）が問題
シカ	獣類	シカのベビーブームと言われるほど生息数の増加
ヒヨドリ	鳥類	糖分を好むため花の蜜や果樹を食い荒らす
サル	獣類	水稲以外の多種類の農作物への被害
その他の獣類	獣類	行動範囲の広いハクビシンやアライコマなど
その他の鳥類	鳥類	すでに食用とされているカモやスズメなど

（校正記号：「都会でも…被害」と「過疎地の…問題」を入れ替え、「アライコマ」の「イ」と「コ」の間に「グ」を挿入）

資料B　単位　被害面積：ha　被害量：t　被害金額：百万円

区　分	被害面積	被害量	被害金額	前年比
イノシシ	8,151	35,282	5,072	99%
カラス	3,733	20,141	1,618	98%
シカ	42,784	382,084	5,634	95%
ハクビシン	700	15,000	428	98%
ヒヨドリ	1,200	3,000	480	101%
サル	1,559	6,159	1,031	95%
その他の獣類	3,523	31,523	1,942	99%
その他の鳥類	4,272	11,757	1,387	100%

（校正記号：「ハクビシン」の行をトル）

指示

1．「鳥類」と「獣類」の二つに分けた表を作成すること。
2．表は、行頭・行末を越えずに作成し、行間は、２．０とすること。
3．罫線は右の表のように太実線と細実線とを区別すること。
4．表の枠内の文字は１行で入力し、上下のスペースが同じであること。
5．右の表のように項目名とデータが正しく並んでいること。
6．表内の「被害面積」と「被害金額」の数字は、明朝体の半角で入力し、３桁ごとにコンマを付けること。
7．ソート機能を使って、二つの表それぞれを「被害金額」の大きい順に並べ替えること。

Ⅲ　テキスト・写真の挿入

1．挿入する文章は、用意されたフォルダなどにあるテキストファイルから取得し、校正および編集すること。
2．出題内容に合った写真のオブジェクトを、用意されたフォルダなどから選び、指示された位置に挿入すること。

Ⅳ　その他

1．問題文にある校正記号に従うこと。
2．①～⑫の処理を行うこと。
3．右の問題文にない空白行を入れないこと。
4．右の問題文の ａ に当てはまる語句を以下から選択し入力すること。

イノシシ　　シカ　　ハクビシン

オブジェクト（標題）の挿入・センタリング

農水省がまとめた野生鳥獣による農作物被害調査によると、被害状況は下記データにある通りですが、駆除や防護柵の設置などが効果を上げ、~~増加~~減少傾向にあると言えます。

①一重下線を引く。

＜鳥類＞

区　　分	補　　　　　足	被害面積	被害金額

②各項目名は、枠の中で左右にかたよらないようにする。
③枠内で均等割付けする。　④左寄せする（均等割付けしない）。　⑤右寄せする。

＜獣類＞

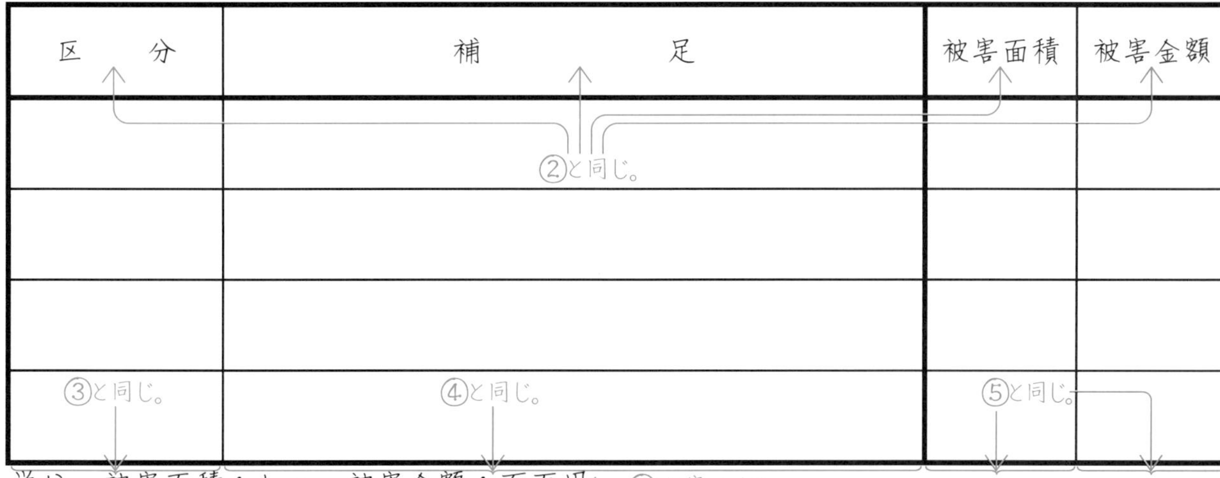

区　　分	補　　　　　足	被害面積	被害金額

②と同じ。
③と同じ。　④と同じ。　⑤と同じ。

単位　被害面積：ｈａ　被害金額：百万円

⑥右寄せする。

テキストファイルの挿入範囲

都道府県別の被害金額ベースで、北海道の４４億円、福岡の７億円、長野の６億円が多かった。

農地を囲む防護柵は、農水省の補助金で設置された分だけで、２０１６年度までに全国で地球１．７周分、約６万７千キロにおよんでいる。

⑦取得した文章のフォントの種類は明朝体、サイズは12ポイントとし、2段で均等に段組みをし、境界線を細実線で引く。

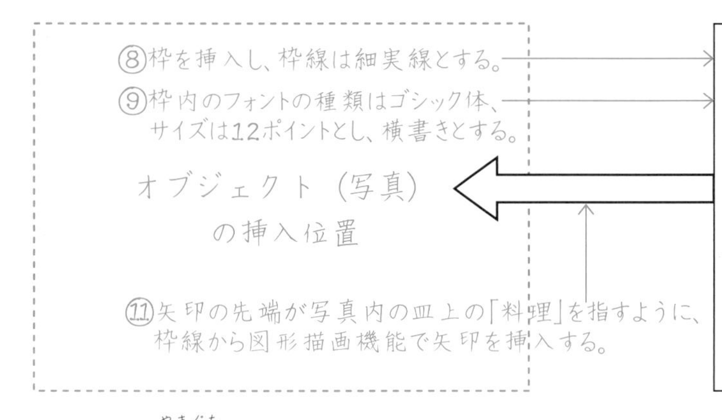

自治体では、被害面積、金額ともに大きい ａ やイノシシなどの肉を、地場産ジビエ（野生鳥獣肉）としてｐｒして、地域資源として活用する計画です。ジビエの消費拡大を図り、売り上げを鳥獣害の対策に生かすのです。

⑩網掛けする。

資料作成：峠口（やまぐち）　智香

⑫明朝体のひらがなでルビをふり、右寄せする。

【実技－10】（制限時間20分）

【問　題】 次のⅠ～Ⅳに従い、右のような文書を作成しなさい。

Ⅰ　標題の挿入

出題内容に合った標題のオブジェクトを、用意されたフォルダなどから選び、指示された位置に挿入しセンタリングすること。

Ⅱ　表作成

下の資料Ａ・Ｂ並びに指示を参考に表を作成すること。

資料Ａ　　　　単位　エネルギー：カロリー　税込価格：円

販売場所	名物駅弁当	エネルギー	税込価格
デパ地下取り扱い	海苔のり	1,100	1,300
~~デパ地下取り扱い~~	~~中華三昧弁当~~	~~1,430~~	~~2,200~~ トル
駅構内のみ取り扱い	浅川寿司	891	1,980
駅構内のみ取り扱い	つっぱりイカめし	1,056	950
デパ地下取り扱い	サバのみそ焼き膳	732	2,150
駅構内のみ取り扱い	東京大阪弁当	1,005	780
デパ地下取り扱い	鯛まぶし弁当	680	980
駅構内のみ取り扱い	谷のちらし	707	1,200

資料Ｂ

名物駅弁当	総合評価	内　　容
海苔のり	3.88	味・ボリュームどちらも大満足の一品
浅川寿司	4.22	ぜいたくに使った魚介類がネタ
つっぱりイカめし	3.66	印象的なネーミングと容器が気を引く
サバのみそ焼き膳	4.12	ｄｈａとＥＰＡを豊富に含む青魚の弁当
東京大阪弁当	4.03	その名の通り東京駅と大阪駅でのみ販売
鯛まぶし弁当	4.45	体にやさしい薄味で生活習慣病対策
谷のちらし	4.37	発売から６０年以上の歴史

指示

1．「デパ地下取り扱い」と「駅構内のみ取り扱い」の二つに分けた表を作成すること。

2．表は、行頭・行末を越えずに作成し、行間は、2．0とすること。

3．罫線は右の表のように太実線と細実線とを区別すること。

4．表の枠内の文字は1行で入力し、上下のスペースが同じであること。

5．右の表のように項目名とデータが正しく並んでいること。

6．表内の「エネルギー」と「税込価格」の数字は、明朝体の半角で入力し、3桁ごとにコンマを付けること。

7．ソート機能を使って、二つの表それぞれを「エネルギー」の少ない順に並べ替えること。

8．「駅構内のみ取り扱い」の表の「東京大阪弁当」の行全体に網掛けすること。

Ⅲ　テキスト・グラフの挿入

1．挿入する文章は、用意されたフォルダなどにあるテキストファイルから取得し、校正および編集すること。

2．出題内容に合ったグラフのオブジェクトを、用意されたフォルダなどから選び、指示された位置に挿入すること。

Ⅳ　その他

1．問題文にある校正記号に従うこと。

2．①～⑪の処理を行うこと。

3．右の問題文にない空白行を入れないこと。

4．右の問題文の ａ に当てはまる語句を以下から選択し入力すること。

海苔のり　　**鯛まぶし弁当**　　**東京大阪弁当**

オブジェクト（標題）の挿入・センタリング

コロナ禍で流行した家グルメの「エコな弁当」が、再燃の兆しを見せています。当社も社員食堂で、栄養面を考慮したうえで、特別限定メニューとして採用を検討中です。

①網掛けする。

ア　デパ地下取り扱い

名物駅弁当	内　　　容	エネルギー	税込価格
③枠内で均等割付けする。	④左寄せする（均等割付けしない）。	⑤右寄せする。	

②各項目名は、枠の中で左右にかたよらないようにする。

イ　駅構内のみ取り扱い

名物駅弁当	内　　　容	エネルギー	税込価格
③と同じ。	④と同じ。	⑤と同じ。	

②と同じ。

単位　エネルギー：カロリー　税込価格：円　⑥右寄せする。

テキストファイルの挿入範囲

駅弁といえば、旅行のお供にご当地ならではのお弁当を食べるものでしたが、今ではデパ地下の駅弁コーナー、駅構内の専門店などで購入することが可能です。通販サイトから取り寄せできる駅弁もあるため、おうち時間の充実にいかがですか。

⑦取得した文章のフォントの種類は明朝体、サイズは12ポイントとし、2段で境界線を引かずに均等に段組みをする。

⑧二重下線を引く。

⑨枠を挿入し、枠線は細実線とする。

⑩枠内のフォントの種類はゴシック体、サイズは12ポイントとし、横書きとする。

オブジェクト（グラフ）の挿入位置

デパ地下で取り扱う弁当の中で、スマホアプリからも簡単に注文できるエネルギーの一番低い　a　は、当社栄養士も興味を示しております。社員食堂での試験的な導入も検討されています。ご意見を福利課までお聞かせください。

（「な」にトル）

資料作成：扣家（ひかえや）　夕夏　⑪明朝体のひらがなでルビをふり、右寄せする。

【実技－11】（制限時間20分）

【問　題】 次のⅠ～Ⅳに従い、右のような文書を作成しなさい。

Ⅰ　標題の挿入

出題内容に合った標題のオブジェクトを、用意されたフォルダなどから選び、指示された位置に挿入しセンタリングすること。

Ⅱ　表作成

下の資料A・B並びに指示を参考に表を作成すること。

資料A　単位　旅行日数：日　ツアー価格：円　現地価格：元

商品番号	北京発のツアー名	地域	旅行日数	ツアー価格	現地価格
001	北海道ａ温泉美食の旅	日本ツアー	6	130,720	8,000
002	トルコとギリシャの文化の旅	欧米ツアー	9	326,800	20,000
003	ゴールデンルートＢ東京と大阪	日本ツアー	6	106,210	6,500
004	福岡と長崎のクルーズ	日本ツアー	7	89,870	5,500
005	英国とアイルランドの全景の旅	欧米ツアー	10	294,120	18,000
006	中部と昇龍道	日本ツアー	5	147,060	9,000
~~007~~	~~スペインとポルトガル~~	~~欧米ツアー~~	~~11~~	~~261,440~~	~~16,000~~
008	米国東海岸と西海岸定番ツアー	欧米ツアー	10	228,760	14,000

（007行：トル）

資料B

商品番号	内　　容
001	雄大な自然と新鮮な食べ物
002	異国情緒と世界遺産
003	リピーターの訪問が多数
004	昨年の回数寄港は２９７回
005	先進国への文化的あこがれ
006	中部及び北陸を龍に見立てた観光ルート
~~007~~	~~中世の歴史を味わう旅~~
008	春節キャンペーンをするデパートも登場

（007行：トル）

指示

1．「欧米ツアー」と「日本ツアー」の二つに分けた表を作成すること。
2．表は、行頭・行末を越えずに作成し、行間は、２．０とすること。
3．罫線は右の表のように太実線と細実線とを区別すること。
4．表の枠内の文字は１行で入力し、上下のスペースが同じであること。
5．右の表のように項目名とデータが正しく並んでいること。
6．表内の「ツアー価格」の数字は、明朝体の半角で入力し、３桁ごとにコンマを付けること。
7．ソート機能を使って、二つの表それぞれを「ツアー価格」の高い順に並べ替えること。

Ⅲ　テキスト・表の挿入

1．挿入する文章は、用意されたフォルダなどにあるテキストファイルから取得し、校正および編集すること。
2．出題内容に合った表のオブジェクトを、用意されたフォルダなどから選び、指示された位置に挿入すること。

Ⅳ　その他

1．問題文にある校正記号に従うこと。
2．①～⑫の処理を行うこと。
3．右の問題文にない空白行を入れないこと。
4．右の問題文の ａ に当てはまる語句を以下から選択し入力すること。

トルコとギリシャの文化の旅　　**福岡と長崎のクルーズ**　　**中部と昇龍道**

オブジェクト（標題）の挿入・センタリング

中国人旅行者は旅行中の消費額が高額であるため、世界中の国と地域が中国人旅行者の誘致にしのぎを削っています。そこで、北京発のツアー価格を調べてみました。

①二重下線を引く。

<欧米ツアー>

北京発のツアー名	内　　　容	ツアー価格
③枠内で均等割付けする。	④左寄せする（均等割付けしない）。	⑤右寄せする。

②各項目名は、枠の中で左右にかたよらないようにする。

<日本ツアー>

北京発のツアー名	内　　　容	ツアー価格
③と同じ。	④と同じ。	⑤と同じ。

②と同じ。

単位　ツアー価格：円 ←⑦右寄せする。

中国政府は、国内産業を保護するため、外国製品に対して高い関税を課しています。一方、外資系企業は中国での販売価格を、自国より高めに設定していることもあり、旅行先で買うほうが中国で買うよりも割安になります。そのため旅行中に、日用品や高級ブランド品などをまとめ買いする傾向が見られます。

テキストファイルの挿入範囲

⑥「調査」の文字で透かしを入れ、フォントの種類は明朝体、文字の位置は水平とする。

⑧取得した文章のフォントの種類は明朝体、サイズは12ポイントとし、3段で均等に段組みをし、境界線を細実線で引く。

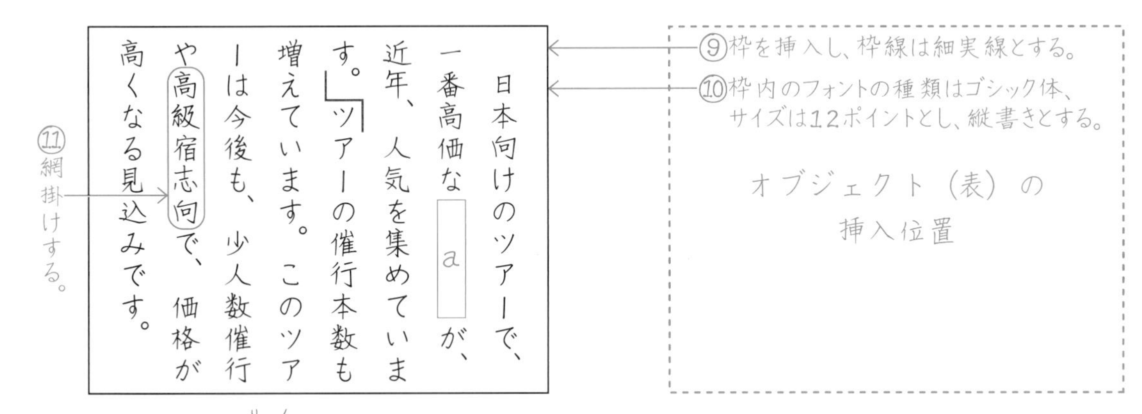

資料作成：丹下　莉久（りく） ←⑫明朝体のひらがなでルビをふり、右寄せする。

【実技－12】（制限時間20分）

【問　題】 次のⅠ～Ⅳに従い、右のような文書を作成しなさい。

Ⅰ　**標題の挿入**

出題内容に合った標題のオブジェクトを、用意されたフォルダなどから選び、指示された位置に挿入しセンタリングすること。

Ⅱ　**表作成**

下の資料Ａ・Ｂ並びに指示を参考に表を作成すること。

資料A

船　　名	船　籍	注　目　箇　所
シンフォニー	バハマ	４０店ものレストランなどが勢ぞろい
ｍｓｃメラビリア	マルタ	リーズナブルな内側キャビン
ハーモニー	バハマ	動く街並みをコンセプトとした施設
オベーション	バハマ	スカイダイビングが楽しめる施設
アリュール	バハマ	本物の草木が使用されたセントラルパーク
オアシス	バハマ	アクアシアターや船上公園

資料B　単位　総トン数：トン　全長：メートル　収容旅客数：人

船　　名	就航年	総トン数	全　長	収容旅客数
シンフォニー	２０１８年	228,000	362.12	~~5,295~~ 5,925
ｍｓｃメラビリア	２０１７年	171,598	315	4,500
ハーモニー	２０１６年	226,963	362.12	5,479
オベーション	２０１６年	168,666	348	4,180
アリュール	２０１０年	225,282	361.6	5,484
オアシス	２００９年	225,282	361.6	5,484

指示

1．表は、行頭・行末を越えずに作成し、行間は、２．０とすること。
2．罫線は右の表のように太実線と細実線とを区別すること。
3．表の枠内の文字は１行で入力し、上下のスペースが同じであること。
4．右の表のように項目名とデータが正しく並んでいること。
5．表内の「総トン数」と「収容旅客数」の数字は、明朝体の半角で入力し、３桁ごとにコンマを付けること。
6．ソート機能を使って、表全体を「総トン数」の多い順に並べ替えること。
7．表の「収容旅客数」の合計は、計算機能を使って求めること。

Ⅲ　**テキスト・写真の挿入**

1．挿入する文章は、用意されたフォルダなどにあるテキストファイルから取得し、校正および編集すること。
2．出題内容に合った写真のオブジェクトを、用意されたフォルダなどから選び、指示された位置に挿入すること。

Ⅳ　**その他**

1．問題文にある校正記号に従うこと。
2．①～⑫の処理を行うこと。
3．右の問題文にない空白行を入れないこと。
4．右の問題文の［ａ］に当てはまる語句を以下から選択し入力すること。

シンフォニー　　ハーモニー　　オベーション

オブジェクト（標題）の挿入・センタリング

①波線の下線を引く。

本年も、豪華な大型客船の世界一周クルーズが予定されています。そこで、世界に向けたクルーズに大きな注目が集まる中で、世界の豪華客船を比較してみました。

船　　名	注　目　箇　所	総トン数	収容旅客数
合　　計			

②各項目名は、枠の中で左右にかたよらないようにする。
③枠内で均等割付けする。
④左寄せする（均等割付けしない）。
⑤右寄せする。
⑥「注目」の文字で透かしを入れ、フォントの種類は明朝体、文字の位置は水平とする。

単位　総トン数：トン　収容旅客数：人　⑦右寄せする。

⑧取得した文章のフォントの種類は明朝体、サイズは12ポイントとし、2段で均等に段組みをし、境界線を細実線で引く。

テキストファイルの挿入範囲

総トン数、収容旅客数ともに一番大きいシンフォニー（シンフォニー・オブ・ザ・シーズ）は、2018年に投入されたばかりの大型客船です。船内のいたる所でインスタ映えする施設が設けられており「洋上に浮かぶ7つの町（街）」をコンセプトにしている通り、すべてがびっくりするほど規格外です。史上最大の豪華客船の登場です。

船上には遊園地と同規模のメリーゴーランドがあり、乗客の目を引きます。さらには劇場アクアシアターでのショー、9デッキ分のすべり降りる∧滑り台や、吹き抜けのウォータースライダーなど、大人も子どもも楽しめます。

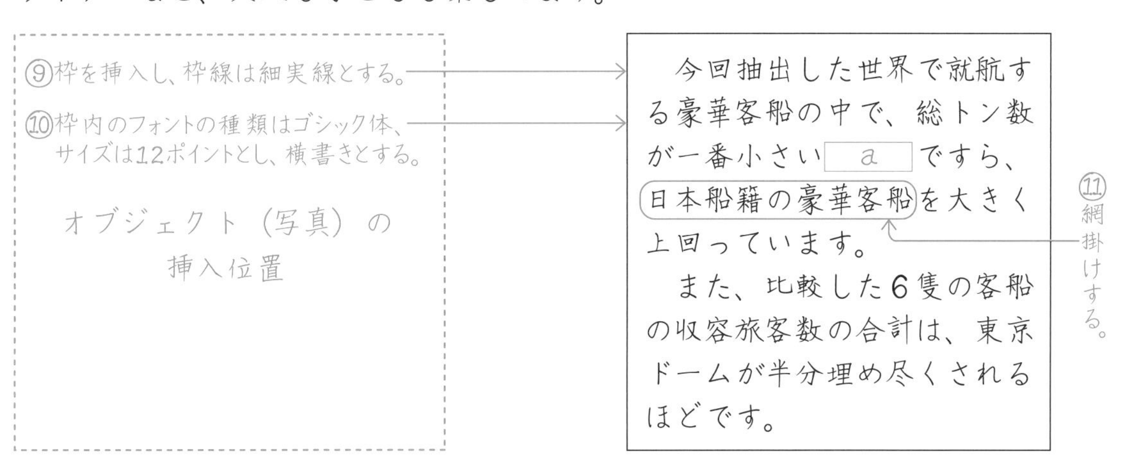

⑨枠を挿入し、枠線は細実線とする。
⑩枠内のフォントの種類はゴシック体、サイズは12ポイントとし、横書きとする。

オブジェクト（写真）の挿入位置

今回抽出した世界で就航する豪華客船の中で、総トン数が一番小さい［ a ］ですら、日本船籍の豪華客船を大きく上回っています。

また、比較した6隻の客船の収容旅客数の合計は、東京ドームが半分埋め尽くされるほどです。

⑪網掛けする。

資料作成：綏田（やすだ）　治彦　⑫明朝体のひらがなでルビをふり、右寄せする。

【実技－13】（制限時間20分）

【問　題】 次のⅠ～Ⅳに従い、右のような文書を作成しなさい。

Ⅰ　標題の挿入

出題内容に合った標題のオブジェクトを、用意されたフォルダなどから選び、指示された位置に挿入しセンタリングすること。

Ⅱ　表作成

下の資料Ａ・Ｂ並びに指示を参考に表を作成すること。

資料A　単位：万円

地　域	主　要　な　国
東アジア・太平洋諸国	中国、パプアニューギニア
南アジア	インド、バングラデシュ
サハラ以南のアフリカ	ナイジェリア、エチオピア
ラテンアメリカとカリブ海諸国	ブラジル、メキコシ
中東と北アフリカ・その他	リビア、アルジェリア
ヨーロッパ・中央アジア	ウズベキスタン

資料B

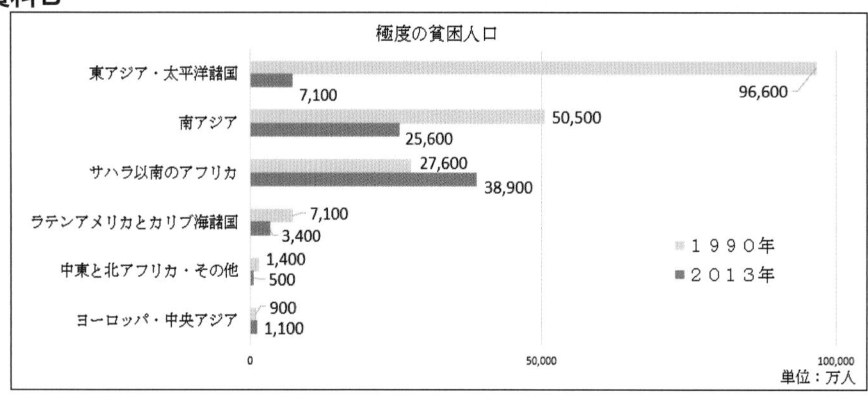

指示

1．表は、行頭・行末を越えずに作成し、行間は、２．０とすること。
2．罫線は右の表のように太実線と細実線とを区別すること。
3．表の枠内の文字は１行で入力し、上下のスペースが同じであること。
4．右の表のように項目名とデータが正しく並んでいること。
5．表内の「１９９０年」と「２０１３年」の数字は、明朝体の半角で入力し、３桁ごとにコンマを付けること。
6．ソート機能を使って、表全体を「２０１３年」の多い順に並べ替えること。
7．表の「２０１３年」の合計は、計算機能を使って求めること。
8．表の「サハラ以南のアフリカ」の行全体に網掛けをすること。

Ⅲ　テキスト・写真の挿入

1．挿入する文章は、用意されたフォルダなどにあるテキストファイルから取得し、校正および編集すること。
2．出題内容に合った写真のオブジェクトを、用意されたフォルダなどから選び、指示された位置に挿入すること。

Ⅳ　その他

1．問題文にある校正記号に従うこと。
2．①～⑪の処理を行うこと。
3．右の問題文にない空白行を入れないこと。
4．右の問題文の ａ に当てはまる語句を以下から選択し入力すること。

ヨーロッパ・中央アジア　　東アジア・太平洋諸国　　サハラ以南のアフリカ

オブジェクト（標題）の挿入・センタリング

①二重下線を引く。

②網掛けする。

極度の貧困とは、１日当たりに使えるお金が、食事、水、電気、住むところや着るものなどすべて合わせて、約１３５円未満で生活しなければならない状態をいいます。

地　　域	主　要　な　国	１９９０年	２０１３年
	合　　計		

③各項目名は、枠の中で左右にかたよらないようにする。

④枠内で均等割付けする。

⑤左寄せする（均等割付けしない）。

⑥右寄せする。

単位　万人 ←⑦右寄せする。

⑧取得した文章のフォントの種類は明朝体、サイズは12ポイントとし、2段で境界線を引かずに、均等に段組みをする。

テキストファイルの挿入範囲

極度の貧困の中に、推定で６人に１人の子どもたちが、新型コロナウイルス感染症のパンデミック以前の段階で、極度の貧困の中で暮らしていました。ユニセフ（国連児童基金）と世界銀行グループの新たな分析では、この状況が著しく悪化する可能性があります。

子どもは世界人口の約３分の１を占めていますが、極度の貧困下にある人々の、約半数は子どもです。また、極度の貧困状態に陥る可能性は、子どもが大人の２倍以上です。さらに、開発途上国の５歳未満の子どもの約２０パーセントが極度の貧困状態にある家庭で暮らしています。

オブジェクト（写真）の挿入位置

⑨枠を挿入し、枠線は細実線とする。

⑩枠内のフォントの種類はゴシック体、サイズは12ポイントとし、横書きとする。

極度の貧困にあえぐ人々の数は、１９９０年から２０１３年の間に、ほとんど減少していますが、［ａ］で大幅に増加しています。その理由として、人口増や、（加）紛争の影響を受けやすい国などが挙げられています。

資料作成：侈川（おおかわ）　亜由美 ←⑪明朝体のひらがなでルビをふり、右寄せする。

【実技－14】（制限時間20分）

【問　題】 次のⅠ～Ⅳに従い、右のような文書を作成しなさい。

Ⅰ　標題の挿入

出題内容に合った標題のオブジェクトを、用意されたフォルダなどから選び、指示された位置に挿入しセンタリングすること。

Ⅱ　表作成

下の資料Ａ・Ｂ並びに指示を参考に表を作成すること。

資料A　　単位：万円

整理番号	注目事業	予算案金額
Ｅ－１０１	小学校での新たなクラブの設立	54,313
Ｅ－１０２	小中学校への和室の導入	3,979
Ｅ－１０３	子ども応援委員会の運営	~~35,401~~ 153,104
Ｅ－１０４	学校トイレの洋式化	79,800
Ｅ－１０５	高校生の海外派遣	6,923
Ｅ－１０６	科学館プラネタリウム機器の更新	17,896

資料B　　単位：万円

整理番号	事業内容	前年度予算
Ｅ－１０１	民間委託を９月から拡大	34,587
Ｅ－１０２	国際化時代の郷土教育として設置	—
Ｅ－１０３	カウンセラーのための援助職員を配置	109,200
Ｅ－１０４	２０２４年度までに配備	115,200
Ｅ－１０５	新たにマレーシアなどの都市（に）派遣	369
Ｅ－１０６	パノラマデジタルシステムなどの導入	16,632

指示

1．表は、行頭・行末を越えずに作成し、行間は、２．０とすること。
2．罫線は右の表のように太実線と細実線とを区別すること。
3．表の枠内の文字は１行で入力し、上下のスペースが同じであること。
4．右の表のように項目名とデータが正しく並んでいること。
5．表内の「予算案金額」の数字は、明朝体の半角で入力し、３桁ごとにコンマを付けること。
6．ソート機能を使って、表全体を「予算案金額」の多い順に並べ替えること。
7．表内の「予算案金額」の合計は、計算機能を使って求めること。
8．表の「学校トイレの洋式化」の行全体に網掛けをすること。

Ⅲ　テキスト・写真の挿入

1．挿入する文章は、用意されたフォルダなどにあるテキストファイルから取得し、校正および編集すること。
2．出題内容に合った写真のオブジェクトを、用意されたフォルダなどから選び、指示された位置に挿入すること。

Ⅳ　その他

1．問題文にある校正記号に従うこと。
2．①～⑪の処理を行うこと。
3．右の問題文にない空白行を入れないこと。
4．右の問題文の［ａ］に当てはまる語句を以下から選択し入力すること。

高校生の海外派遣　　**子ども応援委員会の運営**　　**学校トイレの洋式化**

オブジェクト（標題）の挿入・センタリング

画一的な従来型公教育の改革を目指す当市の教育委員会が、ｉｃｔの拡充と合わせて、スクール・イノベーションと名付け、予算案に盛り込んだ注目事業を紹介します。

①二重下線を引く。

注　目　事　業	事　業　内　容	予算案金額
	合　　計	

②各項目名は、枠の中で左右にかたよらないようにする。
③枠内で均等割付けする。
④左寄せする（均等割付けしない）。
⑤右寄せする。
⑥「予算」の文字で透かしを入れ、フォントの種類は明朝体、文字の位置は水平とする。

予算

単位：万円　⑦右寄せする。

⑧取得した文章のフォントの種類は明朝体、サイズは12ポイントとし、2段で均等に段組みをし、境界線を細実線で引き、「注」を2行の範囲で本文内にドロップキャップする。

注目事業のテーマが「これからの公教育は自由な学びの場であるべきだ」である。今月10日、市内のホテルにて開催された、気鋭の教育学者や、オランダの個別教育法イエナプランの研究者らによる講演会に、２００人以上の教員が聞き入っていた。来年度までに「非伝統的教育」や「障がい児との共生」など、テーマの異なる三つのプロジェクト提案を、民間の教育事業者から受けた上で、そうした課題の解決を望む学校を募集して実践してもらう計画である。

テキストファイルの挿入範囲

⑪文字を線で囲む。

学校トイレに求められること

水で流したらきれいになったようにも感じる湿式清掃の床からは、多くの菌が検出されて、悪臭の元凶となっています。

予算案金額の２番目に［ a ］が求められていますが、洋式化だけでなく、乾式清掃化も急務となっています。

⑨枠を挿入し、枠線は細実線とする。
⑩枠内のフォントの種類はゴシック体、サイズは12ポイントとし、横書きとする。

オブジェクト（写真）の挿入位置

資料作成：更科　勂之（かつゆき）　⑫明朝体のひらがなでルビをふり、右寄せする。

【実技－15】（制限時間20分）

【問　題】 次のⅠ～Ⅳに従い、右のような文書を作成しなさい。

Ⅰ　標題の挿入

出題内容に合った標題のオブジェクトを、用意されたフォルダなどから選び、指示された位置に挿入しセンタリングすること。

Ⅱ　表作成

下の資料Ａ・Ｂ並びに指示を参考に表を作成すること。

資料Ａ

種　　類	分　類	特　　色
特別養護老人ホーム（特養）	公的な施設	費用がリーズナブルな点が強み
住宅型有料老人ホーム	民間の施設	生活支援や健康管理が中心のサービス内容
ケアハウス	公的な施設	高齢者の自立を促す施設で家事は分担制
グループホーム	民間の施設	自立型と介護型の２種類あり
介護療養型医療施設	公的な施設	医師や看護師が配置されて医療設備も充実
介護老人保健施設（老健）	公的な施設	３ヶ月おきに入居・退去の判定
サービス付き高齢者向け住宅	民間の施設	あくまで住宅であり高い生活の自由度

資料Ｂ　単位　入居一時金：円　月額利用料：円　ホームの数：件

種　　類	平均入居一時金	平均月額利用料	ホームの数
特別養護老人ホーム（特養）	0	100,000	10,209
住宅型有料老人ホーム	72,000	122,000	~~9,431~~ 9,413
ケアハウス	98,000	103,000	2,134
グループホーム	30,000	120,000	13,685
介護療養型医療施設	0	110,000	1,040
介護老人保健施設（老健）	0	100,000	4,291
サービス付き高齢者向け住宅	105,000	143,000	7,372

指示

1．「民間の施設」と「公的な施設」の二つに分けた表を作成すること。
2．表は、行頭・行末を越えずに作成し、行間は、２．０とすること。
3．罫線は右の表のように太実線と細実線とを区別すること。
4．表の枠内の文字は１行で入力し、上下のスペースが同じであること。
5．右の表のように項目名とデータが正しく並んでいること。
6．表内の「ホームの数」の数字は、明朝体の半角で入力し、３桁ごとにコンマを付けること。
7．ソート機能を使って、二つの表それぞれを「ホームの数」の多い順に並べ替えること。
8．「民間の施設」の表の「グループホーム」の行全体に網掛けをすること。

Ⅲ　テキスト・イラストの挿入

1．挿入する文章は、用意されたフォルダなどにあるテキストファイルから取得し、校正および編集すること。
2．出題内容に合ったイラストのオブジェクトを、用意されたフォルダなどから選び、指示された位置に挿入すること。

Ⅳ　その他

1．問題文にある校正記号に従うこと。
2．①～⑫の処理を行うこと。
3．右の問題文にない空白行を入れないこと。
4．右の問題文の a に当てはまる語句を以下から選択し入力すること。

グループホーム　　特別養護老人ホーム（特養）　　ケアハウス

オブジェクト（標題）の挿入・センタリング

近年は介護施設不足がニュースになることも多いですが、本当に介護施設は不足しているのでしょうか。そこで、現時点での老人ホームの数を抽出してみました。

①波線の下線を引く。

ア　民間の施設

種　　類	特　　色	ホームの数
	②各項目名は、枠の中で左右にかたよらないようにする。	
③枠内で均等割付けする。	④左寄せする（均等割付けしない）。	⑤右寄せする。

イ　公的施設（な）

種　　類	特　　色	ホームの数
	②と同じ。	
③と同じ。	④と同じ。	⑤と同じ。

単位　ホームの数：件←⑥右寄せする。

老人ホームを選ぶときのポイント・注意点←⑧太字にする。

老人ホームを選ぶときは、費用面、サービスの内容、設備状況、立地状況（場所）など、希望条件を整理しておくことが大切です。希望条件がある複数場合は、優先順位を決めておき、理想とする施設に近いものからピックアップしていくと良いでしょう。

テキストファイルの挿入範囲

⑦取得した文章のフォントの種類は明朝体、サイズは12ポイントとし、「老」を2行の範囲で本文内にドロップキャップする。

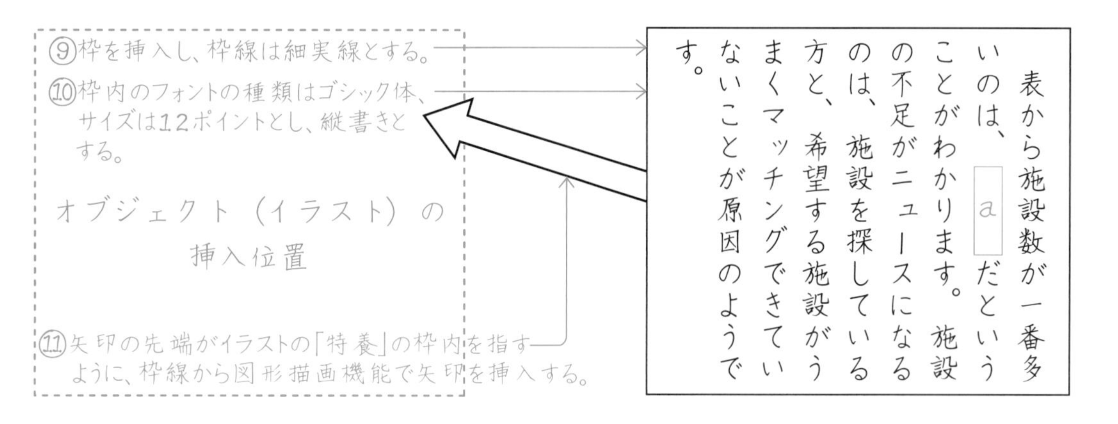

資料作成：川垠（カワキシ）　卓也←⑫明朝体のカタカナでルビをふり、右寄せする。

【実技－16】（制限時間20分）

【問　題】 次のⅠ～Ⅳに従い、右のような文書を作成しなさい。

Ⅰ　**標題の挿入**

出題内容に合った標題のオブジェクトを、用意されたフォルダなどから選び、指示された位置に挿入しセンタリングすること。

Ⅱ　**表作成**

下の資料Ａ・Ｂ並びに指示を参考に表を作成すること。

資料A　単位：万円

リーグ	チーム名	全営業収入	全営業費用	営業利益
Ｍ１	大阪ナイツ	157,016	145,561	11,455
Ｍ１	日光ブレイブ	140,809	139,916	893
Ｍ１	三河スカイ	134,889	131,477	3,412
Ｍ２	水戸ロケッツ	46,429	51,656	-5,227
Ｍ１	浦安ゲッツ	203,982	195,240	8,742
Ｍ２	宮城アークス	44,159	43,801	358
Ｍ１	メルパル東京	142,758	151,964	-9,206
Ｍ２	ＦＥ東海	46,237	39,795	6,442

（「三河スカイ」の行に取り消し線、校正記号「トル」）

資料B

リーグ	チーム名	アピールポイント	入場料収入
Ｍ１	大阪ナイツ	マスコットは「まいどちゃん」	7,247
Ｍ１	日光ブレイブ	新体制で臨んで戦力アップに成功	36,478
Ｍ２	水戸ロケッツ	下の２チームとともに来年度よりＭ１に昇格	5,914
Ｍ１	浦安ゲッツ	新戦力がクラブにフィット	26,201
Ｍ２	宮城アークス	チームカラーはブルーとオレンジ	6,160
Ｍ１	メルパル東京	過去にはチャンピオンシップを２連覇の実績	8,633
Ｍ２	ｆｅ東海	Ｍ２リーグで年間優勝１回	1,244 → 2,355

指示

1．「Ｍ１リーグ」と「Ｍ２リーグ」の二つに分けた表を作成すること。
2．表は、行頭・行末を越えずに作成し、行間は、２．０とすること。
3．罫線は右の表のように太実線と細実線とを区別すること。
4．表の枠内の文字は１行で入力し、上下のスペースが同じであること。
5．右の表のように項目名とデータが正しく並んでいること。
6．表内の「入場料収入」と「全営業収入」の数字は、明朝体の半角で入力し、３桁ごとにコンマを付けること。
7．ソート機能を使って、二つの表それぞれを「全営業収入」の多い順に並べ替えること。
8．「Ｍ１リーグ」の表の「日光ブレイブ」の行全体に網掛けすること。

Ⅲ　**テキスト・グラフの挿入**

1．挿入する文章は、用意されたフォルダなどにあるテキストファイルから取得し、校正および編集すること。
2．出題内容に合ったグラフのオブジェクトを、用意されたフォルダなどから選び、指示された位置に挿入すること。

Ⅳ　**その他**

1．問題文にある校正記号に従うこと。
2．①～⑪の処理を行うこと。
3．右の問題文にない空白行を入れないこと。
4．右の問題文の［ａ］に当てはまる語句を以下から選択し入力すること。

浦安ゲッツ　　**日光ブレイブ**　　**水戸ロケッツ**

オブジェクト（標題）の挿入・センタリング

現在、Ｍリーグの活性化やワールドカップ、その直前の親善試合の（が）ＴＶで放映されるなど、ミラクルボールは過去に類を見ないほどの盛り上がりを見せています。

ア　Ｍ１リーグ　①二重下線を引く。

チーム名	アピールポイント	入場料収入	全営業収入

②各項目名は、枠の中で左右にかたよらないようにする。
③枠内で均等割付けする。　④左寄せする（均等割付けしない）。　⑤右寄せする。

イ　Ｍ２リーグ

チーム名	アピールポイント	入場料収入	全営業収入

②と同じ。
③と同じ。　④と同じ。　⑤と同じ。

単位　万円　⑥右寄せする。

テキストファイルの挿入範囲

ミラクルボールのＭリーグは、２０２３年度の全クラブの経営情報を開示し、安浦は約１３億円のスポンサー収入もあり、リーグで初めて営業収入が２０億円を超えました。厳しい状況下で、スポンサーに支えられたシーズンになったようです。

⑦取得した文章のフォントの種類は明朝体、サイズは12ポイントとし、「ミ」を2行の範囲で本文内にドロップキャップする。

営業収入は浦安ゲッツがトップとなりましたが、入場料収入は　ａ　が３．６億円でトップとなりました。日光ブレイブは応援してくれるすべての人たちに「何か」を与えることができる、モチベーションあふれるチームを目指しています。

⑧枠を挿入し、枠線は細実線とする。
⑨枠内のフォントの種類はゴシック体、サイズは12ポイントとし、横書きとする。
⑩網掛けする。

オブジェクト（グラフ）の挿入位置

資料作成：柄岬　吁乃（うの）　⑪明朝体のひらがなでルビをふり、右寄せする。

【実技－17】（制限時間20分）

【問　題】 次のⅠ～Ⅳに従い、右のような文書を作成しなさい。

Ⅰ　標題の挿入

出題内容に合った標題のオブジェクトを、用意されたフォルダなどから選び、指示された位置に挿入しセンタリングすること。

Ⅱ　表作成

下の資料Ａ・Ｂ並びに指示を参考に表を作成すること。

資料Ａ

企業名	経営状況
タケモトヤスシ	健康サポート薬局の設定に注力
ムーンドラッグ	業界唯一の１店舗２ライン制を採用
ハクチョウＨＤ	カウンセリングを重視したサービスの徹底
たんぽぽ薬品	九州を中心に関西や中国地方にも拡大
ヒノキ薬局	地域~~衣料~~医療対応型ドラッグストアを目指す
けんこう王国	多様な顧客のニーズに応える調剤併設型を展開

資料Ｂ　単位　年間売上高：億円　店舗数：店

企業名	年間売上高	前年比	５年前の年間売上高	店舗数	５年前の店舗数
タケモトヤスシ	5,384	104％	4,855	1,604	1,528
ムーンドラッグ	4,000	106％	4,458	~~681~~ 861	979
ハクチョウＨＤ	6,732	117％	4,404	1,981	1,383
たんぽぽ薬品	5,579	105％	4,084	912	656
ヒノキ薬局	4,570	111％	3,835	1,105	947
けんこう王国	6,952	112％	1,919	1,693	992

指示

1．表は、行頭・行末を越えずに作成し、行間は、２．０とすること。
2．罫線は右の表のように太実線と細実線とを区別すること。
3．表の枠内の文字は１行で入力し、上下のスペースが同じであること。
4．右の表のように項目名とデータが正しく並んでいること。
5．表内の「年間売上高」と「店舗数」の数字は、明朝体の半角で入力し、３桁ごとにコンマを付けること。
6．ソート機能を使って、表全体を「年間売上高」の多い順に並べ替えること。
7．表の「店舗数」の合計は、計算機能を使って求めること。

Ⅲ　テキスト・グラフの挿入

1．挿入する文章は、用意されたフォルダなどにあるテキストファイルから取得し、校正および編集すること。
2．出題内容に合ったグラフのオブジェクトを、用意されたフォルダなどから選び、指示された位置に挿入すること。

Ⅳ　その他

1．問題文にある校正記号に従うこと。
2．①～⑫の処理を行うこと。
3．右の問題文にない空白行を入れないこと。
4．右の問題文の ａ に当てはまる語句を以下から選択し入力すること。

ヒノキ薬局　　ハクチョウＨＤ　　けんこう王国

オブジェクト（標題）の挿入・センタリング

①二重下線を引く。

ドラッグストア業界では、市場が拡大する中で、規模の論理を求め、コンビニ業界のように大手に集約が進んでいます。果たして、どの企業が覇権を握るのでしょうか。

企　業　名	経　営　状　況	年間売上高	店舗数
		合　計	

②各項目名は、枠の中で左右にかたよらないようにする。

③枠内で均等割付けする。

④左寄せする（均等割付けしない）。

⑤右寄せする。

⑥「報告」の文字で透かしを入れ、フォントの種類はゴシック体、文字の位置は水平とする。

単位　年間売上高：億円　店舗数：店

⑦右寄せする。

⑧取得した文章のフォントの種類は明朝体、サイズは12ポイントとする。

テキストファイルの挿入範囲

ドラッグストア業界は、大手チェーンを中心にＭ＆Ａや新規出店が進んでおり、総店舗数は増加していますが、総企業数は減少しています。本年度も、その傾向は変わらず、総店舗数は前年度より６６０店舗増えて１万９，５３４店舗、総企業数は１５社減り４１６社でした。売上高ランキング上位６社の市場占有率は、店舗数ベースで約４３％となり、Ｍ＆Ａによる業界の寡占化は、今後もしばらく進んでいく見込みです。各社がどのような業務を効率化し、どのような付加価値を生み出して他社との差別化を図るのか、目が離せません。

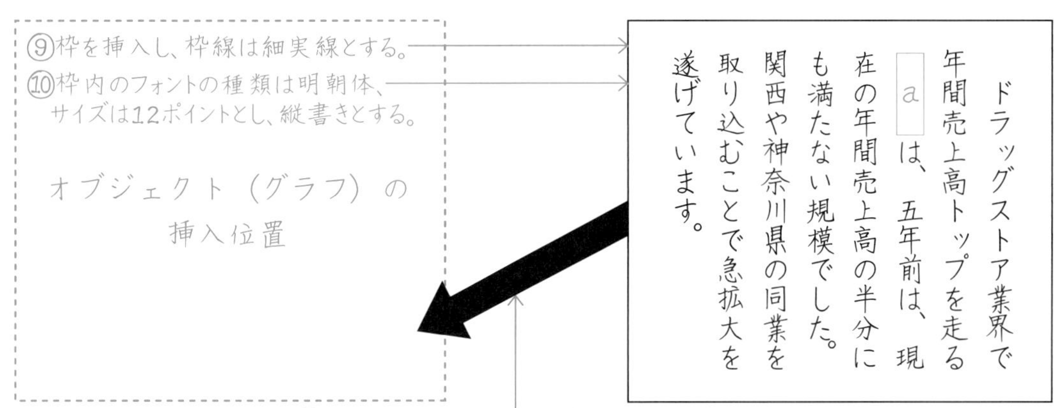

資料作成：四浦　岑次（みねじ）

⑫明朝体のひらがなでルビをふり、右寄せする。

【実技－18】（制限時間20分）

【問　題】 次のⅠ～Ⅳに従い、右のような文書を作成しなさい。

Ⅰ　標題の挿入

出題内容に合った標題のオブジェクトを、用意されたフォルダなどから選び、指示された位置に挿入しセンタリングすること。

Ⅱ　表作成

下の資料Ａ・Ｂ並びに指示を参考に表を作成すること。

資料A

品川から名古屋への順	名　　称	備　　　　考
1	第1首都圏	約３５キロは大深度地下の予定
2	御坂笹子	山梨リニア実験線の一部として使用中
3	南アルプス	途中で静岡県も通過
4	伊那山地	本工事は２０２３年から着工
5	中央アルプス	飯田市から中津川市まで続く
6	第1中京圏	名古屋駅以西も大阪方面へ延伸工事の予定（「進む」を「延伸」に訂正）

資料B　単位　延長総距離：ｋｍ

品川から名古屋への順	位　　置	名　　称	延長総距離
1	品川・神奈川	第1首都圏	36,924
2	神奈川・山梨	御坂笹子	14,613
3	山梨・長野	南アルプス	25,019
4	山梨・長野	伊那山地	15,300
5	長野・岐阜	中央アルプス	34,210
6	岐阜・名古屋	第1中京圏	23,288

（資料Bの5と6の延長総距離は入れ替えの校正記号あり）

指示

1．表は、行頭・行末を越えずに作成し、行間は、２．０とすること。
2．罫線は右の表のように太実線と細実線とを区別すること。
3．表の枠内の文字は1行で入力し、上下のスペースが同じであること。
4．右の表のように項目名とデータが正しく並んでいること。
5．表内の「延長総距離」の数字は、明朝体の半角で入力し、3桁ごとにコンマを付けること。
6．ソート機能を使って、表全体を「延長総距離」の長い順に並べ替えること。
7．表の「延長総距離」の合計は、計算機能を使って求めること。

Ⅲ　テキスト・写真の挿入

1．挿入する文章は、用意されたフォルダなどにあるテキストファイルから取得し、校正および編集すること。
2．出題内容に合った写真のオブジェクトを、用意されたフォルダなどから選び、指示された位置に挿入すること。

Ⅳ　その他

1．問題文にある校正記号に従うこと。
2．①～⑫の処理を行うこと。
3．右の問題文にない空白行を入れないこと。
4．右の問題文の ａ に当てはまる語句を以下から選択し入力すること。

第１中京圏　　　第１首都圏　　　中央アルプス

オブジェクト（標題）の挿入・センタリング

①波線の下線を引く。

２０２７年の開業に向けて工事が進むリニア（中央）新幹線は、費用や騒音対策などのためにトンネル区間が長いですが、どのくらい長いか、上位６区間について調べてみました。

名　称	位　置	備　考	延長総距離
		合　計	

②各項目名は、枠の中で左右にかたよらないようにする。

③枠内で均等割付けする。

④左寄せする（均等割付けしない）。

⑤右寄せする。

⑥「豆知識」の文字で透かしを入れ、フォントの種類は明朝体、文字の位置は水平とする。

豆知識

単位　延長総距離：キロメートル ⑦右寄せする。

⑧取得した文章のフォントの種類は明朝体、サイズは12ポイントとし、「リ」を2行の範囲で本文内にドロップキャップする。

テキストファイルの挿入範囲

リニア中央新幹線は、標高が２０００メートルを超える南アルプス、中央アルプスにトンネルを建設し、東京と名古屋を直線的に結ぶ計画です。また用地確保が難しい大都市圏では、公共の利益となる事業のためなら、地権者へ保障（補償）する必要が無い「大深度地下」を活用し建設します。そのため、約８６％がトンネルになる予定です。地上を走る区間は谷間を通過する場合などにありますが、車窓を楽しめる可能性があるのは盆地甲府付近、長野県飯田市付近、岐阜県中津川市付近など、一部に限られそうです。

時速５００キロのリニアは、品川～名古屋間の約２８５キロを、約４０分で走破してしまいます。トンネルの長さトップの［a］トンネル、３６キロを走り抜けるのに、品川駅から加速する時間を考えても１０分もかからないでしょう。

⑨枠を挿入し、枠線は細実線とする。

⑩枠内のフォントの種類はゴシック体、サイズは12ポイントとし、横書きとする。

⑪網掛けする。

オブジェクト（写真）の挿入位置

資料作成：仲嶋　馮菜（フウナ）

⑫明朝体のカタカナでルビをふり、右寄せする。

【実技－19】（制限時間20分）

【問　題】 次のⅠ～Ⅳに従い、右のような文書を作成しなさい。

Ⅰ　標題の挿入

出題内容に合った標題のオブジェクトを、用意されたフォルダなどから選び、指示された位置に挿入しセンタリングすること。

Ⅱ　表作成

下の資料Ａ・Ｂ並びに指示を参考に表を作成すること。

資料A 単位　未就園児費用：円　小学生時費用：円　中学生時費用：円

費　　目	未就園児費用	小学生時費用	中学生時費用
学校教育費	0	105,242	274,109
学校外教育費・活動費	27,084	201,074	305,893
レジャー・旅行費	97,127	167,044	~~164,170~~ 146,710
食費（間食含む）	166,387	278,294	356,663
子どものための預貯金	199,402	163,037	179,910
その他の支出	353,226	238,850	292,284

資料B

費　　目	具体的な内容例
学校教育費	ＰＴＡ会費や教材費含む（校正：「を」挿入）
学校外教育費・活動費	家庭学習用教材費や習い事
レジャー・旅行費	第一子の旅行に関する出費
食費（間食含む）	第一子のために購入したもの
子どものための預貯金	将来のための預貯金や保険各種（校正：「保険」と「各種」を入れ替え）
その他の支出	生活用品や衣類など

指示

1．表は、行頭・行末を越えずに作成し、行間は、２．０とすること。
2．罫線は右の表のように太実線と細実線とを区別すること。
3．表の枠内の文字は１行で入力し、上下のスペースが同じであること。
4．右の表のように項目名とデータが正しく並んでいること。
5．表内の「未就園児費用」と「中学生時費用」の数字は、明朝体の半角で入力し、３桁ごとにコンマを付けること。
6．ソート機能を使って、表全体を「中学生時費用」の多い順に並べ替えること。
7．表の「中学生時費用」の合計は、計算機能を使って求めること。

Ⅲ　テキスト・グラフの挿入

1．挿入する文章は、用意されたフォルダなどにあるテキストファイルから取得し、校正および編集すること。
2．出題内容に合ったグラフのオブジェクトを、用意されたフォルダなどから選び、指示された位置に挿入すること。

Ⅳ　その他

1．問題文にある校正記号に従うこと。
2．①～⑫の処理を行うこと。
3．右の問題文にない空白行を入れないこと。
4．右の問題文の［ａ］に当てはまる語句を以下から選択し入力すること。

食費　　レジャー・旅行費　　学校教育費

オブジェクト（標題）の挿入・センタリング

第一子一人当たりの年間子育て費用について、就学区分ごとに義務教育まで調査しました。なかでも、最も多い中学生時にかかる費用を未就園児と比較して表してみました。

①網掛けする。

費　　目	具体的な内容	未就園児費用	中学生時費用
		合　　計	

②各項目名は、枠の中で左右にかたよらないようにする。

③枠内で均等割付けする。　④左寄せする（均等割付けしない）。　⑤右寄せする。

単位　未就園児費用：円　中学生時費用：円 ←⑥右寄せする。

少子化が社会問題となる中、少子化の一因として、子育てに関係する経済的負担が大きいことが考えられます。現在でも、子育て世帯には様々な公的支援制度があり、児童手当を中心とする現金給付などがあります。しかし、家族関係費用については先進国の水準とは乖離があり財源が不足しています。今後の少子化対策を検討する視点としては、子育て世帯の経済的負担を軽減し、紫煙（支援）するためには、まずは子育て費用の構造を把握することが必要です。

テキストファイルの挿入範囲

⑦取得した文章のフォントの種類は明朝体、サイズは12ポイントとし、3段で均等に段組みをし、境界線を細実線で引き、「少」を2行の範囲で本文内にドロップキャップする。

⑪矢印の先端が円グラフの「食費」の部分に達するように、枠線から図形描画機能で矢印を挿入する。

オブジェクト（グラフ）の挿入位置

⑧枠を挿入し、枠線は細実線とする。

⑨枠内のフォントの種類はゴシック体、サイズは12ポイントとし、横書きとする。

中学生の子育て費用の費目の中で最も多い a は、未就園児の2倍となっており、就学年齢ごとに必要度が増す支出です。また、費目別の金額は平均値ですが、公立と私立どちらの中学に在学するかで、教育費だけでも3倍近くの差があります。

⑩波線の下線を引く。

資料作成：河刮（カワカツ）　重信 ←⑫明朝体のカタカナでルビをふり、右寄せする。

【実技－20】（制限時間20分）

【問　題】 次のⅠ～Ⅳに従い、右のような文書を作成しなさい。

Ⅰ　標題の挿入

出題内容に合った標題のオブジェクトを、用意されたフォルダなどから選び、指示された位置に挿入しセンタリングすること。

Ⅱ　表作成

下の資料A・B並びに指示を参考に表を作成すること。

資料A　単位　昨年人数：人

発　生　場　所	昨年人数	具　体　例
住居等	12,592	敷地内すべての場所（教育機関も含む）
公衆の屋外部分	3,663	競技場や駅の屋外ホームなど
仕事場	3,373	工事現場や工場、農林水産業の労働現場　トル
道路	2,175	歩道を含む一般道路や有料道路
公衆の屋内部分	3,350	百貨店や飲食店など不特定者が出入りする屋内
その他	1,549	上記発生場所に該当しない項目

資料B　単位　搬送人数：人

発　生　場　所	搬送人数	最高搬送日	日別最高搬送人数
住居等	27,087	7月19日	2,052
公衆の屋外部分	6,376	7月15日	652
仕事場	6,712	7月18日	634
道路	6,839	7月18日	520
公衆の屋内部分	4,939	7月21日	402
その他	2,267	7月15日	180

指示

1．表は、行頭・行末を越えずに作成し、行間は、2.0とすること。
2．罫線は右の表のように太実線と細実線とを区別すること。
3．表の枠内の文字は1行で入力し、上下のスペースが同じであること。
4．右の表のように項目名とデータが正しく並んでいること。
5．表内の「昨年人数」と「搬送人数」の数字は、明朝体の半角で入力し、3桁ごとにコンマを付けること。
6．ソート機能を使って、表全体を「搬送人数」の多い順に並べ替えること。
7．表の「搬送人数」の合計は、計算機能を使って求めること。

Ⅲ　テキスト・グラフの挿入

1．挿入する文章は、用意されたフォルダなどにあるテキストファイルから取得し、校正および編集すること。
2．出題内容に合ったグラフのオブジェクトを、用意されたフォルダなどから選び、指示された位置に挿入すること。

Ⅳ　その他

1．問題文にある校正記号に従うこと。
2．①～⑫の処理を行うこと。
3．右の問題文にない空白行を入れないこと。
4．右の問題文の a に当てはまる語句を以下から選択し入力すること。

住居等　　仕事場　　道路

オブジェクト（標題）の挿入・センタリング

①網掛けする。

夏になると熱中症が話題になります。そこで、７月中の熱中症による救急搬送人員数についてデータを調べ、どのような場所で発生しているのかまとめてみました。

発 生 場 所	具 体 例	昨年人数	搬送人数
	合 計		

②各項目名は、枠の中で左右にかたよらないようにする。
③枠内で均等割付けする。
④左寄せする（均等割付けしない）。
⑤右寄せする。

単位　昨年人数：人　搬送人数：人 ⑥右寄せする。

⑦取得した文章のフォントの種類は明朝体、サイズは12ポイントとし、３段で均等に段組みをする。

テキストファイルの挿入範囲

７月は、太平洋高気圧の勢力が日本付近で強かったため、全国的に平均気温がかなり高かったのと、日照時間も長かったことも原因とみられています。熱中症は正しい知識を身につけ、適切に予防することで未然に防ぐことが可能です。引き続き、厳しい暑さが続く見込みですので、日陰や涼しいところで休憩をとること、こまめに水分補給を行うこと、屋外では帽子をかぶることなどを心がけてください。消防庁のｈｐの予防啓発コンテンツも参考にしましょう。

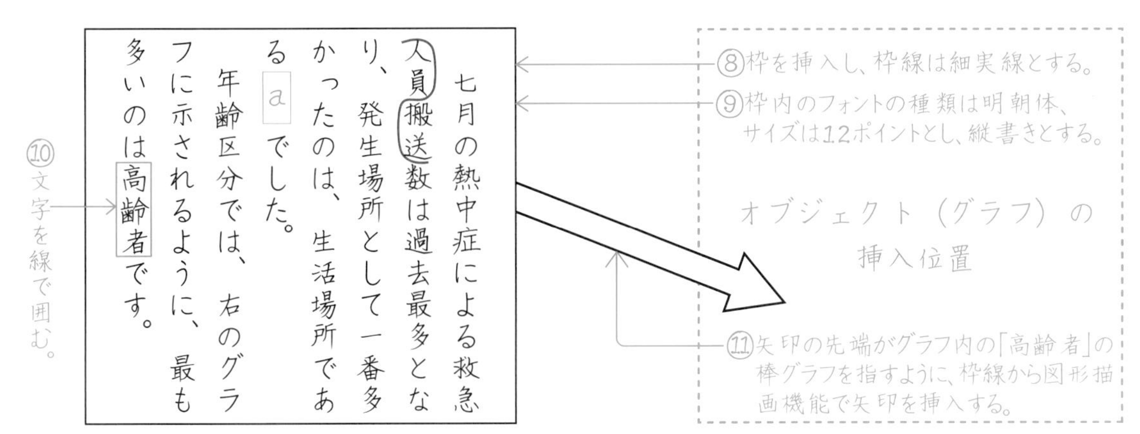

資料作成：鴇海（とびうみ）　洋壱 ⑫明朝体のひらがなでルビをふり、右寄せする。

【実技－21】（制限時間20分）

【問　題】 次のⅠ～Ⅳに従い、右のような文書を作成しなさい。

Ⅰ　標題の挿入

出題内容に合った標題のオブジェクトを、用意されたフォルダなどから選び、指示された位置に挿入しセンタリングすること。

Ⅱ　表作成

下の資料Ａ・Ｂ並びに指示を参考に表を作成すること。

資料A

分　　類	具　体　例	主　な　定　義
絶滅	ニホンオオカミ	我が国ではすでに絶滅したと考えられる
野生絶滅	トキ	飼育・繁殖のみで存続している
絶滅危惧Ⅰ類	ヤンバルクイナ	ごく近い将来における絶滅の危険性が高い
絶滅危惧Ⅱ類	タコノアシ	絶滅の危険が増加している　大
準絶滅危惧	アサザ	条件生息の変化によっては危ない
情報不足	エゾシマリス	評価するだけの情報が不足している

資料B　　　　単位：種類

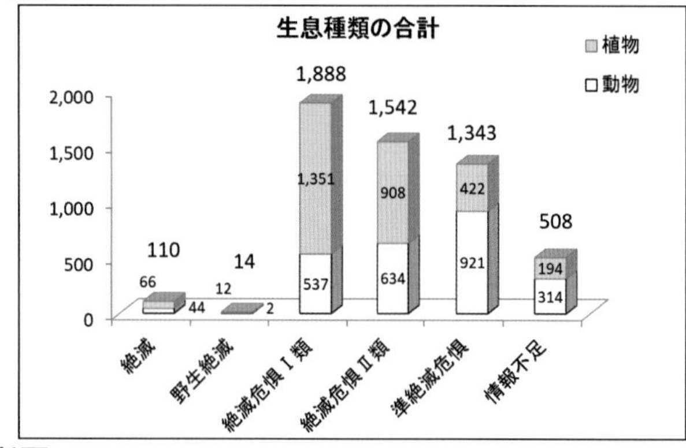

指示

1．表は、行頭・行末を越えずに作成し、行間は、２．０とすること。
2．罫線は右の表のように太実線と細実線とを区別すること。
3．表の枠内の文字は１行で入力し、上下のスペースが同じであること。
4．右の表のように項目名とデータが正しく並んでいること。
5．表内の「生息種類」の数字は、明朝体の半角で入力し、３桁ごとにコンマを付けること。
6．ソート機能を使って、表全体を「生息種類」の多い順に並べ替えること。
7．表の「生息種類」の合計は、計算機能を使って求めること。

Ⅲ　テキスト・写真の挿入

1．挿入する文章は、用意されたフォルダなどにあるテキストファイルから取得し、校正および編集すること。
2．出題内容に合った、写真のオブジェクトを用意されたフォルダなどから選び、指示された位置に挿入すること。

Ⅳ　その他

1．問題文にある校正記号に従うこと。
2．①～⑪の処理を行うこと。
3．右の問題文にない空白行を入れないこと。
4．右の問題文の［ａ］に当てはまる語句を以下から選択し入力すること。

ヤンバルクイナ　　トキ　　ニホンオオカミ

オブジェクト（標題）の挿入・センタリング

今、世界では数多くの野生生物が、開発や人が持ち込んだ外来生物、乱獲、地球温暖化などにより、絶滅の~~機器~~危機に瀕しています。日本における状況を調べてみました。

⑥取得した文章のフォントの種類は明朝体、サイズは12ポイントとし、2段で均等に段組みをし、境界線を細実線で引く。

分　　類	主　な　定　義	具　体　例	生息種類
		合　　計	

①各項目名は、枠の中で左右にかたよらないようにする。
②枠内で均等割付けする。③左寄せする（均等割付けしない）。④右寄せする。

【単位：種類】←⑤右寄せする。

テキストファイルの挿入範囲

どれほど絶滅の危機が深刻でも、レッドリストに記載されるだけでは、その動植物は法律的に保護されたことになりません。

そこで、環境省ではレッドリスト掲載種の中でも、保護の優先度の高い種について、さらに詳細な調査を実施し「種の保存法」に基づいて国内希少動植物の指定を行っています。指定されると、その種については保護計画（個体保護、生息地保全、保護増殖）が策定され、野生個体を無許可に採集したりした場合には、罰則規定も用意されます。

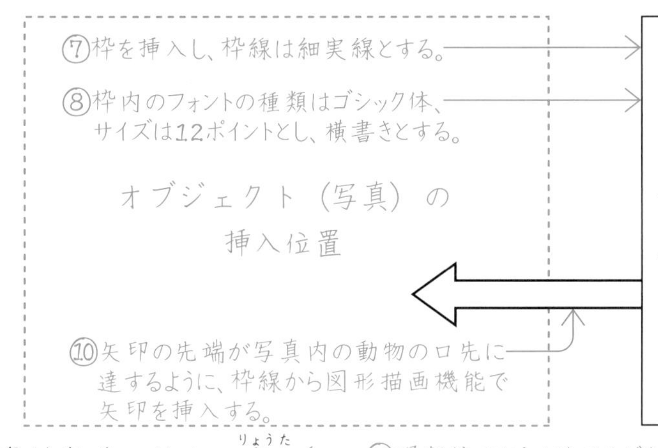

自然界の厳しさ←⑨横倍角（横200%）にする。

絶滅危惧Ⅰ類の a は、1981年に沖縄で発見されました。しかし、外来種のマングースやノネコに加えて、人間の増加に従って個体数が増加したハシブトガラスによる捕食などで、現在、約1，500羽のみが生息しているといわれています。

資料作成：越山　涼太（りょうた）←⑪明朝体のひらがなでルビをふり、右寄せする。

【実技－22】（制限時間20分）

【問　題】 次のⅠ～Ⅳに従い、右のような文書を作成しなさい。

Ⅰ　**標題の挿入**

出題内容に合った標題のオブジェクトを、用意されたフォルダなどから選び、指示された位置に挿入しセンタリングすること。

Ⅱ　**表作成**

下の資料Ａ・Ｂ並びに指示を参考に表を作成すること。

資料A

品種名	用途	特　　　徴
イワイノダイチ	日本麺用	やや低アミロースであるために、食感（が）よい
春よ恋	パン・中華麺用	穂発芽が少ない上、収穫が多い北海道の主要な品種
ミナミノカオリ	パン・中華麺用	温暖地向けのパン用秋まき品種で、九州地域を中心に栽培
きたほなみ	日本麺用	ａｓｗに匹敵する製粉性、粉色と製麺適性を持つ
~~ハンマンテン~~	~~パン・中華麺用~~	~~中華麺に使うと、麺が伸びにくく歯切れの良い触感~~ （トル）
ちくしＷ２号	パン・中華麺用	全国で初めてラーメン用に開発された品種
さとのそら	日本麺用	「農林６１号」に代わる新品種で、耐倒伏性に優れている
ゆめちから	パン・中華麺用	超強力粉で、国産小麦のイメージを一変

資料B　　単位：ｈａ

導　　入	品種名	地　　域	作付面積
１９９９年	イワイノダイチ	栃木県	4,936
２００２年	春よ恋	北海道	9,539
２００２年	ミナミノカオリ	福岡県、熊本県	3,753
２００５年	きたほなみ	北海道	104,628
２００８年	ちくしＷ２号	福岡県	880
２００８年	さとのそら	埼玉県、茨城県、群馬県	7,012
２００９年	ゆめちから	北海道	1,214

指示

1．「1　日本麺用小麦」と「2　パン・中華麺用小麦」の二つに分けた表を作成すること。
2．表は、行頭・行末を越えずに作成し、行間は、２．０とすること。
3．罫線は右の表のように太実線と細実線とを区別すること。
4．表の枠内の文字は1行で入力し、上下のスペースが同じであること。
5．右の表のように項目名とデータが正しく並んでいること。
6．表内の「作付面積」の数字は、明朝体の半角で入力し、３桁ごとにコンマを付けること。
7．ソート機能を使って、二つの表それぞれを「作付面積」の大きい順に並べ替えること。

Ⅲ　**テキスト・表の挿入**

1．挿入する文章は、用意されたフォルダなどにあるテキストファイルから取得し、校正および編集すること。
2．出題内容に合った、表のオブジェクトを用意されたフォルダなどから選び、指示された位置に挿入すること。

Ⅳ　**その他**

1．問題文にある校正記号に従うこと。
2．①～⑫の処理を行うこと。
3．右の問題文にない空白行を入れないこと。
4．右の問題文の ａ に当てはまる語句を以下から選択し入力すること。

ちくしW2号　　きたほなみ　　春よ恋

オブジェクト（標題）の挿入・センタリング

近年、国産小麦が相ついで開発されています。本県が、本年度より学校給食で出すパンと麺に使う小麦を、すべて国産に切り変えた実情も踏まえ、開発状況を調査しました。（替）

1. 日本麺用小麦

品　種　名	特　　　　　徴	作付面積

①各項目名は、枠の中で左右にかたよらないようにする。
②枠内で均等割付けする。　③左寄せする（均等割付けしない）。　④右寄せする。

2. パン・中華麺用小麦

品　種　名	特　　　　　徴	作付面積

①と同じ。
②と同じ。　③と同じ。　④と同じ。

⑤「資料」の文字で透かしを入れ、フォントの種類は明朝体、文字の位置は水平とする。

単位：ｈａ　⑥右寄せする。

⑦取得した文章のフォントの種類は明朝体、サイズは12ポイントとし、「食」を2行の範囲で本文内にドロップキャップする。

食料自給率の向上を図るために、国産小麦の開拓需要を行うことが必要不可欠です。最近の消費者の安全・安心志向の高まりや生産者と実需者が一体となった地産地消の推進、地域農業の振興を図る取り組み等から、国内産麦を使った麦製品（パン・麺等）が増えてきており、中には国産小麦を１００％使用した商品もあります。

テキストファイルの挿入範囲

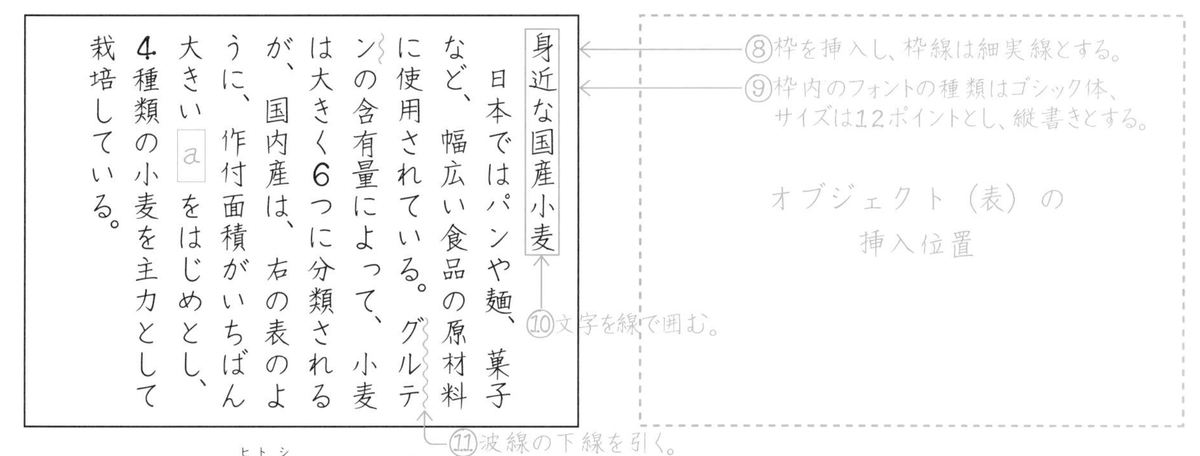

資料作成：古渡　式志（ヒトシ）　⑫明朝体のカタカナでルビをふり、右寄せする。

【実技－23】（制限時間20分）

【問　題】 次のⅠ～Ⅳに従い、右のような文書を作成しなさい。

Ⅰ　標題の挿入

出題内容に合った標題のオブジェクトを、用意されたフォルダなどから選び、指示された位置に挿入しセンタリングすること。

Ⅱ　表作成

下の資料Ａ・Ｂ並びに指示を参考に表を作成すること。

資料Ａ　単位　世界の生産量：千トン　日本の輸入量：千トン

元素記号	品　目	世界の生産量	日本の輸入量
Ａｌ	アルミニウム	58,743	1,572
Ｓｎ	スズ	364	28
Ｐｂ	鉛鉱石	4,703	72
~~Ｎｉ~~	~~ニッケル~~	~~204~~	~~71~~ （トル）
Ｆｅ	鉄鉱石	3,190,000	79,711
Ｚｎ	亜鉛	12,978	433
Ｃｕ	銅鉱石	~~2,252~~ 20,252	1,165

資料Ｂ

元素記号	特　性	主な輸入相手国
Ａｌ	鉄や銅の約３分の１の軽さ	オーストラリア
Ｓｎ	電子部品のはんだの需要が~~校長~~好調	インドネシア
Ｐｂ	蓄電池用として高い需要	オーストラリア
~~Ｎｉ~~	~~抽出が難しい希少金属~~	~~フィリピン~~ （トル）
Ｆｅ	安価で強い強度から自動車や建築向き	オーストラリア
Ｚｎ	鉄鋼の防食には欠くことのできない金属	ボリビア
Ｃｕ	高い誘電性があり電線などに利用	チリ

指示

1．表は、行頭・行末を越えずに作成し、行間は、２．０とすること。
2．罫線は右の表のように太実線と細実線とを区別すること。
3．表の枠内の文字は１行で入力し、上下のスペースが同じであること。
4．右の表のように項目名とデータが正しく並んでいること。
5．表内の「世界の生産量」と「日本の輸入量」の数字は、明朝体の半角で入力し、３桁ごとにコンマを付けること。
6．ソート機能を使って、表全体を「日本の輸入量」の多い順に並べ替えること。
7．表の「日本の輸入量」の合計は、計算機能を使って求めること。

Ⅲ　テキスト・表の挿入

1．挿入する文章は、用意されたフォルダなどにあるテキストファイルから取得し、校正および編集すること。
2．出題内容に合った表のオブジェクトを、用意されたフォルダなどから選び、指示された位置に挿入すること。

Ⅳ　その他

1．問題文にある校正記号に従うこと。
2．①～⑫の処理を行うこと。
3．右の問題文にない空白行を入れないこと。
4．右の問題文の［ａ］に当てはまる語句を以下から選択し入力すること。

アルミニウム　　スズ　　鉄鉱石

第１級　ビジネス文書部門筆記問題
第１回　筆記総合問題（p.138）　解答用紙

1	①	②	③	④	⑤

2	①	②	③	④	⑤

3	①	②	③	④	⑤

4	①	②	③	④	⑤	⑥	⑦

5	①	②	③	④	⑤	⑥	⑦	⑧

6	①	②	③
	④	⑤	

7	①	②	③	④	⑤

8	①	②	③	④	⑤
	⑥	⑦	⑧	⑨	⑩

クラス	出席番号	名　　前

得点

第１級　ビジネス文書部門筆記問題
第２回　筆記総合問題（p.141）　解答用紙

	①	②	③	④	⑤
1					

	①	②	③	④	⑤
2					

	①	②	③	④	⑤
3					

	①	②	③	④	⑤	⑥	⑦
4							

	①	②	③	④	⑤	⑥	⑦	⑧
5								

	①	②	③
6			
	④	⑤	

	①	②	③	④	⑤
7					

	①	②	③	④	⑤
8					
	⑥	⑦	⑧	⑨	⑩

クラス	出席番号	名　　前

得点

第1級　ビジネス文書部門筆記問題
第1回　模擬試験問題（p.145）　解答用紙

	①	②	③	④	⑤
1					

	①	②	③	④	⑤
2					

	①	②	③	④	⑤
3					

	①	②	③	④	⑤	⑥	⑦
4							

	①	②	③	④	⑤	⑥	⑦	⑧
5								

	①	②	③
6			
	④	⑤	

	①	②	③	④	⑤
7					

	①	②	③	④	⑤
8					
	⑥	⑦	⑧	⑨	⑩

クラス	出席番号	名　　　前

得点

第１級　ビジネス文書部門筆記問題
第２回　模擬試験問題（p.151）　解答用紙

1	①	②	③	④	⑤

2	①	②	③	④	⑤

3	①	②	③	④	⑤

4	①	②	③	④	⑤	⑥	⑦

5	①	②	③	④	⑤	⑥	⑦	⑧

6	①	②	③
	④	⑤	

7	①	②	③	④	⑤

8	①	②	③	④	⑤
	⑥	⑦	⑧	⑨	⑩

クラス	出席番号	名　　前

得点

第69回　ビジネス文書実務検定試験
第１級　ビジネス文書部門筆記問題　解答用紙

1	①	②	③	④	⑤

2	①	②	③	④	⑤

3	①	②	③	④	⑤

4	①	②	③	④	⑤	⑥	⑦

5	①	②	③	④	⑤	⑥	⑦	⑧

6	①	②	③
	④	⑤	

7	①	②	③	④	⑤

8	①	②	③	④	⑤
	⑥	⑦	⑧	⑨	⑩

クラス	出席番号	名　　前

得点

第70回　ビジネス文書実務検定試験
第１級　ビジネス文書部門筆記問題　解答用紙

	①	②	③	④	⑤
1					

	①	②	③	④	⑤
2					

	①	②	③	④	⑤
3					

	①	②	③	④	⑤	⑥	⑦
4							

	①	②	③	④	⑤	⑥	⑦	⑧
5								

	①	②	③
6			
	④	⑤	

	①	②	③	④	⑤
7					

	①	②	③	④	⑤
8					
	⑥	⑦	⑧	⑨	⑩

クラス	出席番号	名　　　前

得点

第71回　ビジネス文書実務検定試験
第１級　ビジネス文書部門筆記問題　解答用紙

	①	②	③	④	⑤
1					

	①	②	③	④	⑤
2					

	①	②	③	④	⑤
3					

	①	②	③	④	⑤	⑥	⑦
4							

	①	②	③	④	⑤	⑥	⑦	⑧
5								

	①	②	③
6			
	④	⑤	

	①	②	③	④	⑤
7					

	①	②	③	④	⑤
8					
	⑥	⑦	⑧	⑨	⑩

クラス	出席番号	名　前

得点

第１級　ビジネス文書部門筆記問題
第　　回　　　　　　　　　解答用紙

1	①	②	③	④	⑤

2	①	②	③	④	⑤

3	①	②	③	④	⑤

4	①	②	③	④	⑤	⑥	⑦

5	①	②	③	④	⑤	⑥	⑦	⑧

6	①	②	③
	④	⑤	

7	①	②	③	④	⑤

8	①	②	③	④	⑤
	⑥	⑦	⑧	⑨	⑩

クラス	出席番号	名　　前

得点

令和6年度版

全商ビジネス文書実務検定
模擬試験問題集

1級別冊

目次

年　組　番 名前

実教出版

筆記問題解答

p.104～　筆記1対策問題

1－1　①イ　②ク　③ウ　④キ　⑤ケ
1－2　①キ　②エ　③オ　④ケ　⑤ア
1－3　①ア　②エ　③カ　④ウ　⑤ク
1－4　①カ　②エ　③イ　④ケ　⑤キ
1－5　①ウ　②キ　③オ　④ケ　⑤ク
1－6　①カ　②ケ　③キ　④ウ　⑤オ
1－7　①キ　②ケ　③エ　④ク　⑤ア
1－8　①オ　②ウ　③キ　④ク　⑤ケ
1－9　①キ　②ケ　③カ　④エ　⑤オ

p.107～　筆記2対策問題

2－1　①イ　②○　③ア　④カ　⑤○
2－2　①ク　②○　③カ　④ア　⑤ケ
2－3　①ケ　②○　③キ　④カ　⑤ア
2－4　①ア　②イ　③オ　④○　⑤ク
2－5　①オ　②○　③ウ　④ケ　⑤ア
2－6　①カ　②ク　③○　④イ　⑤キ

p.113～　筆記3対策問題

3－1　①ク　②イ　③エ　④ア　⑤キ　⑥ウ
3－2　①ア　②カ　③オ　④ク　⑤キ　⑥ウ
3－3　①ア　②イ　③イ　④イ　⑤ウ　⑥ア
3－4　①ウ　②ア　③イ　④ウ　⑤ウ　⑥イ
3－5　①ア　②ウ　③イ　④イ　⑤ア　⑥ウ
3－6　①ウ　②イ　③ウ
3－7　①イ　②ア　③ウ
3－8　①ウ　②ウ　③イ

p.115～　筆記4対策問題

4－1　①ケ　②シ　③オ　④キ　⑤ウ　⑥イ　⑦ア
4－2　①ウ　②サ　③カ　④ク　⑤イ　⑥キ　⑦ア
4－3　①コ　②カ　③サ　④エ　⑤ア　⑥ウ　⑦キ
4－4　①サ　②キ　③イ　④シ　⑤オ　⑥ケ　⑦ク

p.117～　筆記5対策問題

5－1　①イ　②ア　③ウ　④ア　⑤ウ
5－2　①ウ　②ア　③ア　④イ　⑤ア
5－3　①ア　②イ　③ア　④ウ　⑤イ
5－4　①イ　②ア　③ウ　④ア　⑤ウ
5－5　①ウ　②イ　③イ　④イ　⑤ア
5－6　①イ　②ア　③ア　④イ　⑤イ
5－7　①ア　②ウ　③ウ　④ア　⑤ウ

p.129～　筆記6対策問題

6－1　①ごい　②かこく　③しゃへい　④せつな　⑤めど
6－2　①くさび　②かっとう　③こんせき　④しょせん　⑤せっちゅう
6－3　①えと　②ひよく　③みょうり　④ぎょうそう　⑤けねん
6－4　①はんも　②さいご　③しさ　④ようさん　⑤すいこう
6－5　①せいきょ　②そうさい　③だんぱん　④ちくじ　⑤ちんしゃ
6－6　①ばくろ　②とうや　③るふ　④えとく　⑤ゆえん
6－7　①ふしん　②かくさく　③ふかん　④どうさつ　⑤おかん
6－8　①せんぼう　②ちみつ　③かっこう　④うし　⑤ろうばい
6－9　①あいまい　②むく　③かたぎ（きしつ）　④きっすい　⑤りさい
6－10　①しんらつ　②かいり　③りゅうちょう　④ふっしょく　⑤ほうが
6－11　①はいかい　②いしょう　③めいそう　④はんらん　⑤ぞうけい
6－12　①なじみ　②さいはい　③さくいん　④はんぷ　⑤ようご
6－13　①ぜいじゃく　②まいぼつ　③こうてつ　④せっしょう　⑤ぜんぞう
6－14　①ていげん　②わんきょく　③のどか　④ひっぱく　⑤うっぷん

p.131～　筆記7対策問題

7－1　①ア　②ウ　③ア　④ウ　⑤ア
7－2　①イ　②ウ　③イ　④ア　⑤ウ
7－3　①イ　②イ　③イ　④ア　⑤ア
7－4　①イ　②ウ　③ア　④イ　⑤イ
7－5　①イ　②ア　③イ　④イ　⑤ア
7－6　①イ　②ア　③ア　④ア　⑤イ
7－7　①ウ　②ア　③ウ　④イ　⑤ア
7－8　①ア　②ウ　③イ　④ア　⑤ウ
7－9　①イ　②イ　③イ　④イ　⑤ウ
7－10　①ア　②ア　③イ　④ウ　⑤イ
7－11　①ア　②ア　③ウ　④イ　⑤ア
7－12　①ア　②ウ　③ア　④イ　⑤イ
7－13　①ア　②イ　③ウ　④ア　⑤ア
7－14　①ア　②ウ　③イ　④ア　⑤ウ
7－15　①イ　②イ　③ア　④ア　⑤イ
7－16　①ア　②ウ　③イ　④イ　⑤イ
7－17　①ばじ　②ぶじん　③りょうらん　④いく　⑤うよ
7－18　①とくじつ　②かんこつ　③ちょうらい（じゅうらい）　④くにく　⑤けいこう

p.134～　筆記8対策問題

8－1　①○　②ウ　③ア　④ア　⑤イ
8－2　①ウ　②ア　③ウ　④イ　⑤○
8－3　①イ　②○　③ア　④イ　⑤ウ
8－4　①イ　②ウ　③○　④イ　⑤イ
8－5　①ア　②イ　③ア　④○　⑤イ
8－6　①ア　②○　③イ　④イ　⑤イ
8－7　①ア　②イ　③イ　④○　⑤イ
8－8　①イ　②○　③ウ　④ア　⑤ア
8－9　①ア　②イ　③ア　④ウ　⑤○
8－10　①ウ　②ア　③○　④ア　⑤イ
8－11　①イ　②○　③ア　④ウ　⑤イ
8－12　①ア　②イ　③ア　④イ　⑤イ
8－13　①ウ　②イ　③ア　④ア　⑤ウ
8－14　①ア　②イ　③イ　④イ　⑤ウ
8－15　①ア　②ウ　③イ　④イ　⑤イ
8－16　①イ　②イ　③ア　④イ　⑤イ
8－17　①イ　②ア　③ア　④ア　⑤イ
8－18　①イ　②イ　③ア　④イ　⑤ア
8－19　①イ　②イ　③ウ　④ア　⑤ア
8－20　①ア　②イ　③イ　④ア　⑤イ
8－21　①ア　②ウ　③ア　④イ　⑤イ
8－22　①イ　②イ　③イ　④ア　⑤ウ
8－23　①イ　②イ　③ア　④イ　⑤イ
8－24　①ア　②イ　③ア　④ア　⑤ア

筆記総合問題

p.138～　第1回　筆記総合問題

1　①カ　②エ　③キ　④イ　⑤ウ
2　①イ　②○　③ク　④○　⑤カ
3　①イ　②ウ　③イ　④イ　⑤ア
4　①キ　②ケ　③コ　④カ　⑤エ　⑥イ　⑦ク
5　①ア　②イ　③ウ　④イ　⑤イ　⑥ウ　⑦ア　⑧ア
6　①じゅんしゅ　②しんちょく　③かし　④あいにく　⑤いちべつ
7　①ウ　②ア　③イ　④ア　⑤イ
8　①○　②イ　③○　④イ　⑤ウ　⑥イ　⑦ア　⑧イ　⑨ウ　⑩イ

p.141～　第2回　筆記総合問題

1　①ア　②キ　③カ　④ウ　⑤ク
2　①ウ　②オ　③キ　④ク　⑤○
3　①ウ　②イ　③ア　④ウ　⑤イ
4　①エ　②コ　③ウ　④キ　⑤ク　⑥ケ　⑦ア
5　①イ　②ア　③ウ　④ア　⑤イ　⑥ア　⑦イ　⑧イ
6　①ちゅうちょ　②ひんぱん　③ねつぞう　④いしゅく　⑤むけい
7　①ア　②イ　③ア　④ア　⑤イ
8　①○　②ア　③ア　④ア　⑤イ　⑥ウ　⑦ア　⑧イ　⑨イ　⑩イ

模擬試験問題

p.145～　筆記－1

1　①オ　②ウ　③ク　④ア　⑤キ
2　①○　②ク　③ウ　④ア　⑤オ
3　①イ　②ウ　③ア　④ウ　⑤イ
4　①コ　②オ　③ア　④ケ　⑤ウ　⑥エ　⑦キ
5　①イ　②ア　③ア　④イ　⑤ア　⑥イ　⑦ア　⑧イ
6　①じっこん　②らんまん　③らくいん　④あんど　⑤こうじん
7　①イ　②ア　③イ　④ウ　⑤ア
8　①イ　②イ　③○　④ア　⑤ウ　⑥ア　⑦ウ　⑧ア　⑨イ　⑩イ

p.151～　筆記－2

1　①イ　②オ　③キ　④エ　⑤ク
2　①ク　②○　③ウ　④オ　⑤ア
3　①ウ　②ウ　③ア　④イ　⑤ウ
4　①カ　②ウ　③ア　④コ　⑤ク　⑥エ　⑦ケ
5　①ウ　②イ　③イ　④ア　⑤ウ　⑥ウ　⑦ア　⑧ウ
6　①きょうじ　②あく　③らつわん　④どとう　⑤がしん
7　①ウ　②イ　③ア　④ア　⑤ウ
8　①イ　②ウ　③イ　④ア　⑤○　⑥イ　⑦ア　⑧イ　⑨ア　⑩ア

速度問題解答

模擬試験問題

p.144　速度－1

150	生→正	180	僚→量	442	私→施
677	改名→解明				

p.150　速度－2

150	冷→覚	408	高等→後頭	710	上体→状態

【実技－1】※A～Tは各5点

A：余白、フォントの種類・サイズ、空白行、印刷(全体で5点)
B：オブジェクト(標題・グラフ)の挿入・標題のセンタリング(全体で5点)
C：上の表の罫線による作表　　D：下の表の罫線の種類
E：段組み、境界線、フォントの種類・サイズ、ドロップキャップ(全体で5点)
F：枠の挿入、枠線の種類、枠内のフォントの種類・サイズ、横書き(全体で5点)
G：文字の正確　H：文字の正確　I：文字の正確　J：文字の正確
K：校正記号による校正(K1、K2合わせて5点)

辞書アプリの評価

アナログ感覚の操作性、人気のタイトル、信頼性の高さなど、圧倒的な高コスパを誇る当社オンラインストア人気の辞書アプリの一覧です。

1　英和・和英辞書

辞書アプリ名	販売価格	特　　徴	総合評価
ベンリーコンサス	600	１９５７年に発行された日本でなじみの辞書	4
基本フレックス	1,000	充実したコラムなど「生の英語」満載	3
ワンツー明解	1,950	コーパス（英語データベース）全面活用	5
ビーニタスＪ	4,900	世界的ベストセラー	3

2　国語辞書

辞書アプリ名	販売価格	特　　徴	総合評価
四県堂	900	言葉の使い方がよくわかる語法解説を充実	4
E式新近代和文釈	1,700	簡潔でわかりやすい説明	3
大学館リアル	2,600	古語文法付きで、今一番売れている人気辞書	5

単位：価格　円

当ストアの辞書アプリ総合評価で、一番評価の高いワンツー明解英和・和英辞書は、価格と内容のバランス性が評価されていると分析されます。電子辞書とともに、いまや辞書アプリはビジネスだけでなく、国語や英語などのスキルアップにも欠かせないツールとなっていることを裏付けるものです。

［ワンツー明解］
カスタマー総合評価
5点
☆☆☆☆☆ 663
☆☆☆☆ 159
☆☆☆ 58
☆☆ 35
☆ 15
合計　930件

【レビュー】
星5つ　携帯頭脳に感動！
検索しやすく助かっています。
星4つ　サクサクと快適な機能！
使いやすいのに驚いた。利便性を追求し、さらにアップデイトしてくれるのを期待しています。

作成：新生活応援課　統計係長　野圦（のいり）　靖生

注記：
K1：校正記号による校正
L：右寄せ
N：データの入力位置
K2：校正記号による校正
O：項目名の位置
Q：左寄せ
R：均等割付け
G：文字の正確
H：文字の正確
M：行全体の網掛け
P：センタリング
I：文字の正確
S：フォントの種類・サイズ・斜体文字
J：文字の正確
T：ルビ・右寄せ

×誤りの例

辞書アプリの評価

アナログ感覚の操作性、人気のタイトル、信頼性の高さなど、圧倒的な高コスパを誇る当社オンラインストアの辞書アプリの一覧です。

1　英和・和英辞書

辞書アプリ名	販売価格	特　　徴	総合評価
ベンリーコンサス	4	１９５７年に発行された日本でなじみの辞書	600
基本フレックス	3	充実したコムラなど「生の英語」満載	1,000
ワンツー明解	5	コーパス（英語データベース）全面活用	1,950
ビーニタスＪ	3	世界的ベストセラー	4,900

2　国語辞書

辞書アプリ名	販売価格	特　　徴	総合評価
四県堂	900	言葉の使い方がよくわかる語法開設を充実	4
E式新近代和文釈	1,700	簡潔でわかりやすい説明	3
大学リアル	2,600	古語文法付きで、今一番売れている人気辞書	5

単位：価格　円

当ストアの辞書アプリ総合評価で、一番評価の高いワンツー明解英和・和英辞書は、価格と内容のバランス性が評価されていると分析されます。電子辞書とともに、いまや辞書アプリはビジネスだけでなく、国語や英語などのスキルアップにもかかせないツールとなっていることを裏付けるものです。

［ワンツー明解］
カスタマー総合評価
5点
☆☆☆☆☆ 663
☆☆☆☆ 159
☆☆☆ 58
☆☆ 35
☆ 15
合計　930件

【レビュー】
星5つ　携帯頭脳に感動！
検索しやすく助かっています。
星4つ　サクサクと快適な機能！
使いやすいのに驚いた。利便性を追求し、さらにアップデイトしてくれるのを期待しています。

作成：新生活応援課　統計係長　野圦（のいり）　靖生

注記：
「人気」が脱字だが、採点箇所ではないので減点しない
項目名の位置が誤りだが、採点箇所ではないので減点しない
誤字がある（－5点）
均等割付けの語句に脱字がある（－5点）
空白行がある（－5点）
ドロップキャップされた文字のフォントの種類が誤り（－5点）
オブジェクトが重なっている（－5点）
列に誤りがあるが、数値・右寄せ・行の位置が正しいので誤りとしない
入力位置の誤り（－5点）
誤字があるが、採点箇所ではないので減点しない
段組みの境界線がない（－5点）
斜体文字だが、フォントサイズが変更されていない（－5点）

【実技－2】　※A～Tは各5点

A：余白、フォントの種類・サイズ、空白行、印刷（全体で5点）
B：オブジェクト（標題・グラフ）の挿入・標題のセンタリング（全体で5点）
C：罫線による作表　D：罫線の種類
E：テキストファイルの挿入、フォントの種類・サイズ（全体で5点）
F：枠の挿入、枠線の種類、枠内のフォントの種類・サイズ、横書き（全体で5点）
G：オブジェクト（矢印）の挿入　H：文字の正確　I：文字の正確　J：文字の正確

もっと知りたい税のこと

昨年度の税収が確定しました。財政赤字から脱却できない中、税金の役割は極めて重要です。ここで、前年度の税収額と本年度の予算の割合を見てみましょう。

税の種類	税の内容	予算割合	前年税収額
所得税等	個人の所得にかかり、住民税なども入る	30.6	273,248
消費税	**納税するのは事業者だが、負担は消費者**	22.3	103,951
法人税等	法人の所得に対してかかるもの等	20.7	184,844
その他の消費課税	酒税、たばこ税、揮発油税、自動車税等	11.5	117,871
固定資産税	所有する不動産に対して課税される	9.8	87,510
その他の資産課税等	相続税、贈与税、都市計画税、印紙税等	5.1	46,434
合計			813,858

※予算割合の単位は%、税収額は億円

K：項目名の位置
L：右寄せ
M：行全体の網掛け・フォントの種類
N：左寄せ
O：データの入力位置
P：均等割付け
H：文字の正確
Q：合計・右寄せ
I：文字の正確

必要な財源の確保のために

少子・高齢化やグローバル化が急速に進み、社会保障給付などの増加や経済変動により国の財政がますます厳しくなる中で、本年度予算では2番目に大きい割合であるが、税収の安定性の面から消費税の増税が注目されている。

R：フォントの種類・サイズ・文字の線囲み
S：波線の下線

消費税
日本では平成元年から消費者に広く公平に負担を求める『消費税』を導入しましたが、ヨーロッパ諸国ではすでに『付加価値税』として導入されていました。現在、全世界100以上の国や地域で採用されています。

J：文字の正確

資料作成：財政広報委員会　総務課　佃　洸輔（コウスケ）

T：ルビ・右寄せ

×誤りの例

もっと知りたい税のこと

昨年度の税収が確定しました。財政赤字から脱却できない中、税金の役割は極めて重要です。ここで、前年度の税収額と本年度の予算の割合を見てみましょう。

税の種類	税の内容	予算割合	前年税収額
所得税等	個人の所得にかかり、住民税なども入る	30.6	273,248
消費税	納税するのは事業者だが、負担は消費者	22.3	103,951
法人税等	法人の所得に対してかかるもの等	20.7	184,844
その他の消費課税	酒税、たばこ税、揮発油税、じどうしゃぜいとう	11.5	117,871
固定資産税	所有する不動産に対して課税される	9.8	87,510
その他の資産課税等	相続税、贈与税、都市計画、印紙税等	5.1	46,434
合計			813,858

※予算割合の単位は%、税収額は億円

網掛けがされていない（－5点）
2行になっているので、作表の誤り（－5点）
左寄せされているが、脱字がある（－5点）

必要な財源の確保のために

少子・高齢化やグローバル化が急速に進み、社会保障給付などの増加や経済変動により国の財政がますます厳しくなる中で、本年度予算では2番目に大きい割合であるが、税収の安定性の面から消費税の増税が注目されている。

波線の範囲が誤っている（－5点）

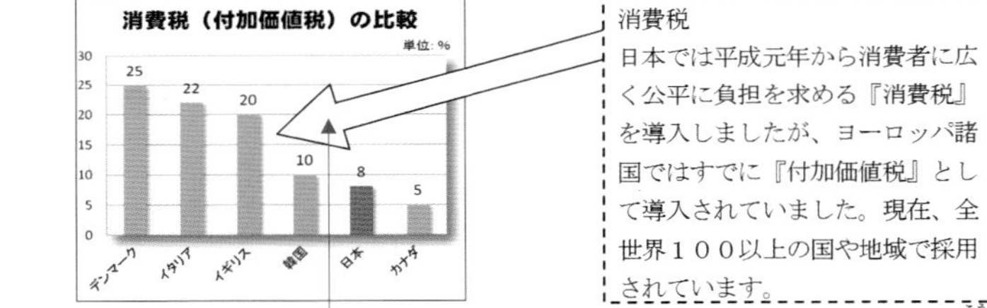

消費税
日本では平成元年から消費者に広く公平に負担を求める『消費税』を導入しましたが、ヨーロッパ諸国ではすでに『付加価値税』として導入されていました。現在、全世界100以上の国や地域で採用されています。

資料作成：財政広報委員会　総務課　佃　洸輔（こうすけ）

枠線の種類が破線で、枠内のフォントが明朝体である（『枠の挿入、枠線の種類、枠内のフォントの種類・サイズ、横書き』全体で－5点）
矢印が示す位置が誤っている（－5点）
ルビがひらがなになっている（－5点）

【実技－3】※A～Tは各5点

A：余白、フォントの種類・サイズ、空白行、印刷(全体で5点)
B：オブジェクト(標題・写真)の挿入、標題のセンタリング(全体で5点)
C：罫線による作表　D：罫線の種類　E：透かしの入力・フォントの種類・水平
F：枠の挿入、枠線の種類、枠内のフォントの種類・サイズ、縦書き(全体で5点)
G：テキストファイルの挿入、フォントの種類・サイズ、ドロップキャップ
H：オブジェクト(矢印)の挿入　I：文字の正確　J：文字の正確　K：文字の正確
L：校正記号による校正(L1、L2合わせて5点)

有人店舗から自動販売機へ

I：文字の正確
M：項目名の位置
N：データの入力位置
O：左寄せ
P：右寄せ
Q：均等割付け
J：文字の正確
R：合計・右寄せ
S：右寄せ

今、自動販売機が新たな時代を迎えています。AEDが搭載された機種は、人命救助に貢献するなど、有人店舗並みのサービスが今後予想されます。

自販機機種	中身商品例	普及台数	年間売上金額
飲料	清涼飲料、酒・ビール、牛乳、コーヒー	2,548	2,133,329
券類	乗車券、食券、入場券他	47	1,828,827
日用品雑貨	プリペイド式カード類、新聞、衛生用品他	860	466,972
たばこ	たばこ（外国産を含む）	212	255,602
自動サービス機	コインロッカー、ICカードチャージ機他	1,262	142,320
食品	インスタント麺、冷凍食品、アイス他	69	54,132
合計			4,881,182

（単位：普及台数は千台、年間売上金額は千円）

L1：校正記号による校正
L2：校正記号による校正

欧米諸国の人にとって、日本で驚かされるのは街中に自動販売機がたくさんあることだそうです。欧米諸国では、自動販売機を設置すると、すぐに盗難に遭ったり、破壊されたりするためです。また、日本では、駅のホームに一台で**年間３６００万円**もの売り上げをあげた驚異的な自動販売機があります。**通称マンモス**というあだ名がついています。始発の時に補充しても、朝のラッシュが終わると売り切れています。

当社製品の販路拡大政策のひとつに、自動販売機の設置という案があります。全国で約6万9千台となっている食品の自動販売機は、今後需要が伸びると予想されます。さらに、地震などの非常時には、停電しても簡単な操作で、無償にて商品などを取り出すことができる最新機種も導入予定です。

K：文字の正確

資料作成：亢村（コウムラ）■芳伸

T：ルビ・右寄せ

【実技－4】※A～Tは各5点

A：余白、フォントの種類・サイズ、空白行、印刷(全体で5点)
B：オブジェクト(標題・イラスト)の挿入、標題のセンタリング(全体で5点)
C：上の表の罫線による作表　D：下の表の罫線の種類
E：枠の挿入、枠線の種類、枠内のフォントの種類・サイズ、縦書き(全体で5点)
F：段組み、境界線、フォントの種類・サイズ(全体で5点)　G：オブジェクト(矢印)の挿入
H：文字の正確　I：文字の正確　J：文字の正確　K：文字の正確

ワールド美術館で芸術鑑賞

H：文字の正確
M：均等割付け
I：文字の正確
N：項目名の位置
J：文字の正確
P：左寄せ
Q：データの入力位置
L：右寄せ
O：右寄せ
R：右寄せ
S：文字の線囲み

■当社の厚生施設であるワールド美術館が人気スポットになっており、本年の作品展別の来場者人数をまとめました。今後、社外研修の一環として美術鑑賞を企画しています。

【日本のアーティスト】

人名	紹介	来場者人数
雪舟	国宝「秋冬山水図」で知られる室町時代に活躍した水墨画家	157,242
葛飾北斎	江戸時代の浮世絵師で世界的にも著名な画家	143,638
加藤唐九郎	志野茶碗が有名な昭和時代の陶芸家	89,377

【海外のアーティスト】

人名	紹介	来場者人数
モネ	印象主義の技法を追求し「光の画家」といわれた画家	183,152
ルノワール	風景画などの静物画はわずかで代表作の多くは人物画である	170,670
ラファエロ	聖母子作品を数多く残したことで有名	89,189
ムンク	フランス印象派の画家の影響を受ける	84,697

単位：人

ワールド美術館へ行ったことはありますか？

■その独創的なフォルムを持ったガラス張りの建物はもちろん、充実した内容の企画展でも話題を呼んでいる場所です。ここでは、大人から子どもまでの幅広い世代の方が、気軽に楽しむことができます！ぜひ一度は訪れてみてください。

お勧めポイントは、まず建物です。外観の美しさはもちろん、時間帯によって光の差し込み方が変わるフロアの表情に注目してください。そして、展示内容は「秋冬山水図」で有名な、雪舟の展覧会のように、短期開催でも多くの入場者でにぎわうように、魅力ある作品をチョイスしています。

K：文字の正確

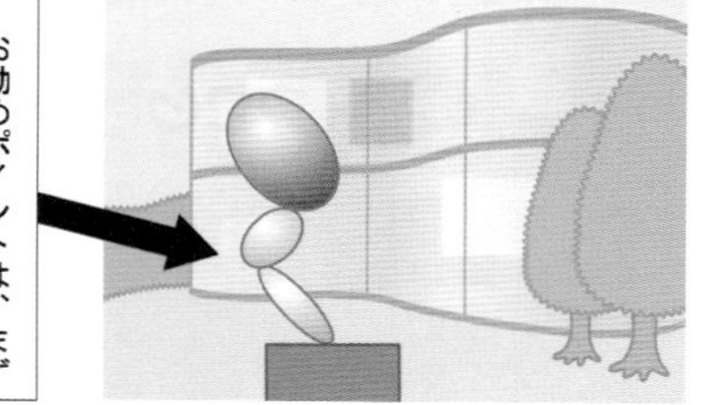

資料作成：馬淵■俐（り）加（か）

T：ルビ・右寄せ

【実技－5】※A～Tは各5点

A：余白、フォントの種類・サイズ、空白行、印刷（全体で5点）
B：オブジェクト（標題・イラスト）の挿入、標題のセンタリング（全体で5点）
C：罫線による作表　　D：罫線の種類
E：枠の挿入、枠線の種類、枠内のフォントの種類・サイズ、横書き（全体で5点）
F：テキストファイルの挿入、フォントの種類・サイズ、段組み、境界線（全体で5点）
G：透かしの入力・フォントの種類・水平　　H：オブジェクト（矢印）の挿入
I：文字の正確（I1、I2、I3、I4合わせて5点）
J：校正記号による校正（J1、J2、J3、J4合わせて5点）

マグロも限りある資源

世界中で、大量に消費されているマグロ類。しかし近年、その資源量が懸念されるマグロも出てきました。そこで、２０１９年の資料で日本の漁獲の割合を調べてみました。

種　類	特徴・生態などについて	日本の割合	世界の漁獲量
太平洋クロマグロ	本マグロと呼ばれトロの多い最高級品	75.0	16
ミナミマグロ	刺身用でクロマグロに次ぐ高級品	35.3	17
ビンナガ	長い刀状の胸びれが特徴	18.0	245
大西洋クロマグロ	地中海を含む大西洋に生息	6.7	31
カツオ	用途が広く、刺身、節、缶詰等に利用	5.9	3,442
メバチ・キハダ	温帯や熱帯の海域に生息	5.1	1,971
合　計			5,722

単位　日本の割合：%　世界の漁獲量：千トン

マグロについては、世界の海域ごとに、５つの国際条約機関があり、資源管理のためのルールを定めています。

このまま、適切に資源の管理をせずにマグロを消費し続けた場合、マグロがいずれ食べられなくなってしまう日が来るかもしれません。そうならないようにするためには、マグロを漁獲し、消費している国々が、国際条約の約束を守り、資源や漁獲量をしっかりと管理すること。そして、流通関係者さらには消費者が、資源の変化や違法な漁業を監視して、適切に管理されたマグロのみを消費することが大切です。

日本の漁獲量の割合が一番大きい太平洋クロマグロは、全漁獲量の７５％を漁獲している世界一の漁獲国です。またクロマグロ漁は、未成魚の漁獲が多いことが特徴で、そのことが近年の資源低下の主な原因と考えられています。

クロマグロの年齢別の成魚の割合
3歳魚では約2割しか成熟していないが、5歳魚ではほぼすべての個体が成熟する。

資料作成：古址■和麿

I1：文字の正確　J1：校正記号による校正　K：項目名の位置　J2：校正記号による校正　L：左寄せ　M：データの入力位置　I2：文字の正確　N：均等割付け　I3：文字の正確　J3：校正記号による校正　O：ソート・右寄せ　P：合計・右寄せ　J4：校正記号による校正　Q：右寄せ　R：網掛け　I4：文字の正確　S：波線の下線　T：ルビ・右寄せ

【実技－6】※A～Tは各5点

A：余白、フォントの種類・サイズ、空白行、印刷（全体で5点）
B：オブジェクト（標題・写真）の挿入、標題のセンタリング（全体で5点）
C：上の表の罫線による作表　　D：下の表の罫線の種類
E：枠の挿入、枠線の種類、枠内のフォントの種類・サイズ、横書き（全体で5点）
F：テキストファイルの挿入、フォントの種類・サイズ（全体で5点）
G：オブジェクト（矢印）の挿入　　H：透かしの入力・フォントの種類・水平
I：文字の正確（I1、I2合わせて5点）　　J：文字の正確（J1、J2合わせて5点）
K：校正記号による校正（K1、K2、K3、K4、K5合わせて5点）

我が国の無人駅

駅員が終日いない無人駅が増え、生活に支障を訴える人も増加しています。一方で、他の施設として活用する新たな取り組みもあり、無人駅をタイプ別に調べてみました。

<終日無人駅>

駅　名	駅の状況	維持管理費用	１日の利用者
えみし	鉄道会社自体が廃線の危機	810,114	129,125
赤川小学校前	アニメ映画「私の心は」に登場	526,487	66,772
土田渓谷	インターホンを利用し別の場所から応対	491,008	4,533

<簡易委託駅>

駅　名	駅の状況	維持管理費用	１日の利用者
上谷地通	駅舎に当地をテーマにしたカフェを設置	1,218,300	189,969
文化センター	改札口から直結の受付窓口	1,130,455	84,306
さ　さ	２０２２年に駅構内での郵便局が開局	900,351	9,919
おおうさ公園	ＣＡＤが使えるパソコンを設置	634,202	9,590

単位　維持管理費用：千円　１日の利用者：人

駅員がいなくなった駅は寂しく感じます。そこで、公共施設や店舗などを駅舎に入れ、その職員が駅員の代わりに応対することが可能です。駅を鉄道利用のためでなく、居心地のいい場所にする取り組みにより、地域にとって身近で魅力的な場所にするのです。

簡易委託駅で１日の利用者が一番多かった「上谷地通」駅のように、無人駅を自治体などが活用するため、必要な人を配置すればよいのです。無人化をピンチではなく、駅や鉄道を持続可能にするためのチャンスととらえることが大切です。

資料作成：山際■丕好

L：網掛け　I1：文字の正確　K1：校正記号による校正　M：データの入力位置　N：均等割付け　O：項目名の位置　P：ソート・右寄せ　Q：左寄せ　R：行全体の網掛け　I2：文字の正確　K2：校正記号による校正　K3：校正記号による校正　S：右寄せ　K4：校正記号による校正　J1：文字の正確　J2：文字の正確　K5：校正記号による校正　T：ルビ・右寄せ

【実技－7】※Ａ～Ｔは各５点

Ａ：余白、フォントの種類・サイズ、空白行、印刷（全体で５点）
Ｂ：オブジェクト（標題・写真）の挿入、標題のセンタリング（全体で５点）
Ｃ：上の表の罫線による作表　　Ｄ：下の表の罫線の種類
Ｅ：枠の挿入、枠線の種類、枠内のフォントの種類・サイズ、横書き（全体で５点）
Ｆ：テキストファイルの挿入、フォントの種類・サイズ、ドロップキャップ（全体で５点）
Ｇ：文字の正確　Ｈ：文字の正確（Ｈ１、Ｈ２合わせて５点）　Ｉ：文字の正確　Ｊ：文字の正確
Ｋ：校正記号による校正（Ｋ１、Ｋ２、Ｋ３、Ｋ４、Ｋ５合わせて５点）

水族館王国日本

日本は人口当たりの水族館数が世界一と言われており、水族館王国と言っても過言ではありません。そのような中から、延床面積が大きい水族館をリストアップしました。

Ａ　公　立

水族館名	見　ど　こ　ろ	年間入場者	延床面積
名古屋港水族館	世界最大級の野外水槽	222	41,529
沖縄美ら海水族館	サンゴ礁など自然の姿そのままの展示	378	19,199
アクアマリンふくしま	震災後に生まれたゴマフアザラシ	55	15,233

Ｂ　私　立

水族館名	見　ど　こ　ろ	年間入場者	延床面積
海遊館	大水槽でのジンベイザメのエサやり	263	31,044
鳥羽水族館	日本で唯一ジュゴンを飼育する水族館	94	24,981
鴨川シーワールド	ダイナミックなシャチのショー	79	22,699
八景島シーパラダイス	フィッシングスクエアで釣り体験	147	18,204

単位　年間入場者：万人　延床面積：平方メートル

歴史のある水族館も、もっと海の生き物を楽しむことができるようにリニューアルをしたり、違った楽しみ方ができるように様々な工夫が凝らされています。ぜひ次の週末にはお近くの水族館を訪れてみてください。その際にはぜひ水族館の見どころや体験プログラム、生き物たちのパフォーマンスのタイムスケジュールについて、じっくり調べてから余すことなく楽しんでください。

■延床面積日本一である愛知県の名古屋港水族館は、大変貴重な生き物が見られます。
　なかでも、コウテイペンギンは、国内では和歌山の水族館とともに２か所でのみ飼育されており、大変貴重だと言えます。

資料作成：下屋敷■冏子（けいこ）

Ｋ１：校正記号による校正　Ｇ：文字の正確　Ｌ：均等割付け　Ｋ２：校正記号による校正　Ｍ：ソート・右寄せ　Ｈ１：文字の正確　Ｉ：文字の正確　Ｎ：項目名の位置　Ｏ：左寄せ　Ｐ：ソート・右寄せ　Ｑ：データの入力位置　Ｋ３：校正記号による校正　Ｈ２：文字の正確　Ｒ：右寄せ　Ｋ４：校正記号による校正　Ｋ５：校正記号による校正　Ｊ：文字の正確　Ｓ：網掛け　Ｔ：ルビ・右寄せ

【実技－8】※Ａ～Ｔは各５点

Ａ：余白、フォントの種類・サイズ、空白行、印刷（全体で５点）
Ｂ：オブジェクト（標題・グラフ）の挿入、標題のセンタリング（全体で５点）
Ｃ：罫線による作表　　Ｄ：罫線の種類
Ｅ：枠の挿入、枠線の種類、枠内のフォントの種類・サイズ、縦書き（全体で５点）
Ｆ：テキストファイルの挿入、フォントの種類・サイズ、段組み、境界線（全体で５点）
Ｇ：オブジェクト（矢印）の挿入
Ｈ：文字の正確　Ｉ：文字の正確（Ｉ１、Ｉ２合わせて５点）　Ｊ：文字の正確（Ｊ１、Ｊ２合わせて５点）
Ｋ：校正記号による校正（Ｋ１、Ｋ２、Ｋ３、Ｋ４、Ｋ５合わせて５点）

過去最大のタブレット出荷台数

在宅勤務計画やオンライン授業に、当社の事務処理サポートシステムや教育用アプリを活用してもらうために、国内のタブレット端末の出荷状況を調査しました。

メーカー	特　徴	国内シェア	国内の出荷台数
オレンジ	９インチ以上の大画面モデルが売れ筋	51.8	5,970
ＭＤＢルナパ	初めてのタブレットに最適な価格と機能	10.6	1,220
ナノハード	「ＷＡＴＰＯ」というブランド名が有名	9.8	1,130
立山通	国産タブレットならこのメーカー	7.1	820
西橋グループ	８型ワイド液晶モデルがお勧め	6.2	710
その他	ここでも際立つ中国メーカーのシェア	14.5	1,670
合　計			11,520

単位　国内シェア：％　国内の出荷台数：千台

調査によれば、出荷台数は前年比６３パーセント増と、統計を始めて以来最高となる売上数量を記録しました。国内でのタブレット市場の状況は、２０１４年の９２９０千台をピークに下がる傾向でした。
　ところが、文部科学省が推進する「ＧＩＧＡスクール構想」による、小中学校向けタブレット配備の特需により、出荷台数が大きく伸びたことや、在宅勤務などの用途で買い増しや買い替えが増加したことが、出荷台数が伸長した要因と考えられます。

タブレット端末の出荷台数増加の背景と同様な理由で、パソコンの出荷台数もＸＰからの更新のあった二〇一三年を大きく上回りました。メーカー別では、タブレット端末では第二位だったＭＤＢルナパがスクール向けに貢献し、一番好調でした。

資料作成：大僴■昭代（ダイモン）

Ｈ：文字の正確　Ｌ：網掛け　Ｍ：項目名の位置　Ｎ：均等割付け　Ｋ１：校正記号による校正　Ｏ：ソート・右寄せ　Ｉ１：文字の正確　Ｐ：データの入力位置　Ｑ：左寄せ　Ｋ２：校正記号による校正　Ｉ２：文字の正確　Ｒ：合計・右寄せ　Ｓ：右寄せ　Ｋ３：校正記号による校正　Ｋ４：校正記号による校正　Ｊ１：文字の正確　Ｋ５：校正記号による校正　Ｊ２：文字の正確　Ｔ：ルビ・右寄せ

【実技－9】※A～Tは各5点

A：余白、フォントの種類・サイズ、空白行、印刷（全体で５点）
B：オブジェクト（標題・写真）の挿入、標題のセンタリング（全体で５点）
C：上の表の罫線による作表　　D：下の表の罫線の種類
E：枠の挿入、枠線の種類、枠内のフォントの種類・サイズ、横書き（全体で５点）
F：テキストファイルの挿入、フォントの種類・サイズ、段組み、境界線（全体で５点）
G：オブジェクト（矢印）の挿入　　H：文字の正確　　I：文字の正確（I１、I２合わせて５点）
J：文字の正確（J１、J２合わせて５点）　K：校正記号による校正（K１、K２、K３、K４、K５合わせて５点）

野生鳥獣による農作物被害状況

H：文字の正確

■農水省がまとめた野生鳥獣による農作物被害調査によると、被害状況は下記データにある通りですが、駆除や防護柵の設置などが効果を上げ、減少傾向にあると言えます。

L：一重下線　K１：校正記号による校正

<鳥類>

区　分	補　　　足	被害面積	被害金額
カ　ラ　ス	都会でもゴミの散らかしや人への攻撃などの被害	3, 733	1, 618
その他の鳥類	すでに食用とされているカモやスズメなど	4, 272	1, 387
ヒ　ヨ　ド　リ	糖分を好むため花の蜜や果樹を食い荒らす	1, 200	480

M：項目名の位置　N：均等割付け　K２：校正記号による校正　O：ソート・右寄せ　I１：文字の正確

<獣類>

区　分	補　　　足	被害面積	被害金額
シ　　カ	シカのベビーブームと言われるほど生息数の増加	42, 784	5, 634
イ　ノ　シ　シ	過疎地の農林業被害（食害や掘り起こし）が問題	8, 151	5, 072
その他の獣類	行動範囲の広いハクビシンやアライグマなど	3, 523	1, 942
サ　　ル	水稲以外の多種類の農作物への被害	1, 559	1, 031

P：データの入力位置　I２：文字の正確　Q：左寄せ　K３：校正記号による校正

単位　被害面積：ｈａ　被害金額：百万円　R：右寄せ

■都道府県別の被害金額ベースで、北海道の４４億円、福岡の７億円、長野の６億円が多かった。農地を囲む防護柵は、農水省の補助金で設置された分だけで、２０１６年度までに全国で地球１．７周分、約６万７千キロにおよんでいる。

K４：校正記号による校正

自治体では、被害面積、金額ともに大きいシカやイノシシなどの肉を、地場産ジビエ（野生鳥獣肉）としてＰＲして、地域資源として活用する計画です。ジビエの消費拡大を図り、売り上げを鳥獣害の対策に生かすのです。

J１：文字の正確　S：網掛け　K５：校正記号による校正

資料作成：峠口（やまぐち）■智香

J２：文字の正確　T：ルビ・右寄せ

【実技－10】※A～Tは各5点

A：余白、フォントの種類・サイズ、空白行、印刷（全体で５点）
B：オブジェクト（標題・グラフ）の挿入、標題のセンタリング（全体で５点）
C：上の表の罫線による作表　　D：下の表の罫線の種類
E：枠の挿入、枠線の種類、枠内のフォントの種類・サイズ、横書き（全体で５点）
F：テキストファイルの挿入、フォントの種類・サイズ、段組み（全体で５点）
G：文字の正確（G１、G２合わせて５点）　　H：文字の正確（H１、H２合わせて５点）
I：文字の正確　　J：校正記号による校正（J１、J２、J３、J４合わせて５点）

健康的に楽しさ広がる名物弁当

G１：文字の正確

コロナ禍で流行した家グルメの「エコな弁当」が、再燃の兆しを見せています。当社も社員食堂で、栄養面を考慮したうえで、特別限定メニューとして採用を検討中です。

K：網掛け

ア　デパ地下取り扱い

名物駅弁当	内　　容	エネルギー	税込価格
鯛　ま　ぶ　し　弁　当	体にやさしい薄味で生活習慣病対策	680	980
サバのみそ焼き膳	ＤＨＡとＥＰＡを豊富に含む青魚の弁当	732	780
海　　苔　　の　　り	味・ボリュームどちらも大満足の一品	1, 100	1, 300

L：項目名の位置　M：均等割付け　G２：文字の正確　N：データの入力位置

イ　駅構内のみ取り扱い

名物駅弁当	内　　容	エネルギー	税込価格
谷　の　ち　ら　し	発売から６０年以上の歴史	707	1, 200
浅　　川　　寿　　司	ぜいたくに使った魚介類がネタ	891	1, 980
東　京　大　阪　弁　当	その名の通り東京駅と大阪駅でのみ販売	1, 005	2, 150
つっぱりイカめし	印象的なネーミングと容器が気を引く	1, 056	950

O：左寄せ　Q：行全体の網掛け　H１：文字の正確　P：ソート・右寄せ　J１：校正記号による校正

単位　エネルギー：カロリー　税込価格：円　R：右寄せ

J２：校正記号による校正

■駅弁といえば、旅行のお供にご当地ならではのお弁当を食べるものでしたが、今ではデパ地下の駅弁コーナー、駅構内の専門店などで購入することが可能です。通販サイトから取り寄せできる駅弁もあるため、おうち時間の充実にいかがですか。

J３：校正記号による校正

商品を購入された方のレビュー
総合評価　★★★★★ 4.45
購入者さん
評価　★★★★★ 5.00
美味しかったです！ また頼みたいです。
Sayaさん　40代/女性
評価　★★★★★ 5.00
やみつきです（゜Д゜＊）

デパ地下で取り扱う弁当の中で、スマホアプリからも簡単に注文できるエネルギーの一番低い鯛まぶし弁当は、当社栄養士も興味を示しております。社員食堂での試験的導入も検討されています。ご意見を福利課までお聞かせください。

S：二重下線　I：文字の正確　J４：校正記号による校正　H２：文字の正確

資料作成：扣家（ひかえや）■夕夏

T：ルビ・右寄せ

【実技－11】※A～Tは各5点

A：余白、フォントの種類・サイズ、空白行、印刷（全体で5点）
B：オブジェクト（標題・表）の挿入、標題のセンタリング（全体で5点）
C：上の表の罫線による作表　　D：下の表の罫線の種類
E：枠の挿入、枠線の種類、枠内のフォントの種類・サイズ、縦書き（全体で5点）
F：テキストファイルの挿入、フォントの種類・サイズ、段組み、境界線（全体で5点）
G：透かしの入力・フォントの種類・水平
H：文字の正確（H1、H2合わせて5点）　　I：文字の正確（I1、I2合わせて5点）
J：校正記号による校正（J1、J2、J3、J4、J5合わせて5点）

中国人の外国旅行の現状

中国人旅行者は旅行中の消費額が高額であるため、世界中の国と地域が中国人旅行者の誘致にしのぎを削っています。そこで、北京発のツアー価格を調べてみました。

<欧米ツアー>

北京発のツアー名	内　　容	ツアー価格
トルコとギリシャの文化の旅	異国情緒と世界遺産	326,800
英国とアイルランドの全景の旅	先進国への文化的あこがれ	294,120
米国東海岸と西海岸定番ツアー	春節キャンペーンをするデパートも登場	228,760

<日本ツアー>

北京発のツアー名	内　　容	ツアー価格
中部と昇龍道	中部及び北陸を龍に見立てた観光ルート	147,060
北海道A温泉美食の旅	雄大な自然と新鮮な食べ物	130,720
ゴールデンルートB東京と大阪	リピーターの訪問が多数	106,210
福岡と長崎のクルーズ	昨年の寄港回数は297回	89,870

単位　ツアー価格：円

中国政府は、国内産業を保護するため、外国製品に対して高い関税を課しています。一方、外資系企業は中国での販売価格を、自国より高めに設定していることもあり、旅行先で買うほうが中国で買うよりも割安になります。そのため旅行中に、日用品や高級ブランド品などをまとめ買いする傾向が見られます。

日本向けのツアーで、一番高価な中部と昇龍道が、近年、人気を集めています。■ツアーの催行本数も増えています。このツアーは今後も、少人数催行や高級宿志向で、価格が高くなる見込みです。

中国人外国旅行者数の推移

年	人数（人）	伸率（%）
2013	98,185,200	18
2014	116,593,200	18.7
2015	127,860,000	9.7
2016	135,130,000	5.7
2017	142,727,400	5.6

資料作成：丹下■莉久（りく）

H1：文字の正確　H2：文字の正確　M：データの入力位置　N：項目名の位置　J1：校正記号による校正　Q：均等割付け　J2：校正記号による校正　J3：校正記号による校正　J5：校正記号による校正　S：網掛け　I2：文字の正確　I1：文字の正確　K：二重下線　L：ソート・右寄せ　O：左寄せ　P：ソート・右寄せ　R：右寄せ　J4：校正記号による校正　T：ルビ・右寄せ

【実技－12】※A～Tは各5点

A：余白、フォントの種類・サイズ、空白行、印刷（全体で5点）
B：オブジェクト（標題・写真）の挿入、標題のセンタリング（全体で5点）
C：罫線による作表　　D：罫線の種類
E：枠の挿入、枠線の種類、枠内のフォントの種類・サイズ、横書き（全体で5点）
F：テキストファイルの挿入、フォントの種類・サイズ、段組み、境界線（全体で5点）
G：透かしの入力・フォントの種類・水平
H：文字の正確（H1、H2合わせて5点）　　I：文字の正確（I1、I2合わせて5点）
J：校正記号による校正（J1、J2、J3、J4、J5合わせて5点）

一度は乗ってみたい豪華客船

本年も、豪華な大型客船の世界一周クルーズが予定されています。そこで、世界に向けたクルーズに大きな注目が集まる中で、世界の豪華客船を比較してみました。

船　名	注目箇所	総トン数	収容旅客数
シンフォニー	40店ものレストランなどが勢ぞろい	228,000	5,925
ハーモニー	動く街並みをコンセプトとした施設	226,963	5,479
アリュール	アクアシアターや船上公園	225,282	5,484
オアシス	本物の草木が使用されたセントラルパーク	225,282	5,484
MSCメラビリア	リーズナブルな内側キャビン	171,598	4,500
オベーション	スカイダイビングが楽しめる施設	168,666	4,180
	合　計		31,052

単位　総トン数：トン　収容旅客数：人

総トン数、収容旅客数ともに一番大きいシンフォニー（シンフォニー・オブ・ザ・シーズ）は、2018年に投入されたばかりの大型客船です。船内のいたる所でインスタ映えする施設が設けられており「洋上に浮かぶ7つの街」をコンセプトにしている通り、すべてがびっくりするほど規格外です。史上最大の豪華客船の登場です。

船上には遊園地と同規模のメリーゴーランドがあり、乗客の目を引きます。さらには劇場アクアシアターでのショー、9デッキ分のすべり降りる滑り台や、吹き抜けのウォータースライダーなど、大人も子どもも楽しめます。

今回抽出した世界で就航する豪華客船の中で、総トン数が一番小さいオベーションですら、日本船籍の豪華客船を大きく上回っています。■また、比較した6隻の客船の収容旅客数の合計は、東京ドームが半分埋め尽くされるほどです。

資料作成：綏田■治彦（やすだ）

K：波線の下線　L：項目名の位置　M：左寄せ　H2：文字の正確　J2：校正記号による校正　J3：校正記号による校正　P：均等割付け　J4：校正記号による校正　H1：文字の正確　J1：校正記号による校正　N：データの入力位置　O：ソート・右寄せ　Q：合計・右寄せ　R：右寄せ　J5：校正記号による校正　I1：文字の正確　S：網掛け　I2：文字の正確　T：ルビ・右寄せ

【実技－13】※A～Tは各5点

A：余白、フォントの種類・サイズ、空白行、印刷（全体で5点）
B：オブジェクト（標題・写真）の挿入、標題のセンタリング（全体で5点）
C：罫線による作表　D：罫線の種類
E：枠の挿入、枠線の種類、枠内のフォントの種類・サイズ、横書き（全体で5点）
F：テキストファイルの挿入、フォントの種類・サイズ、段組み（全体で5点）
G：文字の正確（G1、G2合わせて5点）　H：文字の正確（H1、H2合わせて5点）
I：校正記号による校正（I1、I2、I3、I4合わせて5点）

極度の貧困で暮らす人たちの調査

極度の貧困とは、1日当たりに使えるお金が、食事、水、電気、住むところや着るものなどすべて合わせて、約135円未満で生活しなければならない状態をいいます。

J：二重下線　K：網掛け

地　域	主要な国	1990年	2013年
サハラ以南のアフリカ	ナイジェリア、エチオピア	27,600	38,900
南アジア	インド、バングラデシュ	50,500	25,600
東アジア・太平洋諸国	中国、パプアニューギニア	96,600	7,100
ラテンアメリカとカリブ海諸国	ブラジル、メキシコ	7,100	3,400
ヨーロッパ・中央アジア	ウズベキスタン	900	1,100
中東と北アフリカ・その他	リビア、アルジェリア	1,400	500
	合　計		76,600

単位　万人

L：項目名の位置　M：行全体の網掛け　N：均等割付け　G2：文字の正確　P：左寄せ　Q：データの入力位置　G1：文字の正確　I1：校正記号による校正　O：ソート・右寄せ　R：合計・右寄せ　S：右寄せ

I2：校正記号による校正

極度の貧困の中に、推定で6人に1人の子どもたちが、新型コロナウイルス感染症のパンデミック以前の段階で、極度の貧困の中で暮らしていました。ユニセフ（国連児童基金）と世界銀行グループの新たな分析では、この状況が著しく悪化する可能性があります。

子どもは世界人口の約3分の1を占めていますが、極度の貧困下にある人々の、約半数は子どもです。また、極度の貧困状態に陥る可能性は、子どもが大人の2倍以上です。さらに、開発途上国の5歳未満の子どもの約20パーセントが極度の貧困状態にある家庭で暮らしています。

I3：校正記号による校正

極度の貧困にあえぐ人々の数は、1990年から2013年の間に、ほとんど減少していますが、サハラ以南のアフリカの地域で大幅に増加しています。その理由として、人口増加や、紛争の影響を受けやすい国などが挙げられています。

H1：文字の正確　I4：校正記号による校正　H2：文字の正確

資料作成：侈川■亜由美

T：ルビ・右寄せ

【実技－14】※A～Tは各5点

A：余白、フォントの種類・サイズ、空白行、印刷（全体で5点）
B：オブジェクト（標題・写真）の挿入、標題のセンタリング（全体で5点）
C：罫線による作表　D：罫線の種類
E：枠の挿入、枠線の種類、枠内のフォントの種類・サイズ、横書き（全体で5点）
F：テキストファイルの挿入、フォントの種類・サイズ、段組み、境界線、ドロップキャップ（全体で5点）
G：透かしの入力・フォントの種類・水平　H：文字の正確（H1、H2、H3合わせて5点）
I：校正記号による校正（I1、I2、I3、I4、I5合わせて5点）

教育分野の注目事業

画一的な従来型公教育の改革を目指す当市の教育委員会が、ICTの拡充と合わせて、スクール・イノベーションと名付け、予算案に盛り込んだ注目事業を紹介します。

H1：文字の正確　J：二重下線　I1：校正記号による校正

注目事業	事業内容	予算案金額
子ども応援委員会の運営	カウンセラーのための援助職員を配置	153,104
学校トイレの洋式化	2024年度までに配備	79,800
小学校での新たなクラブの設立	民間委託を9月から拡大	54,313
科学館プラネタリウム機器の更新	デジタルパノラマシステムなどの導入	17,896
高校生の海外派遣	新たにマレーシアなどの都市に派遣	6,923
小中学校への和室の導入	国際化時代の郷土教育として設置	3,979
	合　計	316,015

単位：万円

K：項目名の位置　L：行全体の網掛け　I3：校正記号による校正　O：均等割付け　P：データの入力位置　I2：校正記号による校正　M：左寄せ　N：ソート・右寄せ　I4：校正記号による校正　Q：合計・右寄せ　R：右寄せ

注目事業のテーマが「これからの公教育は自由な学びの場であるべきだ」である。今月10日、市内のホテルにて開催された、気鋭の教育学者や、オランダの個別教育法イエナプランの研究者らによる講演会に、200人以上の教員が聞き入っていた。来年度までに「非伝統的教育」や「障がい児との共生」など、テーマの異なる三つのプロジェクト提案を、民間の教育事業者から受けた上で、そうした課題の解決を望む学校を募集して実践してもらう計画である。

I5：校正記号による校正

学校トイレに求められること

水で流したらきれいになったようにも感じる湿式清掃の床からは、多くの菌が検出されて、悪臭の元凶となっています。

予算案金額の2番目に学校トイレの洋式化が求められていますが、洋式化だけでなく、乾式清掃化も急務となっています。

S：文字の線囲み　H2：文字の正確　H3：文字の正確

資料作成：更科■劼之

T：ルビ・右寄せ

【実技－15】※A～Tは各5点

A：余白、フォントの種類・サイズ、空白行、印刷（全体で5点）
B：オブジェクト（標題・イラスト）の挿入、標題のセンタリング（全体で5点）
C：上の表の罫線による作表　D：下の表の罫線の種類
E：枠の挿入、枠線の種類、枠内のフォントの種類・サイズ、縦書き（全体で5点）
F：テキストファイルの挿入、フォントの種類・サイズ、ドロップキャップ（全体で5点）
G：オブジェクト（矢印）の挿入
H：文字の正確（H1、H2合わせて5点）　I：文字の正確（I1、I2合わせて5点）
J：校正記号による校正（J1、J2、J3、J4、J5合わせて5点）

老人ホームのかんたん比較

近年は介護施設不足がニュースになることも多いですが、本当に介護施設は不足しているのでしょうか。そこで、現時点での老人ホームの数を抽出してみました。

ア　民間の施設

種　　類	特　　色	ホームの数
グループホーム	高齢者の自立を促す施設で家事は分担制	13,685
住宅型有料老人ホーム	生活支援や健康管理が中心のサービス内容	9,413
サービス付き高齢者向け住宅	あくまで住宅であり高い生活の自由度	7,372

イ　公的な施設

種　　類	特　　色	ホームの数
特別養護老人ホーム（特養）	費用がリーズナブルな点が強み	10,209
介護老人保健施設（老健）	3ヶ月おきに入居・退去の判定	4,291
ケアハウス	自立型と介護型の2種類あり	2,134
介護療養型医療施設	医師や看護師が配置されて医療設備も充実	1,040

単位　ホームの数：件

老人ホームを選ぶときのポイント・注意点

老人ホームを選ぶときは、費用面、サービスの内容、設備状況、立地場所など、希望条件を整理しておくことが大切です。希望条件が複数ある場合は、優先順位を決めておき、理想とする施設に近いものからピックアップしていくと良いでしょう。

一番人気は　特養
希望者の半分
（約52万人）
が順番待ち

表から施設数が一番多いのは、グループホームだということがわかります。施設の不足がニュースになるのは、施設を探している方と、希望するマッチングできていないことが原因のようです。

資料作成：川垠■卓也（カワキシ）

K：波線の下線　L：項目名の位置　M：行全体の網掛け　H1：文字の正確　J3：校正記号による校正　H2：文字の正確　P：均等割付け　S：太字　J5：校正記号による校正　J1：校正記号による校正　J2：校正記号による校正　N：ソート・右寄せ　O：左寄せ　Q：データの入力位置　R：右寄せ　J4：校正記号による校正　I1：文字の正確　I2：文字の正確　T：ルビ・右寄せ

【実技－16】※A～Tは各5点

A：余白、フォントの種類・サイズ、空白行、印刷（全体で5点）
B：オブジェクト（標題・グラフ）の挿入、標題のセンタリング（全体で5点）
C：上の表の罫線による作表　D：下の表の罫線の種類
E：枠の挿入、枠線の種類、枠内のフォントの種類・サイズ、横書き（全体で5点）
F：テキストファイルの挿入、フォントの種類・サイズ、ドロップキャップ（全体で5点）
G：文字の正確（G1、G2合わせて5点）　H：文字の正確（H1、H2合わせて5点）
I：文字の正確（I1、I2合わせて5点）
J：校正記号による校正（J1、J2、J3、J4合わせて5点）

ミラクルボールリーグ

現在、Mリーグの活性化やワールドカップ、その直前の親善試合がTVで放映されるなど、ミラクルボールは過去に類を見ないほどの盛り上がりを見せています。

ア　M1リーグ

チーム名	アピールポイント	入場料収入	全営業収入
浦安ゲッツ	新戦力がクラブにフィット	26,201	203,982
大阪ナイツ	マスコットは「まいどちゃん」	7,247	157,016
メルパル東京	過去にはチャンピオンシップを2連覇の実績	8,633	142,758
日光ブレイブ	新体制で臨んで戦力アップに成功	36,478	140,809

イ　M2リーグ

チーム名	アピールポイント	入場料収入	全営業収入
水戸ロケッツ	下の2チームとともに来年度よりM1に昇格	5,914	46,429
F E 東海	M2リーグで年間優勝1回	2,355	46,237
宮城アークス	チームカラーはブルーとオレンジ	6,160	44,159

単位　万円

ミラクルボールのMリーグは、2023年度の全クラブの経営情報を開示し、浦安は約13億円のスポンサー収入もあり、リーグで初めて営業収入が20億円を超えました。厳しい状況下で、スポンサーに支えられたシーズンになったようです。

■営業収入は浦安ゲッツがトップとなりましたが、入場料収入は日光ブレイブが3．6億円でトップとなりました。日光ブレイブは応援してくれるすべての人たちに「何か」を与えることができる、モチベーションあふれるチームを目指しています。

日光は入場料収入の割合が高いのが特徴
5%　10%　26%　7%　12%　40%
入場料収入　スポンサー収入　物販収入　スクール収入　配分金　その他

資料作成：柄岬■吁乃（うの）

G1：文字の正確　K：一重下線　L：均等割付け　M：データの入力位置　G2：文字の正確　O：行全体の網掛け　P：項目名の位置　H1：文字の正確　J2：校正記号による校正　Q：左寄せ　I1：文字の正確　I2：文字の正確　S：網掛け　J1：校正記号による校正　N：ソート・右寄せ　H2：文字の正確　J3：校正記号による校正　R：右寄せ　J4：校正記号による校正　T：ルビ・右寄せ

【実技－17】※A～Tは各5点

A：余白、フォントの種類・サイズ、空白行、印刷（全体で5点）
B：オブジェクト（標題・グラフ）の挿入、標題のセンタリング（全体で5点）
C：罫線による作表　D：罫線の種類
E：枠の挿入、枠線の種類、枠内のフォントの種類・サイズ、縦書き（全体で5点）
F：テキストファイルの挿入、フォントの種類・サイズ（全体で5点）
G：オブジェクト（矢印）の挿入　H：透かしの入力・フォントの種類・水平
I：文字の正確（I1、I2合わせて5点）　J：文字の正確（J1、J2合わせて5点）
K：校正記号による校正（K1、K2、K3、K4合わせて5点）

生き残りへ集約加速

ドラッグストア業界では、市場が拡大する中で、規模の論理を求め、コンビニ業界のように大手に集約が進んでいます。果たして、どの企業が覇権を握るのでしょうか。

企業名	経営状況	年間売上高	店舗数
けんこう王国	多様な顧客のニーズに応える調剤併設型を展開	6,952	1,693
ハクチョウHD	カウンセリングを重視したサービスの徹底	6,732	1,981
たんぽぽ薬品	九州を中心に関西や中国地方にも拡大	5,579	912
タケモトヤスシ	健康サポート薬局の設定に注力	5,384	1,604
ヒノキ薬局	地域医療対応型ドラッグストアを目指す	4,570	1,105
ムーンドラッグ	業界唯一の1店舗2ライン制を採用	4,000	861
合計			8,156

単位　年間売上高：億円　店舗数：店

ドラッグストア業界は、大手チェーンを中心にM&Aや新規出店が進んでおり、総店舗数は増加していますが、総企業数は減少しています。本年度も、その傾向は変わらず、総店舗数は前年度より660店舗増えて1万9，534店舗、総企業数は15社減り416社でした。売上高ランキング上位6社の市場占有率は、店舗数ベースで約43％となり、M&Aによる業界の寡占化は、今後もしばらく進んでいく見込みです。各社がどのような業務を効率化し、どのような付加価値を生み出して他社との差別化を図るのか、目が離せません。

5年前の売上高ランキング

ドラッグストア業界で年間売上高トップを走るけんこう王国は、五年前は、現在の年間売上高の半分にも満たない規模でした。関西や神奈川県の同業を取り込むことで急拡大を遂げています。

資料作成：四浦■岑次（みねじ）

M：項目名の位置　I1：文字の正確　O：データの入力位置　Q：均等割付け　K1：校正記号による校正　I2：文字の正確　L：二重下線　N：ソート・右寄せ　P：左寄せ　K2：校正記号による校正　R：合計・右寄せ　S：右寄せ　K3：校正記号による校正　K4：校正記号による校正　J1：文字の正確　J2：文字の正確　T：ルビ・右寄せ

【実技－18】※A～Tは各5点

A：余白、フォントの種類・サイズ、空白行、印刷(全体で5点)
B：オブジェクト(標題・写真)の挿入、標題のセンタリング(全体で5点)
C：罫線による作表　D：罫線の種類
E：枠の挿入、枠線の種類、枠内のフォントの種類・サイズ、横書き(全体で5点)
F：テキストファイルの挿入、フォントの種類・サイズ、ドロップキャップ(全体で5点)
G：透かしの入力・フォントの種類・水平
H：文字の正確(H1、H2合わせて5点)　I：文字の正確(I1、I2合わせて5点)
J：校正記号による校正(J1、J2、J3、J4、J5合わせて5点)

リニア中央新幹線のトンネル事情

■2027年の開業に向けて工事が進むリニア中央新幹線は、費用や騒音対策などのためにトンネル区間が長いですが、どのくらい長いか、上位6区間について調べてみました。

名称	位置	備考	延長総距離
第1首都圏	品川・神奈川	約35キロは大深度地下の予定	36,924
第1中京圏	岐阜・名古屋	名古屋駅以西も大阪方面へ延伸工事の予定	34,210
南アルプス	山梨・長野	途中で静岡県も通過	25,019
中央アルプス	長野・岐阜	飯田市から中津川市まで続く	23,288
伊那山地	山梨・長野	本工事は2023年から着工	15,300
御坂笹子	神奈川・山梨	山梨リニア実験線の一部として使用中	14,613
合計			149,354

単位　延長総距離：キロメートル

リニア中央新幹線は、標高が2000メートルを超える南アルプス、中央アルプスにトンネルを建設し、東京と名古屋を直線的に結ぶ計画です。また用地確保が難しい大都市圏では、公共の利益となる事業のためなら、地権者へ補償する必要が無い「大深度地下」を活用し建設します。そのため、約86％がトンネルになる予定です。地上を走る区間は谷間を通過する場合などにありますが、車窓を楽しめる可能性があるのは甲府盆地付近、長野県飯田市付近、岐阜県中津川市付近など、一部に限られそうです。

時速500キロのリニアは、品川～名古屋間の約285キロを、約40分で走破してしまいます。トンネルの長さトップの第1首都圏トンネル、36キロを走り抜けるのに、品川駅から加速する時間を考えても10分もかからないでしょう。

資料作成：仲嶋■馮菜（フウナ）

H1：文字の正確　L：項目名の位置　I1：文字の正確　I2：文字の正確　M：均等割付け　N：左寄せ　P：データの入力位置　S：網掛け　H2：文字の正確　J1：校正記号による校正　K：波線の下線　J2：校正記号による校正　J3：校正記号による校正　O：ソート・右寄せ　Q：合計・右寄せ　R：右寄せ　J4：校正記号による校正　J5：校正記号による校正　T：ルビ・右寄せ

【実技－19】 ※A～Tは各5点

A：余白、フォントの種類・サイズ、空白行、印刷（全体で5点）
B：オブジェクト（標題・グラフ）の挿入、標題のセンタリング（全体で5点）
C：罫線による作表　　D：罫線の種類
E：枠の挿入、枠線の種類、枠内のフォントの種類・サイズ、横書き（全体で5点）
F：テキストファイルの挿入、フォントの種類・サイズ、段組み、境界線、ドロップキャップ（全体で5点）
G：オブジェクト（矢印）の挿入
H：文字の正確（H1、H2、H3合わせて5点）　　I：文字の正確（I1、I2合わせて5点）
J：校正記号による校正（J1、J2、J3、J4、J5合わせて5点）

意外とかかる子育て費用

第一子一人当たりの年間子育て費用について、就学区分ごとに義務教育まで調査しました。なかでも、最も多い中学生時にかかる費用を未就園児と比較して表してみました。

費　用	具体的な内容	未就園児費用	中学生時費用
食費（間食含む）	第一子のために購入したもの	166,387	356,663
学校外教育費・活動費	家庭学習用教材費や習い事	27,084	305,893
その他の支出	生活用品や衣類など	353,226	292,284
学校教育費	ＰＴＡ会費や教材費を含む	0	274,109
子どものための預貯金	将来のための預貯金や各種保険	199,402	179,910
レジャー・旅行費	第一子の旅行に関する出費	97,127	146,710
合　計			1,555,569

単位　未就園児費用：円　中学生時費用：円

少子化が社会問題となる中、少子化の一因として、子育てに関係する経済的負担が大きいことが考えられます。現在でも、子育て世帯には様々な公的支援制度があり、児童手当を中心とする現金給付などがあります。しかし、家族関係費用については先進国の水準とは乖離があり財源が不足しています。今後の少子化対策を検討する視点としては、子育て世帯の経済的負担を軽減し、支援するためには、まずは子育て費用の構造を把握することが必要です。

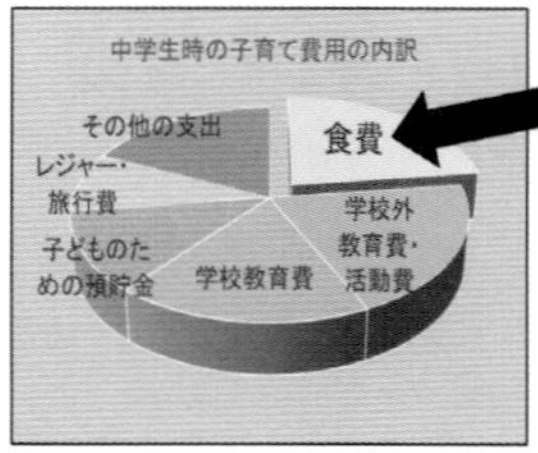

中学生の子育て費用の費目の中で最も多い食費は、未就園児の2倍となっており、就学年齢ごとに必要度が増す支出です。また、費目別の金額は平均値ですが、公立と私立どちらの中学に在学するかで、教育費だけでも3倍近くの差があります。

資料作成：河刮（カワカツ）■重信

K：網掛け
H1：文字の正確
L：項目名の位置
H2：文字の正確
M：ソート・右寄せ
N：データの入力位置
O：均等割付け
J1：校正記号による校正
H3：文字の正確
J2：校正記号による校正
P：左寄せ
J3：校正記号による校正
Q：合計・右寄せ
R：右寄せ
J4：校正記号による校正
I1：文字の正確
I2：文字の正確
S：波線の下線
T：ルビ・右寄せ
J5：校正記号による校正

【実技－20】 ※A～Tは各5点

A：余白、フォントの種類・サイズ、空白行、印刷（全体で5点）
B：オブジェクト（標題・グラフ）の挿入、標題のセンタリング（全体で5点）
C：罫線による作表　　D：罫線の種類
E：枠の挿入、枠線の種類、枠内のフォントの種類・サイズ、縦書き（全体で5点）
F：テキストファイルの挿入、フォントの種類・サイズ、段組み（全体で5点）
G：オブジェクト（矢印）の挿入
H：文字の正確（H1、H2合わせて5点）　　I：文字の正確（I1、I2合わせて5点）
J：校正記号による校正（J1、J2、J3、J4、J5合わせて5点）

熱中症に気をつけよう

夏になると熱中症が話題になります。そこで、7月中の熱中症による救急搬送人員数についてデータを調べ、どのような場所で発生しているのかまとめてみました。

発生場所	具体例	昨年人数	搬送人数
住居等	敷地内すべての場所（教育機関も含む）	12,592	27,087
道路	歩道を含む一般道路や有料道路	3,350	6,839
仕事場	工事現場や工場、農林水産業の現場	3,373	6,712
公衆の屋外部分	競技場や駅の屋外ホームなど	3,663	6,376
公衆の屋内部分	百貨店や飲食店など不特定者が出入りする屋内	2,175	4,939
その他	上記発生場所に該当しない項目	1,549	2,267
合　計			54,220

単位　昨年人数：人　搬送人数：人

■7月は、太平洋高気圧の勢力が日本付近で強かったため、全国的に平均気温がかなり高かったのと、日照時間も長かったことも原因とみられています。

熱中症は正しい知識を身につけ、適切に予防することで未然に防ぐことが可能です。引き続き、厳しい暑さが続く見込みですので、日陰や涼しいところで休憩をとること、こまめに水分補給を行うこと、屋外では帽子をかぶることなどを心がけてください。消防庁のＨＰの予防啓発コンテンツも参考にしましょう。

七月の熱中症による救急搬送人員数は過去最多となり、発生場所として一番多かったのは、生活場所である住居等でした。■年齢区分では、右のグラフに示されるように、最も多いのは高齢者です。

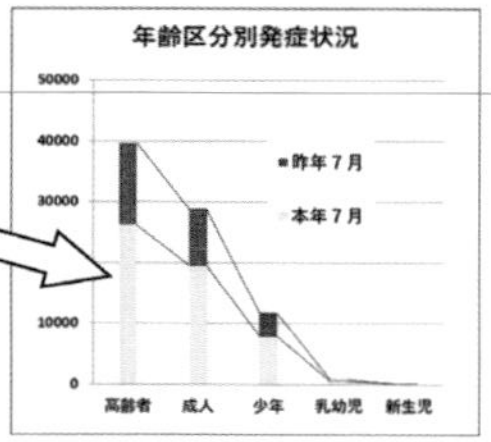

資料作成：鴟海（とびうみ）■洋壱

K：網掛け
L：項目名の位置
H1：文字の正確
J1：校正記号による校正
M：左寄せ
J2：校正記号による校正
H2：文字の正確
N：データの入力位置
O：ソート・右寄せ
P：均等割付け
Q：合計・右寄せ
J3：校正記号による校正
R：右寄せ
J4：校正記号による校正
I2：文字の正確
J5：校正記号による校正
S：文字の線囲み
T：ルビ・右寄せ
I1：文字の正確

【実技－21】※A～Tは各5点

A：余白、フォントの種類・サイズ、空白行、印刷（全体で５点）
B：オブジェクト（標題・写真）の挿入、標題のセンタリング（全体で５点）
C：罫線による作表　D：罫線の種類
E：枠の挿入、枠線の種類、枠内のフォントの種類・サイズ、横書き（全体で５点）
F：テキストファイルの挿入、フォントの種類・サイズ、段組み、境界線（全体で５点）
G：オブジェクト（矢印）の挿入　H：文字の正確　I：文字の正確
J：文字の正確（J１、J２合わせて５点）　K：校正記号による校正（K１、K２、K３、K４合わせて５点）

日本の絶滅危惧種

H：文字の正確
K１：校正記号による校正

　今、世界では数多くの野生生物が、開発や人が持ち込んだ外来生物、乱獲、地球温暖化などにより、絶滅の危機に瀕しています。日本における状況を調べてみました。

L：項目名の位置
K２：校正記号による校正
M：データの入力位置
N：左寄せ
P：均等割付け
I：文字の正確

分　類	主　な　定　義	具　体　例	生息種類
絶滅危惧Ｉ類	ごく近い将来における絶滅の危険性が高い	ヤンバルクイナ	1,888
絶滅危惧Ⅱ類	絶滅の危険が増大している	タコノアシ	1,542
準絶滅危惧	生息条件の変化によっては危ない	アサザ	1,343
情報不足	評価するだけの情報が不足している	エゾシマリス	508
絶　滅	我が国ではすでに絶滅したと考えられる	ニホンオオカミ	110
野生絶滅	飼育・繁殖のみで存続している	トキ	14
	合　計		5,405

O：ソート・右寄せ
Q：合計・右寄せ

【単位：種類】

R：右寄せ

■どれほど絶滅の危機が深刻でも、レッドリストに記載されるだけでは、その動植物は法律的に保護されたことになりません。そこで、環境省ではレッドリスト掲載種の中でも、保護の優先度の高い種について、さらに詳細な調査を実施し「種の保存法」に基づいて国内希少動植物の指定を行っています。指定されると、その種については保護計画（個体保護、生息地保全、保護増殖）が策定され、野生個体を無許可に採集したりした場合には、罰則規定も用意されます。

K３：校正記号による校正
K４：校正記号による校正

自然界の厳しさ

S：拡大文字

絶滅危惧Ｉ類のヤンバルクイナは、１９８１年に沖縄で発見されました。しかし、外来種のマングースやノネコに加えて、人間の増加に従って個体数が増加したハシブトガラスによる捕食などで、現在、約１，５００羽のみが生息しているといわれています。

J１：文字の正確
J２：文字の正確

資料作成：越山■涼太（りょうた）

T：ルビ・右寄せ

【実技－22】※A～Tは各5点

A：余白、フォントの種類・サイズ、空白行、印刷（全体で５点）
B：オブジェクト（標題・表）の挿入、標題のセンタリング（全体で５点）
C：上の表の罫線による作表　D：下の表の罫線の種類
E：枠の挿入、枠線の種類、枠内のフォントの種類・サイズ、縦書き（全体で５点）
F：テキストファイルの挿入、フォントの種類・サイズ、ドロップキャップ（全体で５点）
G：透かしの入力・フォントの種類・水平　H：文字の正確
I：文字の正確（I１、I２合わせて５点）　J：文字の正確
K：校正記号による校正（K１、K２、K３、K４合わせて５点）

増える国産小麦

H：文字の正確

　近年、国産小麦が相ついで開発されています。本県が、本年度より学校給食で出すパンと麺に使う小麦を、すべて国産に切り替えた実情も踏まえ、開発状況を調査しました。

K１：校正記号による校正
I１：文字の正確
K２：校正記号による校正
L：データの入力位置
M：ソート・右寄せ
K３：校正記号による校正

1　日本麺用小麦

品　種　名	特　　徴	作付面積
きたほなみ	ＡＳＷに匹敵する製粉性、粉色と製麺適性を持つ	104,628
さとのそら	「農林６１号」に代わる新品種で、耐倒伏性に優れている	7,012
イワイノダイチ	やや低アミロースであるために、食感がよい	4,936

2　パン・中華麺用小麦

品　種　名	特　　徴	作付面積
春よ恋	穂発芽が少ない上、収穫が多い北海道の主要な品種	9,539
ミナミノカオリ	温暖地向けのパン用秋まき品種で、九州地域を中心に栽培	3,753
ゆめちから	超強力粉で、国産小麦のイメージを一変	1,214
ちくしＷ２号	全国で初めてラーメン用に開発された品種	880

単位：ｈａ

N：項目名の位置
O：左寄せ
I２：文字の正確
P：均等割付け
K４：校正記号による校正
Q：右寄せ

資料

食料自給率の向上を図るために、国産小麦の需要開拓を行うことが必要不可欠です。
　最近の消費者の安全・安心志向の高まりや生産者と実需者が一体となった地産地消の推進、地域農業の振興を図る取り組み等から、国内産麦を使った麦製品（パン・麺等）が増えてきており、中には国産小麦を１００％使用した商品もあります。

J：文字の正確

身近な国産小麦
日本ではパンや麺、菓子など、幅広い食品の原材料に使用されている。グルテンの含有量によって、小麦は大きく６つに分類されるが、国内産は、右の表のように、作付面積がいちばん大きいきたほなみをはじめとし、４種類の小麦を主力として栽培している。

国産小麦の主な種類と用途

種類	主な用途	主な原料麦
超強力粉	食パン、中華麺、パスタ	ゆめちから
強力粉	食パン、麩	春よ恋
準強力粉	中華麺、餃子の皮	ミナミノカオリ
中力粉	うどん	きたほなみ

S：波線の下線
R：文字の線囲み

資料作成：古渡■弌志（ヒトシ）

T：ルビ・右寄せ

【実技－23】 ※A～Tは各5点

A：余白、フォントの種類・サイズ、空白行、印刷(全体で5点)
B：オブジェクト(標題・表)の挿入、標題のセンタリング(全体で5点)
C：罫線による作表　D：罫線の種類
E：枠の挿入、枠線の種類、枠内のフォントの種類・サイズ、横書き(全体で5点)
F：テキストファイルの挿入、フォントの種類・サイズ、段組み、境界線(全体で5点)
G：透かしの入力・フォントの種類・水平
H：文字の正確(H1、H2合わせて5点)　I：文字の正確(I1、I2合わせて5点)
J：校正記号による校正(J1、J2、J3、J4合わせて5点)

身近な素材のベースメタル

J1：校正記号による校正　K：二重下線　L：項目名の位置　H1：文字の正確　H2：文字の正確　M：均等割付け　N：データの入力位置　O：左寄せ　J2：校正記号による校正　P：ソート・右寄せ　J3：校正記号による校正　Q：合計・右寄せ　R：右寄せ　J4：校正記号による校正

鉄鉱石などの鉱物資源は、資源のない日本が輸入に頼っているものの一つです。なかでも、非常に身近な素材であるベースメタルについて調べてみました。

品　目	特　性	世界の生産量	日本の輸入量
鉄鉱石	安価で強い強度から自動車や建築向き	3,190,000	79,711
アルミニウム	鉄や銅の約3分の1の軽さ	58,743	1,572
銅鉱石	高い誘電性があり電線などに利用	20,252	1,165
亜鉛	鉄鋼の防食には欠くことのできない金属	12,978	433
鉛鉱石	蓄電池用として高い需要	4,703	72
スズ	電子部品のはんだの需要が好調	364	28
合　計			82,981

単位　世界の生産量：千トン　日本の輸入量：千トン

日本は、上記のベースメタルをほぼ全量輸入に頼っています。ベースメタルは偏在性が高く、途上国で生産されるものもあります。そのため、資源国の政策や鉱山のストライキなど供給リスクにさらされる可能性が高く、いかに安定供給を確保するかが最大の課題です。加えて、世界全体の金属資源の需要及び供給に占める中国の割合の急増に伴い、その国の政策や景気動向が金属価格を大きく左右しており、安定供給や安定調達を阻害する大きな要因になっています。

I1：文字の正確　S：網掛け　I2：文字の正確

最近注目されているレアメタルは、低炭素化やハイテク技術を支える素材に不可欠な金属鉱物資源です。ベースメタルの中で輸入量の一番多い鉄鉱石などと同様、安定供給の確保は、日本外交の重要な課題の一つです。

レアメタルの偏在性

品　目	産出国	シェア
レアアース	中国	91%
コバルト	コンゴ	48%
タングステン	中国	85%
白金属	南アフリカ	73%
リチウム	チリ	39%

資料作成：室賀■劼雅　T：ルビ・右寄せ

【模擬－1】 ※A～Tは各5点

A：余白、フォントの種類・サイズ、空白行、印刷(全体で5点)
B：オブジェクト(標題・イラスト)の挿入、標題のセンタリング(全体で5点)
C：罫線による作表　D：罫線の種類
E：枠の挿入、枠線の種類、枠内のフォントの種類・サイズ、縦書き(全体で5点)
F：テキストファイルの挿入、フォントの種類・サイズ、ドロップキャップ(全体で5点)
G：透かしの入力・フォントの種類・水平　H：文字の正確(H1、H2、H3、H4合わせて5点)
I：校正記号による校正(I1、I2合わせて5点)

動物との触れ合いを繋げよう

H1：文字の正確　I1：校正記号による校正　J：項目名の位置　K：左寄せ　L：行全体の網掛け　M：データの入力位置　H2：文字の正確　N：均等割付け　H3：文字の正確　O：ソート・右寄せ　P：合計・右寄せ　Q：右寄せ

本園は、動物と触れ合うテーマパークです。また、家族で楽しめる「アットホームな乗り物」も魅力の一つです。そこで、先週の日曜日の利用者数等を集計してみました。

施設名	おすすめのポイント	利用者数	1日の売上高
未来カート	本園の見どころをスリリングに周遊	360	288,000
サンアドベンチャー	ジャングルを巡るジェットコースター	404	202,000
スペースホイール	本園を一望できる観覧車	263	157,800
動物飛行	空飛ぶ船に乗って空中散歩	338	135,200
スカイ大冒険	アルパカ型コースターでふれあい公園	199	99,500
わくわくジャングル	わくわくしながらジャングルジム	238	71,400
合　計			953,900

単位　利用者数：人　1日の売上高：円

地球には、美しい自然や豊かな環境があり、さまざまな生き物が暮らし、多様な人々が生活しています。私たちは「スマイルパーク」の理念のもとに、SDGsがめざす「よりよく生きる」を、地球に生きるすべての仲間たちとともに追求し、しあわせで溢れる明るい豊かな社会を目指します。私たちの理念が動物、自然、人間、社会、未来へと循環し、この地球に生きるだれもが輝く存在となれるよう努力を惜しみません。私たちはこれからも、世代を超えた循環型社会を創ります。

I2：校正記号による校正　R：太線の下線　H4：文字の正確　S：網掛け

主力の6種類のアトラクションは、本園本来の営業理念を支える重要な収入源になっています。特に1日の売上高トップの未来カートは、全乗り物の収入の約半分となり、動物たちの飼育に必要な貴重な財源でもあります。

資料作成：古瀬■庸汰　T：ルビ・右寄せ

【模擬－2】 ※Ａ～Ｔは各５点

Ａ：余白、フォントの種類・サイズ、空白行、印刷（全体で５点）
Ｂ：オブジェクト（標題・グラフ）の挿入、標題のセンタリング（全体で５点）
Ｃ：罫線による作表　　Ｄ：罫線の種類
Ｅ：枠の挿入、枠線の種類、枠内のフォントの種類・サイズ、横書き（全体で５点）
Ｆ：テキストファイルの挿入、フォントの種類・サイズ、段組み、境界線（全体で５点）
Ｇ：オブジェクト（矢印）の挿入
Ｈ：文字の正確（Ｈ１、Ｈ２合わせて５点）　　Ｉ：文字の正確（Ｉ１、Ｉ２合わせて５点）
Ｊ：校正記号による校正（Ｊ１，Ｊ２，Ｊ３合わせて５点）

自然の中から生まれた神社信仰

神社本庁の総合調査に基づき、同じ名称の神社が全国に約５万社存在することがわかりました。そこで、同じ信仰形態をもつものを一つのグループとして集計してみました。

中心神社	説　　明	おもな御利益	同じ神社数
鶴岡八幡宮	源氏の氏神であり武家も信仰	厄よけ	7,817
伊勢神宮	江戸時代「おかげ参り」が盛ん	国家の最高神	4,425
太宰府天満宮	たたり神から学問の神へ	学問や和歌の神様	3,953
伏見稲荷大社	農村の民俗信仰と結び付き広がる	穀物の神	2,970
熊野本宮大社	神道、仏教、民間信仰などの合体信仰	農林水産や良縁	2,693
諏訪大社	北陸、中部地方に多い	狩猟神や軍神など	2,616
		合　　計	24,474

単位　社

現代の神社信仰は八幡、伊勢、天神、稲荷、熊野の上位５信仰が、全体の約３割を占めている。九州大分の宇佐神宮を発祥地とし、東日本の鎌倉、鶴岡八幡宮で鎌倉幕府の信仰となった八幡信仰は武士たちによって、全国各地の農村に発展していった。
■江戸時代には生活の実態に伴い、稲荷の商売繁盛の神、天神の学問の神、疫病除去の神などそれぞれ専門性をもった、特定の神々の信仰に関心が集まり、重層的な信仰形態が現代まで受け継がれてきた。

同じ信仰の神社数

八幡信仰	7,817
伊勢信仰	4,425
天神信仰	3,953
稲荷信仰	2,970
熊野信仰	2,693
諏訪信仰	2,616

0　3,000　6,000

社数が最も多いグループは、鶴岡八幡宮や宇佐神宮を中心とした八幡信仰が７，８１７社で１５．９％を占める。
都道府県別では新潟県の神社数が最も多く、兵庫県、福岡県がこれに続いている。最も少ないのは沖縄県である。

資料作成：坩谷（ますたに）■幸助

Ｈ１：文字の正確
Ｌ：項目名の位置
Ｍ：均等割付け
Ｎ：左寄せ
Ｉ１：文字の正確
Ｐ：データの入力位置
Ｊ２：校正記号による校正
Ｋ：破線の下線
Ｈ２：文字の正確
Ｊ１：校正記号による校正
Ｏ：ソート・右寄せ
Ｑ：合計・右寄せ
Ｒ：右寄せ
Ｉ２：文字の正確
Ｊ３：校正記号による校正
Ｓ：網掛け
Ｔ：ルビ・右寄せ

第69回ビジネス文書実務検定試験　第1級

速度部門

公益財団法人 全国商業高等学校協会主催・文部科学省後援

第69回　ビジネス文書実務検定試験　(4.11.27)

第1級　速度部門問題　(制限時間10分)

駅や商業施設などで、広告が表示されるディスプレイを見かける	30
ことが多くなった。これはデジタルサイネージ（電子看板）と呼ば	60
れ、動画や静止画像を表示する広告媒体だ。これまでの紙を使った	90
ポスターとは異なり、相手によって内容を変更することができる。	120
より訴求力の高い広告を表示できるため、販売促進の手段として多	150
くの企業から注目されている。	165
ある小売店では、電子端末の付いた買い物カートに、様々な広告	195
を表示する実験を行っている。利用者が商品のバーコードを端末に	225
読み取らせると、ＡＩが煮た特徴を持つ異なった分野の商品を検索	255
し、瞬時に広告として表示する。例えば、辛い味の菓子を購入しよ	285
うとすると、激辛の即席めんが紹介される。消費者自身が気付いて	315
いないニーズを刺激することで、購買量が増えた商品もあった。	345
生活習慣を改善するために、電子看板を活用している企業も登場	375
した。大学の学生食堂と連携して、事前に登録された個人の情報を	405
もとに、一人ひとりの健康上体に合わせて、食事の提案をするもの	435
だ。例えば、塩分を控えたメニューを提示したり、サラダを値引き	465
するクーポンを提供したりすることによって、健康的な食生活への	495
意識を高めていくことをねらいとしている。	516
電子看板の市場は、高速インターネットの不急に、ディスプレイ	546
の低価格化が後押しとなって、これまで以上に成長することが見込	576
まれる。設置場所の多様化が進み、タクシーやエレベーターの中な	606
どにも導入されている。公共施設でのフロア案内や避難誘導でも使	636
われており、広告以外にも活用されるようになってきた。電子看板	666
は、これからも新たな用途が考え出され、情報を伝えるツールとし	696
てさらに進化することだろう。	710

公益財団法人 全国商業高等学校協会主催・文部科学省後援

第69回　ビジネス文書実務検定試験 (4.11.27)

第1級

ビジネス文書部門　筆記問題

(制限時間15分)

試験委員の指示があるまで、下の事項を読みなさい。

〔 注 意 事 項 〕

1. 試験委員の指示があるまで、問題用紙と解答用紙に手を触れてはいけません。
2. 問題は[1]から[8]までで、3ページに渡って印刷されています。
3. 試験委員の指示に従って、解答用紙に「試験場校名」と「受験番号」を記入しなさい。
4. 解答はすべて解答用紙に記入しなさい。
5. 試験は「始め」の合図で開始し、「止め」の合図があったら解答の記入を中止し、ただちに問題用紙を閉じなさい。
6. 問題が不鮮明である場合には、挙手をして試験委員の指示に従いなさい。なお、問題についての質問には一切応じません。
7. 問題用紙・解答用紙の回収は、試験委員の指示に従いなさい。

受験番号

1　次の各用語に対して、最も適切な説明文を解答群の中から選び、記号で答えなさい。

① 部単位印刷　② 標準辞書　③ テキストメール
④ ユーザの設定　⑤ フッター

【解答群】

ア．他の作業と並行して印刷できる機能のこと。
イ．利便性を向上させるために、入力する方式や書式などを利用者の好みで変更した設定のこと。
ウ．文書の本文とは別に、同一形式・同一内容の文字列をページ下部に印刷する機能のこと。
エ．フォントの種類やポイントなど、メールの文字に基本的な修飾ができるメールのこと。
オ．複数枚の印刷をする場合、開始ページから終了ページまでを１枚ずつ印刷し、これを指定した枚数になるまで繰り返す印刷方法のこと。
カ．ＩＭＥがデフォルトで使用する、かな漢字変換用の辞書のこと。
キ．地名辞書や医療用語辞書など、分野ごとの詳細な用語を集めたかな漢字変換用の辞書のこと。
ク．修飾されていない文字のみのデータで作成されたメールのこと。

2　次の各文の下線部について、正しい場合は○を、誤っている場合は最も適切な用語を解答群の中から選び、記号で答えなさい。

① 文頭の１文字を大きくし、強調する文字修飾のことを**段落**という。
② メールサーバにアップロードしたメールのコピーを保存しておく記憶領域のことを**送信箱**という。
③ **文書の保管**とは、当面使う予定のない文書を、必要に応じて取り出せるように整理し、書庫などで管理することである。
④ 文字・図形・画像などのデータをパソコンなどで編集・レイアウトし、印刷物の版下を作成する作業のことを**プロパティ**という。
⑤ **ローカルプリンタ**とは、ＬＡＮなどを経由して、パソコンと接続されているプリンタのことである。

【解答群】

ア．ネットワークプリンタ　**イ**．受信箱　**ウ**．ドロップキャップ
エ．文書の保存　**オ**．組み文字　**カ**．オブジェクト
キ．ＤＴＰ　**ク**．文書の履歴管理

3　次の各問いの答えとして、最も適切なものをそれぞれのア～ウの中から選び、記号で答えなさい。

① １１月の異名はどれか。
　ア．神無月　**イ**．霜月　**ウ**．師走
② 「酷暑の候、」とは、何月の時候の挨拶か。
　ア．７月　**イ**．８月　**ウ**．９月
③ １月の時候の挨拶はどれか。
　ア．風花の舞う今日このごろ、
　イ．梅のつぼみもほころぶころとなりましたが、
　ウ．桃の花咲く季節となりましたが、
④ 「終了」の操作を実行するショートカットキーはどれか。
　ア．[Ctrl]＋[S]　**イ**．[Alt]＋[X]　**ウ**．[Alt]＋[F４]
⑤ ショートカットキー[Ctrl]＋[U]により実行される内容はどれか。
　ア．太字　**イ**．下線　**ウ**．斜体

4　次の＜Ａ群＞の各説明文に対して、最も適切な用語を＜Ｂ群＞の中から選び、記号で答えなさい。

＜Ａ群＞

① 内容が目的に合致しているか、説明不足がないか、機器の準備など、点検項目を確認する表のこと。

② プレゼンテーションを行う、発表者のこと。

③ リハーサルや本番の評価を次回に反映させること。

④ 聞き手の持つ見識や理解している用語の種類や程度のこと。

⑤ パソコンからディスプレイへ、アナログＲＧＢ信号の映像を出力する規格のこと。

⑥ アイコンタクトや発声の強弱・抑揚など、プレゼンテーションの効果を高めるための話し方やアピール方法のこと。

⑦ 用件や提案を正確に漏れなく伝えるために、文書中に盛り込まなくてはならない基本的な内容に、Whom（誰に）・Which（どれから）・HowMuch（どのくらい）を加えたフレームワーク（考え方の骨組み）のこと。

＜Ｂ群＞

ア．５Ｗ１Ｈ
イ．フィードバック
ウ．プランニングシート
エ．チェックシート
オ．デリバリー技術
カ．７Ｗ２Ｈ
キ．プレゼンター
ク．ＨＤＭＩ
ケ．知識レベル
コ．ＶＧＡ

5　次の各文の〔　　〕の中から最も適切なものを選び、記号で答えなさい。

① 取引先から提示された内容について、了解したことを伝えるための文書のことを〔**ア**．目論見書　**イ**．契約書　**ウ**．承諾書〕という。

② 〔**ア**．弔慰状　**イ**．見舞状〕とは、病気や災害に遭った相手に、なぐさめたり励ましたりするための文書のことである。

③ 〔**ア**．通知状　**イ**．委任状　**ウ**．詫び状〕とは、証明書の交付や届けを自分の代わりに行使してもらう場合など、その代理であることを証明するための文書のことである。

④ 会議に提出する、自らが関わる業務の変更や新しい案をまとめた文書のことを〔**ア**．報告書　**イ**．起案書　**ウ**．提案書〕という。

⑤ 〔**ア**．文書主義　**イ**．短文主義　**ウ**．簡潔主義〕とは、業務の遂行にあたり、その記録として文書を作成することである。

⑥ 慶事や弔事に際して、「滑る」「枯れる」など縁起が良くないので使うのを避ける語句を〔**ア**．重ね言葉　**イ**．忌み言葉〕という。

⑦ 「まずは、ご連絡のみにて失礼いたします。」は、〔**ア**．前文挨拶　**イ**．本文　**ウ**．末文挨拶〕の例である。

⑧ 下の文字で使用されている和文フォントは、一画・一点を続けるフォントの種類で〔**ア**．行書体　**イ**．勘亭流　**ウ**．楷書体〕という。

少年よ　大志を抱け

6　次の各文の下線部の読みを、ひらがなで答えなさい。

① 足がつるのは筋肉が**痙攣**するせいだ。

② **語彙**を増やすことで、より正確な表現ができるようになる。

③ プロジェクトのリーダーは、全体を**俯瞰**することが重要だ。

④ 来年度の活動予算について**折衝**を行う。

⑤ イベントの新企画を**稟議**に上げた。

7　次の各文の〔　　〕の中から、四字熟語の一部として最も適切なものを選び、記号で答えなさい。

① 彼はまさに国士〔ア．無双　イ．夢想　ウ．武壮〕の柔道家だ。

② この偉業は一朝〔ア．一夕　イ．一石〕にできたものではない。

③ 突然犬に吠えられて周章〔ア．桜吠　イ．蝋杯　ウ．狼狽〕となった。

④ 消費者に〔ア．養豆　イ．羊頭　ウ．洋刀〕狗肉だと言われないよう質にもこだわる。

⑤ 上司の仕事ぶりは、〔ア．付言　イ．負現　ウ．不言〕実行タイプである。

8　次の＜Ａ＞・＜Ｂ＞の各問いに答えなさい。

＜Ａ＞次の各文の下線部の漢字が、正しい場合は○を、誤っている場合は〔　　〕の中から最も適切なものを選び、記号で答えなさい。

① 中央銀行が**肯定**歩合を操作した。　〔ア．工程　イ．公邸　ウ．公定〕

② 新監督の指導によって徐々に**聖歌**が出てきた。　〔ア．正価　イ．成果〕

③ 花粉症のため、**備考**が詰まりやすい。　〔ア．鼻孔　イ．微香　ウ．尾行〕

④ 近所の商店街に新しい**街灯**が設置された。　〔ア．街頭　イ．該当〕

⑤ その法令が**意見**になるか審査する。　〔ア．異見　イ．違憲〕

＜Ｂ＞次の各文の下線部に漢字を用いたものとして、最も適切なものを〔　　〕の中から選び、記号で答えなさい。

⑥ 落ち葉で**しせい**の葉書を作る。　〔ア．姿勢　イ．私製　ウ．施政〕

⑦ 船長の指示により、北北西に**へんしん**した。　〔ア．返信　イ．変心　ウ．変針〕

⑧ **ふとう**な取り引きを未然に防ぐことができた。　〔ア．埠頭　イ．不当〕

⑨ 台風の影響で、学校の**きゅうこう**が決まった。　〔ア．休校　イ．旧交〕

⑩ 長い間書類を放置したため、文字が**たいしょく**した。〔ア．退職　イ．体色　ウ．退色〕

公益財団法人　全国商業高等学校協会主催・文部科学省後援

第69回　ビジネス文書実務検定試験　(4. 11. 27)

第１級

ビジネス文書部門　実技問題

（制限時間20分）

試験委員の指示があるまで、下の事項を読みなさい。

〔書式設定〕

ａ．余白は上下左右それぞれ２５ｍｍとすること。
ｂ．指示のない文字のフォントは、明朝体の全角で入力し、サイズは１２ポイントに統一すること。（１２ポイントで書式設定ができない場合は１１ポイントに統一すること。）
　ただし、プロポーショナルフォントは使用しないこと。
ｃ．複数ページに渡る印刷にならないよう書式設定に注意すること。

〔注意事項〕

１．ヘッダーに左寄せで受験級、試験場校名、受験番号を入力すること。
２．Ａ４判縦長用紙１枚に体裁よく作成し、印刷すること。
３．訂正・挿入・削除・適語の選択などの操作は制限時間内に行うこと。

オブジェクトやファイルなどのデータは、
試験委員の指示に従い、挿入すること。

受験番号

公益財団法人 全国商業高等学校協会主催・文部科学省後援

第69回　ビジネス文書実務検定試験　(4. 11. 27)

第１級　ビジネス文書部門実技問題　(制限時間20分)

【問　題】　次のⅠ～Ⅳに従い、右のような文書を作成しなさい。

Ⅰ　標題の挿入

出題内容に合った標題のオブジェクトを、用意されたフォルダなどから選び、指示された位置に挿入しセンタリングすること。

Ⅱ　表作成

下の資料Ａ・Ｂ並びに指示を参考に表を作成すること。

資料Ａ　　単位　補助金総額：万円

エリア	市町村名	補助金総額	活　動　内　容
県南部	天海市	968	充電設備の設置場所が分かる地図の配~~賦~~布
県北部	北十川市	1,049	自動車関連企業と協働でインフラ整備
県南部	はとり町	473	集合住宅に共同利用型充電器の設置
県南部	田見市	560	名勝地をＥＶバスで巡る市内観光の企画
県北部	あずみ山中市	370	エネルギーパーク水の郷と連携したｐｒ活動
県南部	桜山みらい市	1,137	月１回のまちづくりイベントで試乗会の実施
県北部	弓竹市	1,293	駅前駐車場にソーラーガレージの設置

資料Ｂ　　単位：基

市町村名	普通充電器	急速充電器
天海市	293	82
北十川市	576	120
はとり町	165	39
田見市	219	25
あずみ山中市	157	102
桜山みらい市	381	74
弓竹市	437	104

指示

1. 「県南部」と「県北部」の二つに分けた表を作成すること。
2. 表は、行頭・行末を越えずに作成し、行間は、２．０とすること。
3. 罫線は右の表のように太実線と細実線とを区別すること。
4. 表の枠内の文字は１行で入力し、上下のスペースが同じであること。
5. 右の表のように項目名とデータが正しく並んでいること。
6. 表内の「急速充電器」と「補助金総額」の数字は、明朝体の半角で入力し、３桁ごとにコンマを付けること。
7. ソート機能を使って、二つの表それぞれを「補助金総額」の多い順に並べ替えること。

Ⅲ　テキスト・オブジェクトの挿入

1. 挿入する文章は、用意されたフォルダなどにあるテキストファイルから取得し、校正および編集すること。
2. 出題内容に合ったオブジェクトを、用意されたフォルダなどから選び、指示された位置に挿入すること。

Ⅳ　その他

1. 問題文にある校正記号に従うこと。
2. ①～⑫の処理を行うこと。
3. 右の問題文にない空白行を入れないこと。
4. 右の問題文の［ａ］に当てはまる語句を以下から選択し入力すること。

北十川市　　田見市　　弓竹市

オブジェクト(標題)の挿入・センタリング

脱炭素社会の実現を目指し、本県では電気自動車（ＥＶ）普及に向けた取り組みを推進しています。そこで、モデル事業を実施している市町村からの報告をまとめました。

①網掛けする。

＜県南部＞

市町村名	活　動　内　容	急速充電器	補助金総額

②各項目名は、枠の中で左右にかたよらないようにする。
③枠内で均等割付けする。
④左寄せする(均等割付けしない)。
⑤右寄せする。
⑥「報告」の文字で透かしを入れ、フォントの種類は明朝体、文字の位置は水平とする。

＜県北部＞

市町村名	活　動　内　容	急速充電器	補助金総額

②と同じ。
③と同じ。
④と同じ。
⑤と同じ。

単位　急速充電器：基　補助金総額：万円

⑦右寄せする。

電気自動車の利用において、課題となっているのは充電インフラの不足です。移動の途中で効率的な充電を行うためには、急速充電器を増やすことが必要となります。本県では、設備充電を新設するための新たな補助金制度を検討しています。

⑧取得した文章のフォントの種類は明朝体、サイズは12ポイントとし、「電」を2行の範囲で本文内にドロップキャップする。
⑨二重下線を引く。
テキストファイルの挿入範囲

急速充電器の設置数が一番多い a には、県内最大級の物流拠点があります。周辺にも充電インフラが整備されたことで、ＥＶを導入する物流会社が大幅に増えました。市内全域に整備が進み、空白地帯が減少しています。

⑩枠を挿入し、枠線は細実線とする。
⑪枠内のフォントの種類はゴシック体、サイズは12ポイントとし、横書きとする。

オブジェクト(イラスト)の挿入位置

資料作成：俟木（マタキ）　優太

⑫明朝体のカタカナでルビをふり、右寄せする。

第70回ビジネス文書実務検定試験　第１級

速度部門

公益財団法人　全国商業高等学校協会主催・文部科学省後援

第70回　ビジネス文書実務検定試験　(5.7.2)

第１級　速度部門問題　(制限時間10分)

近年、少子化の影響によって廃校となる学校が増えている。国の	30
調査によると、廃校数は全国の公立学校で、毎年約４５０校にも上	60
る。再利用する予定がなく、学校として使用されなくなった施設を	90
残しておくと、管理に必要なコストが余計にかかってしまう。その	120
ため、自治体は企業や住民と連携しながら、新たな施設として活用	150
する動きが広がりをみせている。	166
ある企業は、廃校となった中学校を活用し、海外の電気自動車を	196
分解して、その構成部品を展示する施設をオープンした。体育館と	226
いくつかの教室を使って種類ごとに展示することで、比較しやすく	256
している。試乗車も容易しており、広い敷地で走行させることもで	286
きる。他にも、金属加工の工場として使用する企業が現れた。この	316
加工には温度や湿度の管理が重要なため、教室のように区切られた	346
間取りが適しているという。	360
また、刊行施設として活用する例もある。ある自治体では、住民	390
によってＮＰＯ法人が設立され、宿泊施設を運営している。そこで	420
は、バーベキューや石窯を使ったピザ作り体験、ホタルの観察など	450
ができる。地域住民のサークル活動の拠点としても使われるように	480
なり、新たな交流の場も生まれた。このような環境で子育てをした	510
いと考え、移住してくる若い家族も増えているようだ。	536
自治体が財政の負担を減らすためには、廃校施設を有効に活用し	566
ていくことが重要である。国はプロジェクトを立ち上げ、事業者や	596
活用方法を募るため、施設の情報を発信している。廃校施設を活用	626
することにより、新たな雇用が送出されて、地域経済の発展につな	656
がった自治体もある。たくさんの思い出のある学校が、その役割を	686
変えながら、これからも残っていくことを願いたい。	710

公益財団法人 全国商業高等学校協会主催・文部科学省後援

第70回　ビジネス文書実務検定試験　(5.7.2)

第1級

ビジネス文書部門　筆記問題

(制限時間15分)

試験委員の指示があるまで、下の事項を読みなさい。

〔注　意　事　項〕

1. 試験委員の指示があるまで、問題用紙と解答用紙に手を触れてはいけません。
2. 問題は1から8までで、3ページに渡って印刷されています。
3. 試験委員の指示に従って、解答用紙に「試験場校名」と「受験番号」を記入しなさい。
4. 解答はすべて解答用紙に記入しなさい。
5. 試験は「始め」の合図で開始し、「止め」の合図があったら解答の記入を中止し、ただちに問題用紙を閉じなさい。
6. 問題が不鮮明である場合には、挙手をして試験委員の指示に従いなさい。なお、問題についての質問には一切応じません。
7. 問題用紙・解答用紙の回収は、試験委員の指示に従いなさい。

受験番号

1　次の各文は何について説明したものか、最も適切な用語を解答群の中から選び、記号で答えなさい。

① 省資源のために再利用する、裏面が白紙の使用済み用紙のこと。

② 受信した電子メールを保存しているメールサーバの記憶領域のこと。

③ 文書のある位置（ページ）から、文書の最初（最後）に移動する機能のこと。

④ 液晶画面などを見る作業を長時間続けることで引き起こされる健康上の問題のこと。

⑤ 著作やプロジェクトの進行に伴って変遷する文書を、日時や作業の節目で保存し、作業内容を付記しておくこと。

【解答群】

ア．ＶＤＴ障害	**イ**．メーラ	**ウ**．メールボックス
エ．偽造防止用紙	**オ**．文書の履歴管理	**カ**．文頭（文末）表示
キ．反故紙	**ク**．マルチウィンドウ	

2　次の各文の下線部について、正しい場合は○を、誤っている場合は最も適切な用語を解答群の中から選び、記号で答えなさい。

① 名簿に登録されている人のアドレスに、一斉にメールを送信するシステムのことを**Reply**という。

② **定型句登録**とは、入力する方式や書式設定など、各種プロパティの初期設定のことである。

③ 世界中の文字を一元化して扱うことを目的に、それぞれの文字に一つの番号を割り当てた表のことを**ＪＩＳコード**という。

④ **置換**とは、文書から条件をつけて指定した文字列を探しだし、他の文字列に変更することである。

⑤ **バックグラウンド印刷**とは、他のデータを、ひな形（テンプレート）となる文書の指定した位置へ入力して、複数の文書を自動的に作成・印刷する機能のことである。

【解答群】

ア．シフトＪＩＳコード	**イ**．差し込み印刷	**ウ**．ヘッダー
エ．メーリングリスト	**オ**．PS	**カ**．Unicode
キ．ＨＴＭＬメール	**ク**．デフォルトの設定	

3　次の各問いの答えとして、最も適切なものをそれぞれのア～ウの中から選び、記号で答えなさい。

① 葉月は何月の異名か。

　ア．８月　　**イ**．９月　　**ウ**．１０月

② ５月の時候の挨拶はどれか。

　ア．陽春の候、　　**イ**．新緑の候、　　**ウ**．向暑の候、

③ 「穏やかな小春日和が続いておりますが、」は何月の時候の挨拶か。

　ア．３月　　**イ**．７月　　**ウ**．１１月

④ ショートカットキー［Ctrl］＋［O］により実行される内容はどれか。

　ア．上書き保存　　**イ**．ファイルを開く　　**ウ**．新規作成

⑤ 「すべての選択」の操作を実行するショートカットキーはどれか。

　ア．［Ctrl］＋［A］　　**イ**．［Ctrl］＋［Shift］　　**ウ**．［Ctrl］＋［I］

4　次の<Ａ群>の各説明文に対して、最も適切な用語を<Ｂ群>の中から選び、記号で答えなさい。

<Ａ群>

① ロジカルシンキングにのっとった説明の進め方や枠組みのこと。
② スライドの地に配置する模様や風景などの、静止画像データのこと。
③ ジェスチャ（動作）・視線（アイコンタクト）・表情などによる言葉以外の表現のこと。
④ ディジタル信号の映像・音声・制御信号を１本のケーブルにまとめて送信する規格のこと。
⑤ 序論→本論→結論の３段落で構成する、論文や講話向きの説明の進め方のこと。
⑥ 絵や文字に動きを与えた動画像のこと。印象を強めたり関心を引いたりするために用いる。
⑦ プレゼンテーションソフトで、スライドに文字や図形を配置したり、編集したりする領域のこと。

<Ｂ群>

ア．ハンドアクション
イ．ボディランゲージ
ウ．スライドペイン
エ．背景デザイン
オ．三段論法
カ．結論先出し法
キ．ＨＤＭＩ
ク．ＵＳＢ
ケ．フレームワーク
コ．アニメーション効果

5　次の各文の〔　　〕の中から最も適切なものを選び、記号で答えなさい。

① 予算の決裁や施設の利用許可など、決裁者が回覧・押印して許可を与えるための文書のことを〔**ア**．企画書　**イ**．稟議書　**ウ**．申請書〕という。
② 〔**ア**．苦情状　**イ**．詫び状　**ウ**．督促状〕とは、先方に対して、過失や不手際について、当方の不満や言い分を伝えるための文書のことである。
③ 相手方に対して、了解しておいてほしい事柄を伝えるための文書のことを〔**ア**．紹介状　**イ**．回答状　**ウ**．通知状〕という。
④ 〔**ア**．有価証券の募集または売り出しのためにその相手方に提供するための文書　**イ**．ある事実を公表し広く一般に知らせる文書〕のことを目論見書という。
⑤ 一文は60～80字程度を限度に、なるべく短く文章を作成することを〔**ア**．簡潔主義　**イ**．短文主義〕という。
⑥ 前文挨拶として、団体宛に相手の繁栄を喜ぶ用語として用いられるのは、〔**ア**．ご隆盛　**イ**．ご健勝　**ウ**．ご活躍〕である。
⑦ 受取のお願いの本文として適切なのは、「〔**ア**．ご支援　**イ**．ご愛顧　**ウ**．ご査収〕のほどよろしくお願いいたします。」である。
⑧ 下のように文頭の１文字を大きくし、強調する文字修飾のことを〔**ア**．組み文字　**イ**．ドロップキャップ　**ウ**．外字〕という。

> 夏の季節限定メニューは「辛さと粘りで暑さを乗り切ろう！」をテーマに、１５種類のオリジナル料理を揃えました。持ち帰りもできるため、家庭でも楽しめます。ぜひ、お買い求めください！

6　次の各文の下線部の読みを、ひらがなで答えなさい。

① 入院費を医療保険の保険金で**補塡**する。
② 聴衆の多さに**萎縮**した後輩を励ます。
③ **僭越**ながら、自分の考えを述べさせてもらった。
④ 労働環境の改善について、工場長に**談判**した。
⑤ 地球温暖化への影響が**懸念**される活動を中止した。

7　次の各文の〔　　〕の中から、四字熟語の一部として最も適切なものを選び、記号で答えなさい。

① コストの削減と品質の向上は二律〔ア．排反　イ．背反　ウ．廃藩〕で達成が難しい。
② 取引相手の言い分を〔ア．唯々　イ．意々〕諾々と受け入れた。
③ 大会での優勝を目指して、無我〔ア．夢中　イ．霧中　ウ．無中〕で練習に取り組んだ。
④ 準備不足で発表が上手くいかなかったのは自業〔ア．慈徳　イ．自得〕だ。
⑤ 〔ア．高騰　イ．喉頭　ウ．荒唐〕無稽な計画に振り回される。

8　次の＜Ａ＞・＜Ｂ＞の各問いに答えなさい。

＜Ａ＞次の各文の下線部の漢字が、正しい場合は○を、誤っている場合は〔　　〕の中から最も適切なものを選び、記号で答えなさい。

① 営業方針についての同僚の意見に**酸性**した。　〔ア．三世　イ．参政　ウ．賛成〕
② **同様**をクラスで合唱する。　〔ア．動揺　イ．童謡〕
③ 国有地を地域住民の運動場として**教養**する。　〔ア．強要　イ．供用　ウ．共用〕
④ 赤字事業の再建に**腐心**する。　〔ア．不信　イ．普請〕
⑤ 手術が成功し**開放**に向かう。　〔ア．快方　イ．解放　ウ．介抱〕

＜Ｂ＞次の各文の下線部に漢字を用いたものとして、最も適切なものを〔　　〕の中から選び、記号で答えなさい。

⑥ 顧客を増やすイベントの**めいあん**が浮かんだ。　〔ア．名案　イ．明暗〕
⑦ 遺産相続の権利を**ほうき**する。　〔ア．蜂起　イ．法規　ウ．放棄〕
⑧ 玄米茶を**すいとう**に入れて、持参している。　〔ア．水稲　イ．水筒　ウ．出納〕
⑨ 彼の**ちせい**はその時代で最も繁栄した時期である。　〔ア．地勢　イ．治世〕
⑩ 他の証券会社に上場株式を**いかん**する。　〔ア．移管　イ．遺憾〕

公益財団法人　全国商業高等学校協会主催・文部科学省後援

第70回　ビジネス文書実務検定試験　(5.7.2)

第１級

ビジネス文書部門　実技問題

（制限時間20分）

試験委員の指示があるまで、下の事項を読みなさい。

〔　書　式　設　定　〕

a．余白は上下左右それぞれ２５mmとすること。
b．指示のない文字のフォントは、明朝体の全角で入力し、サイズは１２ポイントに統一すること。（１２ポイントで書式設定ができない場合は１１ポイントに統一すること。）
　ただし、プロポーショナルフォントは使用しないこと。
c．複数ページに渡る印刷にならないよう書式設定に注意すること。

〔　注　意　事　項　〕

1．ヘッダーに左寄せで受験級、試験場校名、受験番号を入力すること。
2．Ａ４判縦長用紙１枚に体裁よく作成し、印刷すること。
3．訂正・挿入・削除・適語の選択などの操作は制限時間内に行うこと。

オブジェクトやファイルなどのデータは、
試験委員の指示に従い、挿入すること。

受験番号

公益財団法人 全国商業高等学校協会主催・文部科学省後援

第70回　ビジネス文書実務検定試験　(5.7.2)

第１級　ビジネス文書部門実技問題　(制限時間20分)

【問　題】　次のⅠ～Ⅳに従い、右のような文書を作成しなさい。

Ⅰ　標題の挿入

出題内容に合った標題のオブジェクトを、用意されたフォルダなどから選び、指示された位置に挿入しセンタリングすること。

Ⅱ　表作成

下の資料Ａ・Ｂ並びに指示を参考に表を作成すること。

資料A

大会名称	開催月	特　ア　徴
湖上の芸術祭	９月	日本最長のナイヤガラが湖面に浮かぶ
龍神祭り花火物語	１月	昔話の伝承が夜空に舞い上がる
銀河大納涼会	８月	世代別に事前投票した青春ソングと(の)競演
匠の技極み	１２月	全国の花火師が新作で技を競い合う
奉納夏の夜祭り	７月	尺玉の連発や大迫力のスターマインが豪華
謎とＨＡＮＡＢＩ	１０月	花火と謎解きが融合した初の試み

資料B　単位　動画再生回数：回　観客動員数：人

大会名称	動画再生回数	観客動員数
湖上の芸術祭	578,613	850,400
龍神祭り花火物語	213,458	421,100
夏フェス涼夏の風 (トル)	484,650	69,000
銀河大納涼会	1,016,540	940,600
匠の技極み	35,842	74,500
奉納夏の夜祭り	67,427	56,200
謎とＨＡＮＡＢＩ	980,720	384,300

指示

1．表は、行頭・行末を越えずに作成し、行間は、２．０とすること。
2．罫線は右の表のように太実線と細実線とを区別すること。
3．表の枠内の文字は１行で入力し、上下のスペースが同じであること。
4．右の表のように項目名とデータが正しく並んでいること。
5．表内の「動画再生回数」の数字は、明朝体の半角で入力し、３桁ごとにコンマを付けること。
6．ソート機能を使って、表全体を「動画再生回数」の多い順に並べ替えること。
7．表の「動画再生回数」の合計は、計算機能を使って求めること。
8．「謎とＨＡＮＡＢＩ」の行全体に網掛けをすること。

Ⅲ　テキスト・オブジェクトの挿入

1．挿入する文章は、用意されたフォルダなどにあるテキストファイルから取得し、校正および編集すること。
2．出題内容に合ったオブジェクトを、用意されたフォルダなどから選び、指示された位置に挿入すること。

Ⅳ　その他

1．問題文にある校正記号に従うこと。
2．①～⑪の処理を行うこと。
3．右の問題文にない空白行を入れないこと。
4．右の問題文の［ａ］に当てはまる語句を以下から選択し入力すること。

匠の技極み　　**湖上の芸術祭**　　**銀河大納涼会**

オブジェクト(標題)の挿入・センタリング

当社で配信した花火大会について、大会当日から終了後1か月までに再生された動画の再生回数を調べました。インターネット広告の募集資料として、活用してください。

①波線の下線を引く。

大会名称	特　　　徴	開催月	動画再生回数
	合　　計		

②各項目名は、枠の中で左右にかたよらないようにする。
③枠内で均等割付けする。
④左寄せする(均等割付けしない)。
⑤右寄せする。

単位　動画再生回数：回

⑥右寄せする。
⑦取得した文章のフォントの種類は明朝体、サイズは12ポイントとし、2段で均等に段組みをし、境界線を細実線で引く。
テキストファイルの挿入範囲

最近は、花火だけではなく、音楽や演劇を組み合わせた企画が増加しています。なかでも、謎解きゲームは、若い世代を中心に人気があります。今回の花火大会にも採用され、注目を浴びました。協賛する企業の情報や名称、花火の色や打ち上げた時間などが、謎を解くヒントになっていました。実際に花火を観覧した人々も、謎を解くため、何度も動画を見返したことで、再生回数が増加しました。長期間の再生が見込まれることから、宣伝の効果が持続することが期待できます。

オブジェクト(イラスト)の挿入位置

動画再生回数が最も多いのは、a です。花火の豪華さや美しさに加え、投票による参加型の大会になり、事前に関心を持つ人が増えました。帰省時期のため、全世代向けの配信広告が可能です。

⑧枠を挿入し、枠線は細実線とする。
⑨枠内のフォントの種類はゴシック体、サイズは12ポイントとし、縦書きとする。
⑩網掛けする。

資料作成：瑪崎(めさき)　紀子

⑪明朝体のひらがなでルビをふり、右寄せする。

第71回ビジネス文書実務検定試験　第１級

速度部門

公益財団法人 全国商業高等学校協会主催・文部科学省後援

第71回　ビジネス文書実務検定試験　（5.11.26）

第１級　速度部門問題　（制限時間10分）

　ここ数年、健康の維持や体力の増進を意識する人が増えてきた。 30
そのような中で、いつでも気軽に運動できるジムが話題となってい 60
る。従来のジムの半額程度という安さに加えて、普段の服装のまま 90
運動できる店舗もあり、利便性の高いことが大きな特徴だ。利用者 120
にはスポーツに苦手意識を持つ人も多く、初心者でも周囲の視線を 150
気にせずにトレーニングできることが、魅力だという。 176
　あるジムは、定額料金が割安でありながら器具が一通り備わって 206
おり、人気を集めている。また、独自に設計された１日５分程度の 236
運動のプログラムは、誰でも容易に取り組むことができ、短時間で 266
も健康を増進する効果が機体できる。この企業は全店でＩＴ技術を 296
活用しており、器具の使い方やトレーニング方法は、アプリ上にあ 326
る動画コンテンツで確認できる。 342
　このようなジムは従来とは異なり、無人店舗であることが多い。 372
そのため、トレーナーは常駐せず、専門家から直接指導を受けられ 402
ない。さらに、利用者間のトラブルや器具の故障が発声しても、そ 432
の場で速やかに対応する従業員はいない。加えて、事前見学を実施 462
していない店舗もあり、入会をした後で希望に沿わないことに気付 492
く場合がある。ジムを決める際に、ウェブサイトや案内冊子で、あ 522
らかじめサービス内容を確認する必要がある。 544
　運動を継続して行うことは、筋力の増強や生活習慣病の予防にな 574
る。新しい形態のジムの登場により、日頃の運動不足を快勝できる 604
手段が一つ増えた。運動を始める際の選択肢が広がり、自分の目的 634
に合うトレーニング方法が見つけやすくなった。今回の話題を契機 664
として、自分の生活に無理なく取り入れ、健康を維持するためにも 694
運動を始めてみてはどうだろうか。 710

公益財団法人　全国商業高等学校協会主催・文部科学省後援

第71回　ビジネス文書実務検定試験　(5.11.26)

第1級

ビジネス文書部門　筆記問題

（制限時間15分）

試験委員の指示があるまで、下の事項を読みなさい。

〔注　意　事　項〕

1. 試験委員の指示があるまで、問題用紙と解答用紙に手を触れてはいけません。
2. 問題は[1]から[8]までで、3ページに渡って印刷されています。
3. 試験委員の指示に従って、解答用紙に「試験場校名」と「受験番号」を記入しなさい。
4. 解答はすべて解答用紙に記入しなさい。
5. 試験は「始め」の合図で開始し、「止め」の合図があったら解答の記入を中止し、ただちに問題用紙を閉じなさい。
6. 問題が不鮮明である場合には、挙手をして試験委員の指示に従いなさい。なお、問題についての質問には一切応じません。
7. 問題用紙・解答用紙の回収は、試験委員の指示に従いなさい。

受験番号

1　次の各用語に対して、最も適切な説明文を解答群の中から選び、記号で答えなさい。

① ＵＳＢポート　② 文書の保管　③ リッチテキストメール
④ ローカルプリンタ　⑤ ヘッダー

【解答群】

ア．当面使う予定のない文書を、必要に応じて取り出せるように整理し、書庫などで管理すること。
イ．パソコンのインターフェースの一つで、ＵＳＢ機器を接続する接続口のこと。
ウ．文書の本文とは別に同一形式、同一内容の文字列を、ページ上部に印刷する機能のこと。
エ．まだ使う見込みのある文書を、必要に応じて取り出せるように整理し、身近で管理すること。
オ．ＬＡＮなどを経由しないで、パソコンに直接接続されているプリンタのこと。
カ．文書の本文とは別に同一形式、同一内容の文字列を、ページ下部に印刷する機能のこと。
キ．パソコンとＵＳＢ機器を接続する集線装置のこと。
ク．フォントの種類やポイントなど、メールの文字に基本的な修飾ができるメールのこと。

2　次の各文の下線部について、正しい場合は○を、誤っている場合は最も適切な用語を解答群の中から選び、記号で答えなさい。

① 行を改めて書かれた文章のひとまとまりのことを**ドロップキャップ**という。
② **ＤＴＰ**とは、アイコンやプログラムなど、オブジェクトの属性または属性の一覧表示のことである。
③ **Unicode**とは、分野ごとの詳細な用語を集めたかな漢字変換用の辞書のことである。
④ **デフォルトの設定**とは、入力する方式や書式などの初期設定を、利便性を向上させるためにユーザの好みで変更した設定のことである。
⑤ 無断コピーを防止する刷り込みが背景に施されている用紙のことを**偽造防止用紙**という。

【解答群】

ア．専門辞書　**イ**．裏紙（反故紙）　**ウ**．段落
エ．置換　**オ**．標準辞書　**カ**．ユーザの設定
キ．プロパティ　**ク**．部単位印刷

3　次の各問いの答えとして、最も適切なものをそれぞれのア～ウの中から選び、記号で答えなさい。

① ３月の異名はどれか。
　ア．如月　**イ**．弥生　**ウ**．卯月
② ６月の時候の挨拶はどれか。
　ア．アジサイも色鮮やかになってまいりましたが、
　イ．風薫る季節となりましたが、
　ウ．ヒグラシの声に季節の移ろいを覚えるころとなりましたが、
③ 「清秋の候、」とは、何月の時候の挨拶か。
　ア．９月　**イ**．１０月　**ウ**．１１月
④ 「太字」の操作を実行するショートカットキーはどれか。
　ア．[Ctrl]＋[I]　**イ**．[Ctrl]＋[U]　**ウ**．[Ctrl]＋[B]
⑤ ショートカットキー[Ctrl]＋[S]により実行される内容はどれか。
　ア．上書き保存　**イ**．終了　**ウ**．ファイルを開く

4　次の＜Ａ群＞の用語に対して、最も適切な説明文を＜Ｂ群＞の中から選び、記号で答えなさい。

＜Ａ群＞

①　アウトラインペイン
②　キーパーソン
③　リード
④　評価（レビュー）
⑤　発問
⑥　ストーリー
⑦　ノートペイン

＜Ｂ群＞

ア．シナリオや台本など、話のアウトラインのこと。
イ．アナログＲＧＢ信号の映像をパソコンからディスプレイ出力する規格のこと。
ウ．論文や講演などでの、導入部分のことで、ポイントの確認や、話の全体像を提示し、聞き手・読み手の関心を高める。
エ．聞き手に対して質問すること。
オ．説明や提示などを受ける顧客、依頼人、得意先などのこと。
カ．スライドのサムネイルを表示する領域のこと。
キ．リハーサルや本番の評価を次回に反映させること。
ク．内容を理解し同意してもらう目標となる聞き手のことで、契約の決裁権・決定権を持つ具体的な人物のこと。
ケ．スライドショーを実行する際、スクリーンには表示されない、注意事項や台本をメモする領域のこと。
コ．プレゼンテーションの実施後に行う事後検討のことで、失敗した点や準備不足などを確認し次回の参考とすること。

5　次の各文の〔　　〕の中から最も適切なものを選び、記号で答えなさい。

①　〔**ア**．起案書　**イ**．提案書〕とは、様々な業務に関わる作業を開始してよいかを、上司に対して許可を求めるための文書のことである。
②　事務上の必要事項を記入していく、ノートやバインダなどの文書のことを〔**ア**．申請書　**イ**．委任状　**ウ**．帳簿〕という。
③　〔**ア**．推薦状　**イ**．詫び状　**ウ**．弔慰状〕とは、先方に対して、当方の過失や不手際などを陳謝するための文書のことである。
④　電子メールの使用において、送信者や種類ごとに分類して各メールフォルダで保管するときは、〔**ア**．移動　**イ**．転送〕のボタンを押す。
⑤　一通の文書に、一つの用件だけ書くことを〔**ア**．短文主義　**イ**．一件一葉主義　**ウ**．文書主義〕という。
⑥　〔**ア**．重ね言葉　**イ**．忌み言葉　**ウ**．箇条書き〕とは、弔事に際して、繰り返すことを連想させるために使うのを避ける語句のことである。
⑦　「今後とも、何とぞよろしくご指導のほどお願い申し上げます。」は、〔**ア**．前文挨拶　**イ**．本文　**ウ**．末文挨拶〕の例である。
⑧　下のように複数の文字を１文字分の枠の中に配置し、１文字として取り扱う編集機能を〔**ア**．組み文字　**イ**．外字　**ウ**．和文フォント〕という。

合名会社全商くん

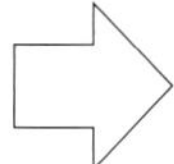

合名会社全商くん

6　次の各文の下線部の読みを、ひらがなで答えなさい。

① 練習試合の申し出を**快諾**した。

② 浜辺の宿にいると、**潮騒**がよく聞こえる。

③ ここ数年、漁獲量が**逓減**している。

④ **煩雑**な書類手続きが必要である。

⑤ 私の実家は、村で唯一の**養蚕**業を営んでいる。

7　次の各文の〔　　〕の中から、四字熟語の一部として最も適切なものを選び、記号で答えなさい。

① 名作映画を換骨〔ア．脱退　イ．奪胎　ウ．脱胎〕し、新しい映画を制作してみる。

② 〔ア．不破　イ．不和　ウ．付和〕雷同するばかりで主張しない。

③ 弟は時々、猪突〔ア．猛進　イ．妄信　ウ．盲進〕することがある。

④ 質実〔ア．剛健　イ．合憲〕を校訓としている。

⑤ 祖父は何を言っても〔ア．馬路　イ．馬耳　ウ．馬事〕東風だ。

8　次の＜Ａ＞・＜Ｂ＞の各問いに答えなさい。

＜Ａ＞次の各文の下線部の漢字が、正しい場合は○を、誤っている場合は〔　　〕の中から最も適切なものを選び、記号で答えなさい。

① 高校の全課程の**収量**を認定する。　〔ア．終了　イ．秋涼　ウ．修了〕

② 小包を**発送**する。　〔ア．発走　イ．発想〕

③ 瞳の**光彩**を研究する。　〔ア．公債　イ．交際　ウ．虹彩〕

④ 今日は学校の**開港**記念日である。　〔ア．開講　イ．開校〕

⑤ 彼の**胸囲**的な活躍は目を見張るものがある。〔ア．驚異　イ．強意　ウ．脅威〕

＜Ｂ＞次の各文の下線部の読みに最も適切な漢字を選び、記号で答えなさい。

⑥ 化石燃料への**いぞん**から脱却する。　〔ア．依存　イ．異存〕

⑦ 卒業式を**きょこう**する。　〔ア．虚構　イ．挙行〕

⑧ **せいきゅう**に結論を出すべきではない。　〔ア．請求　イ．制球　ウ．性急〕

⑨ 巻頭の**はんれい**を確認する。　〔ア．範例　イ．凡例〕

⑩ 遊**ほどう**を整備した。　〔ア．舗道　イ．補導　ウ．歩道〕

公益財団法人　全国商業高等学校協会主催・文部科学省後援

第71回　ビジネス文書実務検定試験　(5.11.26)

第１級

ビジネス文書部門　実技問題

（制限時間20分）

試験委員の指示があるまで、下の事項を読みなさい。

〔 書 式 設 定 〕

a．余白は上下左右それぞれ２５ｍｍとすること。
b．指示のない文字のフォントは、明朝体の全角で入力し、サイズは１２ポイントに統一すること。（１２ポイントで書式設定ができない場合は１１ポイントに統一すること。）
　ただし、プロポーショナルフォントは使用しないこと。
c．複数ページに渡る印刷にならないよう書式設定に注意すること。

〔 注 意 事 項 〕

1．ヘッダーに左寄せで受験級、試験場校名、受験番号を入力すること。
2．Ａ４判縦長用紙１枚に体裁よく作成し、印刷すること。
3．訂正・挿入・削除・適語の選択などの操作は制限時間内に行うこと。

オブジェクトやファイルなどのデータは、
試験委員の指示に従い、挿入すること。

受験番号

公益財団法人 全国商業高等学校協会主催・文部科学省後援

第71回　ビジネス文書実務検定試験　(5.11.26)

第１級　ビジネス文書部門実技問題　(制限時間20分)

【問　題】　次のⅠ～Ⅳに従い、右のような文書を作成しなさい。

参考：国土交通省　「観光地域づくり法人形成・確立計画」2022年
総務省統計局　政府統計ポータルサイト　2022年

Ⅰ　標題の挿入

出題内容に合った標題のオブジェクトを、用意されたフォルダなどから選び、指示された位置に挿入しセンタリングすること。

Ⅱ　表作成

下の資料Ａ・Ｂ並びに指示を参考に表を作成すること。

資料Ａ　単位　リピート率：％

地　　域	区　分	リピート率	取　組　内　容
香川県小豆島町	西日本	36.6	オリーブの魅力を国内外に発信
栃木県那須塩原市	東日本	47.1	未利用温泉熱を活用しｃｏ２排出量を削減
愛媛県大洲市	西日本	6.7	３３棟の古民家と町家をホテルとして再生
岩手県釜石市	東日本	78.2	海洋環境を漁船クルーズで学ぶ
熊本県阿蘇市	西日本	74.0	草原を活用したアクティビティの提供
和歌山県和歌山市	西日本	67.0	水質改善と歴史的風景の保全
宮城県東松島市	東日本	57.8	宮城オルレ奥松島コースを活用した試作 (試作→施策)

資料Ｂ　単位　人口：人　来訪客数：千人

地　　域	人　　口	来訪客数
香川県小豆島町	13,870	688
栃木県那須塩原市	115,210	7,513
愛媛県大洲市	40,575	356
岩手県釜石市	32,078	3,299
熊本県阿蘇市	24,930	479
和歌山県和歌山市	356,729	4,468
宮城県東松島市	39,098	538

指示

1．「東日本」と「西日本」の二つに分けた表を作成すること。
2．表は、行頭・行末を越えずに作成し、行間は、２．０とすること。
3．罫線は右の表のように太実線と細実線とを区別すること。
4．表の枠内の文字は１行で入力し、上下のスペースが同じであること。
5．右の表のように項目名とデータが正しく並んでいること。
6．表内の「来訪客数」の数字は、明朝体の半角で入力し、３桁ごとにコンマを付けること。また、「リピート率」の数字は、明朝体の半角で入力し、小数点を付けること。
7．ソート機能を使って、二つの表それぞれを「来訪客数」の多い順に並べ替えること。

Ⅲ　テキスト・オブジェクトの挿入

1．挿入する文章は、用意されたフォルダなどにあるテキストファイルから取得し、校正および編集すること。
2．出題内容に合ったオブジェクトを、用意されたフォルダなどから選び、指示された位置に挿入すること。

Ⅳ　その他

1．問題文にある校正記号に従うこと。
2．①～⑫の処理を行うこと。
3．右の問題文にない空白行を入れないこと。
4．右の問題文の［ａ］に当てはまる語句を以下から選択し入力すること。

第一位　**第三位**　**第七位**

オブジェクト(標題)の挿入・センタリング

近年、サステナブルツーリズムを推進する団体が増えています。本市では、地域資源を活用した観光地づくりを実施するにあたり、参考となる地域について調べました。

①網掛けする。

＜東日本＞

地　　域	取　組　内　容	来訪客数	リピート率

②各項目名は、枠の中で左右にかたよらないようにする。

③枠内で均等割付けする。　④左寄せする(均等割付けしない)。　⑤右寄せする。

＜西日本＞

地　　域	取　組　内　容	来訪客数	リピート率

②と同じ。

③と同じ。　④と同じ。　⑤と同じ。

調査

⑥「調査」の文字で透かしを入れ、フォントの種類はゴシック体、文字の位置は水平とする。

⑦右寄せする。　単位　来訪客数：千人　リピート率：%

⑧取得した文章のフォントの種類は明朝体、サイズは12ポイントとし、「地」を2行の範囲で本文内にドロップキャップする。

テキストファイルの挿入範囲

地域の環境と文化を守り、地元経済を促進しながら、来訪客のニーズも満たす観光振興をサステナブルツーリズムといいます。地域住民の理解と協力を得ながら、様々な取り組みが行わられています。（トル）

⑨二重下線を引く。

製鉄と漁業、ラグビーで有名な岩手県釜石市は、調べた中でリピート率が a という結果になりました。

自然美や文化、地元ガイドとの交流に親しみを感じる来訪客が多く、リピーターの獲得につながっています。

⑩枠を挿入し、枠線は細実線とする。

⑪枠内のフォントの種類はゴシック体、サイズは12ポイントとし、横書きとする。

オブジェクト(イラスト)の挿入位置

資料作成：鳰川（ミオカワ）　和也

⑫明朝体のカタカナでルビをふり、右寄せする。

解答編

第69回速度部門

255	煮→似	435	上体→状態	546	不急→普及

第69回ビジネス文書部門　筆記編

第１級　筆記問題　（各２点　合計１００点）

	①	②	③	④	⑤	⑥	⑦	⑧
1	オ	カ	ク	イ	ウ			
2	ウ	○	エ	キ	ア			
3	イ	ア	ア	ウ	イ			
4	エ	キ	イ	ケ	コ	オ	カ	
5	ウ	イ	イ	ウ	ア	イ	ウ	ア

	①	②	③	④	⑤
6	けいれん	ごい	ふかん	せっしょう	りんぎ

	①	②	③	④	⑤	⑥	⑦	⑧	⑨	⑩
7	ア	ア	ウ	イ	ウ					
8	ウ	イ	ア	○	イ	イ	ウ	イ	ア	ウ

EV普及に向けた地域の取り組み状況

脱炭素社会の実現を目指し、本県では電気自動車（ＥＶ）普及に向けた取り組みを推進しています。そこで、モデル事業を実施している市町村からの報告をまとめました。

<県南部>

市町村名	活　動　内　容	急速充電器	補助金総額
桜山みらい市	月１回のまちづくりイベントで試乗会の実施	74	1,137
天　海　市	充電設備の設置場所が分かる地図の配布	82	968
田　見　市	名勝地をＥＶバスで巡る市内観光の企画	102	560
はとり町	集合住宅に共同利用型充電器の設置	39	473

<県北部>

市町村名	活　動　内　容	急速充電器	補助金総額
弓　竹　市	駅前駐車場にソーラーガレージの設置	104	1,293
北十川市	自動車関連企業と協働でインフラ整備	120	1,049
あずみ山中市	エネルギーパーク水の郷と連携したＰＲ活動	25	370

単位　急速充電器：基　補助金総額：万円

電気自動車の利用において、課題となっているのは充電インフラの不足です。移動の途中で効率的な充電を行うためには、急速充電器を増やすことが必要となります。本県では、充電設備を新設するための新たな補助金制度を検討しています。

急速充電器の設置数が一番多い北十川市には、県内最大級の物流拠点があります。周辺にも充電インフラが整備されたことで、ＥＶを導入する物流会社が大幅に増えました。

市内全域に整備が進み、空白地帯が減少しています。

資料作成：俣木（マタキ）　優太

第70回速度部門

286	容易→用意	390	刊行→観光	656	送→創

第70回ビジネス文書部門　筆記編

第１級　筆記問題　（各２点　合計１００点）

	①	②	③	④	⑤	⑥	⑦	⑧
1	キ	ウ	カ	ア	オ			
2	エ	ク	カ	○	イ			
3	ア	イ	ウ	イ	ア			
4	ケ	エ	イ	キ	オ	コ	ウ	
5	イ	ア	ウ	ア	イ	ア	ウ	イ

	①	②	③	④	⑤
6	ほてん	いしゅく	せんえつ	だんぱん	けねん

	①	②	③	④	⑤	⑥	⑦	⑧	⑨	⑩
7	イ	ア	ア	イ	ウ					
8	ウ	イ	イ	○	ア	ア	ウ	イ	イ	ア

花火大会の動画再生回数

当社で配信した花火大会について、大会当日から終了後１か月までに再生された動画の再生回数を調べました。インターネット広告の募集資料として、活用してください。

大会名称	特　　　　徴	開催月	動画再生回数
銀河大納涼会	世代別に事前投票した青春ソングとの競演	8月	1,016,540
謎とＨＡＮＡＢＩ	花火と謎解きが融合した初の試み	１０月	980,720
湖上の芸術祭	日本最長のナイアガラが湖面に浮かぶ	9月	578,613
龍神祭り花火物語	昔話の伝承が夜空に舞い上がる	1月	213,458
奉納夏の夜祭り	尺玉の連発や大迫力のスターマインが豪華	7月	67,427
匠の技極み	全国の花火師が新作で技を競い合う	１２月	35,842
		合　　計	2,892,600

単位　動画再生回数：回

最近は、花火だけではなく、音楽や演劇を組み合わせた企画が増加しています。

なかでも、謎解きゲームは、若い世代を中心に人気があります。今回の花火大会にも採用され、注目を浴びました。協賛する企業の情報や名称、花火の色や打ち上げた時間などが、謎を解くヒントになっていました。実際に花火を観覧した人々も、謎を解くため、何度も動画を見返したことで、再生回数が増加しました。長期間の再生が見込まれることから、宣伝の効果が持続することが期待できます。

動画再生回数が最も多いのは、銀河大納涼会です。花火の豪華さや美しさに加え、投票による参加型の大会になり、事前に関心を持つ人が増えました。帰省時期のため、全世代向けの広告配信が可能です。

資料作成：瑪崎（めさき）　紀子

第71回速度部門

296	機体→期待	432	声→生	604	快勝→解消

第71回ビジネス文書部門　筆記編

第１級　筆記問題　（各２点　合計１００点）

	①	②	③	④	⑤	⑥	⑦	⑧
1	イ	エ	ク	オ	ウ			
2	ウ	キ	ア	カ	○			
3	イ	ア	イ	ウ	ア			
4	カ	ク	ウ	コ	エ	ア	ケ	
5	ア	ウ	イ	ア	イ	ア	ウ	ア

	①	②	③
6	かいだく	しおさい	ていげん
	④	⑤	
	はんざつ	ようさん	

	①	②	③	④	⑤
7	イ	ウ	ア	ア	イ

	①	②	③	④	⑤
8	ウ	○	ウ	イ	ア
	⑥	⑦	⑧	⑨	⑩
	ア	イ	ウ	イ	ウ

持続可能な観光の実現に向けた取り組み

近年、サステナブルツーリズムを推進する団体が増えています。本市では、地域資源を活用した観光地づくりを実施するにあたり、参考となる地域について調べました。

＜東日本＞

地　　域	取　組　内　容	来訪客数	リピート率
栃木県那須塩原市	未利用温泉熱を活用しＣＯ２排出量を削減	7,513	47.1
宮城県東松島市	宮城オルレ奥松島コースを活用した施策	538	57.8
岩手県釜石市	海洋環境を漁船クルーズで学ぶ	479	78.2

＜西日本＞

地　　域	取　組　内　容	来訪客数	リピート率
和歌山県和歌山市	水質改善と歴史的風景の保全	4,468	67.0
熊本県阿蘇市	草原を活用したアクティビティの提供	3,299	74.0
香川県小豆島町	オリーブの魅力を国内外に発信	688	36.6
愛媛県大洲市	３３棟の古民家と町家をホテルとして再生	356	6.7

単位　来訪客数：千人　リピート率：％

地域の環境と文化を守り、地元経済を促進しながら、来訪客のニーズも満たす観光振興をサステナブルツーリズムといいます。地域住民の理解と協力を得ながら、様々な取り組みが行われています。

製鉄と漁業、ラグビーで有名な岩手県釜石市は、調べた中でリピート率が第一位という結果になりました。

自然美や文化、地元ガイドとの交流に親しみを感じる来訪客が多く、リピーターの獲得につながっています。

資料作成：鳰川（ミオカワ）　和也

24(02)

オブジェクト（標題）の挿入・センタリング

①二重下線を引く。

鉄鉱石などの好物資源は、資源のない日本が輸入に頼っているものの一つです。なかでも、非常に身近な素材であるベースメタルについて調べてみました。

品　目	特　　性	世界の生産量	日本の輸入量
	合　　計		

②各項目名は、枠の中で左右にかたよらないようにする。
③枠内で均等割付けする。
④左寄せする（均等割付けしない）。
⑤右寄せする。
⑥「回覧」の文字で透かしを入れ、フォントの種類は明朝体、文字の位置は水平とする。

回覧

単位　世界の生産量：千トン　日本の輸入量：千トン

⑦右寄せする。
⑧取得した文章のフォントの種類は明朝体、サイズは12ポイントとし、3段で均等に段組みをし、境界線を細実線で引く。

テキストファイルの挿入範囲

日本は、上記のベースメタルをほぼ全量輸入に頼っています。ベースメタルは偏在性が高く、途上国で生産されるものもあります。そのため、資源国の政策や鉱山のストライキなど供給リスクにさらされる可能性が高く、いかに安定供給を確保するかが最大の課題です。加えて、世界全体の金属資源の需要及び供給に占める中国の割合の急増に伴い、その国の政策や景気動向が金属価格を大きく左右しており、安定供給や安定調達を阻害する大きな要因になっています。

最近注目されているレアメタルは、低炭素化やハイテク技術を支える素材に不可欠な金属鉱物資源です。ベースメタルの中で輸入量の一番多い　a　などと同様、安定供給の確保は、日本外交の重要な課題の一つです。

⑨枠を挿入し、枠線は細実線とする。
⑩枠内のフォントの種類はゴシック体、サイズは12ポイントとし、横書きとする。
⑪網掛けする。

オブジェクト（表）の挿入位置

資料作成：室賀　勍雅（かつまさ）

⑫明朝体のひらがなでルビをふり、右寄せする。

4 ビジネス文書部門
筆記編ー機械・機械操作

1 一　般

DTP	卓上出版のこと。文字・図形・画像などのデータをパソコンなどで編集・レイアウトし、印刷物の版下を作成する作業のこと。
プロパティ	アイコンやプログラムなど、オブジェクトの属性または属性の一覧表示のこと。プロパティを変更することで、オブジェクトの表示や処理などの設定を変更できる。
デフォルトの設定	入力する方式や書式設定など、インストール直後の各種プロパティの初期設定のこと。ユーザが好みで変更できるが、職場など複数の人が使うパソコンでは設定を勝手に変えないことがマナーである。
ユーザの設定	入力する方式や書式などの初期設定を、利便性を向上させるためにユーザの好みで変更した設定のこと。ユーザごとにＩＤを与え個別にログインすることで、一つのパソコンで複数の環境を実現できる。
VDT障害	ＶＤＴ（液晶画面など）を見る作業を長時間続けることで引き起こされる、眼精疲労・腰痛・肩こりなどの健康上の問題のこと。
USBポート	パソコンのインターフェースの一つで、ＵＳＢ機器を接続する接続口のこと。
USBハブ	パソコンとＵＳＢ機器を接続する集線装置のこと。ケーブルの長さを延長する、集線（分割）する、周辺装置に電源を供給するなどの機能がある。

2 キー操作（ショートカットキー）

Ctrl + A	「すべてを選択」の操作を実行するショートカットキーのこと。
Ctrl + B	「太字」の操作を実行するショートカットキーのこと。
Ctrl + I	「斜体」の操作を実行するショートカットキーのこと。
Ctrl + N	「新規作成」の操作を実行するショートカットキーのこと。
Ctrl + O	「ファイルを開く」の操作を実行するショートカットキーのこと。
Ctrl + S	「上書き保存」の操作を実行するショートカットキーのこと。
Ctrl + U	「下線」の操作を実行するショートカットキーのこと。
Ctrl + Shift	「日本語入力システムの切り替え」の操作を実行するショートカットキーのこと。
Alt + F4	「終了」の操作を実行するショートカットキーのこと。
Alt + X	Unicodeの文字コードと文字を相互変換するショートカットキーのこと。

3 出　力

マルチウィンドウ	画面上に複数の作業領域を表示し、同時に作業が進められる機能のこと。
文頭（文末）表示	文書のある位置（ページ）から、文書の最初（最後）に移動する機能（呼び出して表示する機能）のこと。
ヘッダー	文章の名称・年月日・ページ番号・ファイル名など、文書の本文とは別に同一形式・同一内容の文字列をページの上部に印刷する機能のこと。
フッター	文章の名称・年月日・ページ番号・ファイル名など、文書の本文とは別に同一形式・同一内容の文字列をページの下部に印刷する機能のこと。
差し込み印刷	氏名や住所など他のデータを、ひな形（テンプレート）となる文書の指定した位置へ入力して、複数の文書を自動的に作成・印刷する機能のこと。賞状印刷や宛名印刷などに使用する。
バックグラウンド印刷	他の作業と並行して印刷できる機能のこと。
部単位印刷	複数枚の印刷をする場合、開始ページ目から終了ページまでを１枚ずつ印刷し、これを指定した枚数になるまで繰り返す印刷方法のこと。ページごとに指定した枚数を印刷する方法は**ページ単位印刷**という。 ※太字の用語は個別に出題されることがあります。
ローカルプリンタ	ＬＡＮなどを経由しないで、パソコンに直接接続されているプリンタのこと。
ネットワークプリンタ	ＬＡＮなどを経由して、パソコンと接続されているプリンタのこと。
裏紙（反故紙（ほごがみ））	省資源のために再利用する、裏面が白紙の使用済み用紙のこと。セキュリティの観点からは注意が必要である。

偽造防止用紙	コピー機で複製すると、コピーしたことが一目瞭然となるような無断コピーを防止する刷り込みが背景に施されている用紙のこと。
和文フォント	漢字やひらがな・カタカナなどの全角の日本語用の文字のデザインのこと。欧文や半角文字にも対応している。標準的な**明朝体**、視認性の高い**ゴシック体**、一画・一点を続けない手書き書体の**楷書体**、速く書くために一画・一点を続ける**行書体**、江戸文字の**勘亭流**などがある。 ※和文フォントの種類は個別に出題されることがあります。
欧文フォント	主に海外で使われている、半角の英数字用の文字のデザインのこと。日本語文字には対応していないことが多い。標準的なArial、プロポーショナルフォントのCentury、等幅フォントのCourierなどがある。

4 編　集

置　換	文書から条件をつけて指定した文字列を探しだし、他の文字列に変更すること。
段　落	ある話題や内容について、行を改めて書かれた文章のひとまとまりのこと。
ドロップキャップ	文頭の１文字を大きくし、強調する文字修飾のこと。

5 記　憶

組み文字	複数の文字を１文字分の枠の中に配置し、１文字として取り扱う機能のこと。
外　字	ユーザが作成して、システムに登録した文字のこと。
文書の保管	まだ使う見込みのある文書を、必要に応じて取り出せるように整理し、身近で管理すること。
文書の保存	当面使う予定のない文書を、必要に応じて取り出せるように整理し、書庫などで管理すること。
文書の履歴管理	著作やプロジェクトの進行に伴って変遷する文書を、日時や作業の節目でのデータを保存し、作業内容を付記しておくこと。必要に応じて過去のデータに遡り、利用する。
専門辞書	人名辞書、地名辞書や医療用語辞書など、分野ごとの詳細な用語を集めたかな漢字変換用の辞書のこと。
標準辞書	ＩＭＥがデフォルトで使用するかな漢字変換用の辞書のこと。
Unicode	世界中の文字を一元化して扱うことを目的に、それぞれの文字に一つの番号を割り当てた表のこと。文字コードの世界標準の一つになっている。
ＪＩＳコード	正式にはISO-2022-JPといい、主に電子メールで日本語を扱う際に利用される符号化方式のこと。
シフトＪＩＳコード	正式にはShift_JISといい、主にWindowsで日本語を扱う際に利用される符号化方式のこと。

6 電子メール

ＨＴＭＬメール	メール本文の文字修飾に加え、マークアップ言語を用いてページ編集ができるメールのこと。
リッチテキストメール	フォントの種類やポイントなど、メールの文字に基本的な修飾ができるメールのこと。
テキストメール	修飾されていない文字のみのデータで作成されたメールのこと。
受信箱	メールサーバからダウンロードしたメールを保存しておく記憶領域のこと。
送信箱	メールサーバにアップロードしたメールのコピーを保存しておく記憶領域のこと。
ゴミ箱	削除したメールを保存しておく記憶領域のこと。
メールボックス	受信者がダウンロードするまで受信した電子メールを保存しているメールサーバの記憶領域のこと。
メーラ	電子メールを作成し受信者に向けて発信したり、自分あてのメールを受信し表示や印刷をしたりするソフトのこと。
メーリングリスト	名簿に登録されている人のアドレスに、一斉にメールを送信するシステムのこと。メーリングリストからのメールに返信すると、全ての受取人に一斉送信される。
Fw	転送を意味するForwardの略語のこと。Fwdとも略す。
PS	追伸を意味するPostscriptの略語のこと。P.S.とも略す。
Re	一般的に返信のメールであることを表示する略語のこと。「～について」を意味するラテン語に由来するといわれ、返信の操作をすると自動的に件名に付されることが多い。
Reply	返信を意味する語句で、"Reply to ＊"で送信者＊に対する返信を意味する。返信の際にReply-Allを指定すると、Toだけでなく Ccにも返信される。

筆記1対策問題

1－1　次の各文は何について説明したものか、最も適切な用語を解答群の中から選び、記号で答えなさい。

① ユーザが作成して、システムに登録した文字のこと。
② 文字・図形・画像などのデータをパソコンなどで編集・レイアウトし、印刷物の版下を作成する作業のこと。
③ 文書のある位置から、文書の最初に移動する機能のこと。
④ 省資源のために再利用する、裏面が白紙の使用済み用紙のこと。
⑤ 文書の本文とは別に同一形式・同一内容の文字列をページの上部に印刷する機能のこと。

【解答群】

ア．文末表示	イ．外字	ウ．文頭表示
エ．フッター	オ．偽造防止用紙	カ．専門辞書
キ．裏紙（反故紙）	ク．ＤＴＰ	ケ．ヘッダー

解答欄	①	②	③	④	⑤

1－2　次の各文は何について説明したものか、最も適切な用語を解答群の中から選び、記号で答えなさい。

① 文書のある位置から、文書の最後に移動する機能のこと。
② 漢字やひらがな・カタカナなどの全角の日本語用の文字のデザインのこと。
③ 日時や作業の節目でのデータを保存し、作業内容を付記しておくこと。
④ 液晶画面などを見る作業を長時間続けることで引き起こされる、眼精疲労・腰痛・肩こりなどの健康上の問題のこと。
⑤ 画面上に複数の作業領域を表示し、同時に作業が進められる機能のこと。

【解答群】

ア．マルチウィンドウ	イ．欧文フォント	ウ．拡張子
エ．和文フォント	オ．文書の履歴管理	カ．文頭表示
キ．文末表示	ク．ＤＴＰ	ケ．ＶＤＴ障害

解答欄	①	②	③	④	⑤

1－3　次の各文は何について説明したものか、最も適切な用語を解答群の中から選び、記号で答えなさい。

① パソコンとＵＳＢ機器を接続する集線装置のこと。ケーブルの長さを延長する、集線（分割）する、周辺装置に電源を供給するなどの機能がある。
② 文書から条件をつけて指定した文字列を探しだし、他の文字列に変更すること。
③ ＬＡＮなどを経由しないで、パソコンに直接接続されているプリンタのこと。
④ 名簿に登録されている人のアドレスに、一斉にメールを送信するシステムのこと。
⑤ 入力する方式や書式などの初期設定を、利便性を向上させるためにユーザの好みで変更した設定のこと。

【解答群】

ア．ＵＳＢハブ	イ．ネットワークプリンタ	ウ．メーリングリスト
エ．置換	オ．ＵＳＢポート	カ．ローカルプリンタ
キ．ドロップキャップ	ク．ユーザの設定	ケ．マルチシート

解答欄	①	②	③	④	⑤

1－4　次の各文は何について説明したものか、最も適切な用語を解答群の中から選び、記号で答えなさい。

① アイコンやプログラムなど、オブジェクトの属性または属性の一覧表示のこと。
② 電子メールにおいて転送を意味する略語のこと。
③ ある話題や内容について、行を改めて書かれた文章のひとまとまりのこと。
④ ＬＡＮなどを経由して、パソコンと接続されているプリンタのこと。
⑤ メールサーバからダウンロードしたメールを保存しておく記憶領域のこと。

【解答群】

ア．ローカルプリンタ　　イ．段落　　ウ．Reply
エ．Fw　　オ．ゴミ箱　　カ．プロパティ
キ．受信箱　　ク．デフォルトの設定　　ケ．ネットワークプリンタ

解答欄	①	②	③	④	⑤

1－5　次の各文は何について説明したものか、最も適切な用語を解答群の中から選び、記号で答えなさい。

① ＩＭＥがデフォルトで使用するかな漢字変換用の辞書のこと。
② 修飾されていない文字のみのデータで作成されたメールのこと。
③ 氏名や住所など他のデータを、ひな形となる文書の指定した位置へ入力して、複数の文書を自動的に作成・印刷する機能のこと。賞状印刷や宛名印刷などに使用する。
④ メール本文の文字修飾に加え、マークアップ言語を用いてページ編集ができるメールのこと。
⑤ 主に海外で使われている、半角の英数字用の文字のデザインのこと。

【解答群】

ア．リッチテキストメール　　イ．和文フォント　　ウ．標準辞書
エ．専門辞書　　オ．差し込み印刷　　カ．バックグラウンド印刷
キ．テキストメール　　ク．欧文フォント　　ケ．ＨＴＭＬメール

解答欄	①	②	③	④	⑤

1－6　次の各文は何について説明したものか、最も適切な用語を解答群の中から選び、記号で答えなさい。

① パソコンのインターフェースの一つで、ＵＳＢ機器を接続する接続口のこと。
② 文書の本文とは別に同一形式・同一内容の文字列をページの下部に印刷する機能のこと。
③ 追伸を意味する略語のこと。
④ 主に電子メールで日本語を扱う際に利用される符号化方式のこと。
⑤ 一般的に返信のメールであることを表示する略語のこと。

【解答群】

ア．Fw　　イ．Unicode　　ウ．ＪＩＳコード
エ．ヘッダー　　オ．Re　　カ．ＵＳＢポート
キ．PS　　ク．ＵＳＢハブ　　ケ．フッター

解答欄	①	②	③	④	⑤

1－7　次の各用語に対して、最も適切な説明文を解答群の中から選び、記号で答えなさい。

①　バックグラウンド印刷　②　ドロップキャップ　③　ゴミ箱
④　メールボックス　⑤　シフトＪＩＳコード

【解答群】
ア．主にWindowsで日本語を扱う際に利用される符号化方式のこと。
イ．ＬＡＮなどを経由して、パソコンと接続されているプリンタのこと。
ウ．当面使う予定のない文書を、必要に応じて取り出せるように整理し、書庫などで管理すること。
エ．削除したメールを保存しておく記憶領域のこと。
オ．漢字やひらがな・カタカナなどの全角の日本語用の文字のデザインのこと。
カ．ユーザが作成して、システムに登録した文字のこと。
キ．他の作業と並行して印刷できる機能のこと。
ク．受信者がダウンロードするまで受信した電子メールを保存しているメールサーバの記憶領域のこと。
ケ．文頭の１文字を大きくし、強調する文字修飾のこと。

解答欄	①	②	③	④	⑤

1－8　次の各用語に対して、最も適切な説明文を解答群の中から選び、記号で答えなさい。

①　デフォルトの設定　②　部単位印刷　③　Unicode
④　偽造防止用紙　⑤　メーラ

【解答群】
ア．省資源のために再利用する、裏面が白紙の使用済み用紙のこと。
イ．他の作業と並行して印刷できる機能のこと。
ウ．開始ページ目から終了ページまでを１枚ずつ印刷し、これを指定した枚数になるまで繰り返す印刷方法のこと。
エ．文書のある位置から、文書の最後に移動する機能のこと。
オ．入力する方式や書式設定など、インストール直後の各種プロパティの初期設定のこと。
カ．入力する方式や書式などの初期設定を、利便性を向上させるためにユーザの好みで変更した設定のこと。
キ．世界中の文字を一元化して扱うことを目的に、それぞれの文字に一つの番号を割り当てた表のこと。
ク．コピー機で複製すると、コピーしたことが一目瞭然となるような無断コピーを防止する刷り込みが背景に施されている用紙のこと。
ケ．電子メールを作成し受信者に向けて発信したり、自分あてのメールを受信し表示や印刷をしたりするソフトのこと。

解答欄	①	②	③	④	⑤

1－9　次の各用語に対して、最も適切な説明文を解答群の中から選び、記号で答えなさい。

①　ＶＤＴ障害　②　プロパティ　③　外字
④　組み文字　⑤　リッチテキストメール

【解答群】
ア．修飾されていない文字のみのデータで作成されたメールのこと。
イ．文頭の１文字を大きくし、強調する文字修飾のこと。
ウ．パソコンなどで編集・レイアウトし、印刷物の版下を作成する作業のこと。
エ．複数の文字を１文字分の枠の中に配置し、１文字として取り扱う機能のこと。
オ．フォントの種類やポイントなど、メールの文字に基本的な修飾ができるメールのこと。
カ．ユーザが作成して、システムに登録した文字のこと。
キ．液晶画面などを見る作業を長時間続けることで引き起こされる、健康上の問題のこと。
ク．氏名や住所など他のデータを、ひな形となる文書の指定した位置へ入力して、複数の文書を自動的に作成・印刷する機能のこと。
ケ．アイコンやプログラムなど、オブジェクトの属性または属性の一覧表示のこと。

解答欄	①	②	③	④	⑤

筆記2対策問題

2－1　次の各文の下線部について、正しい場合は○を、誤っている場合は最も適切な用語を解答群の中から選び、記号で答えなさい。

① 文頭の１文字を大きくし、強調する文字修飾を外字という。
② 送信者に対する返信を意味する語句をReplyという。
③ 本文とは別に同一形式・同一内容の文字列を、ページの下部に印刷する機能をＤＴＰという。
④ パソコンのインターフェースの一つで、ＵＳＢ機器を接続する接続口をＵＳＢハブという。
⑤ マルチウィンドウとは、画面上に複数の作業領域を表示し、同時に作業が進められる機能のこと。

【解答群】
ア．フッター　イ．ドロップキャップ　ウ．文書の保存
エ．ヘッダー　オ．組み文字　カ．ＵＳＢポート
キ．Fw　ク．Re　ケ．プロパティ

解答欄	①	②	③	④	⑤

2－2　次の各文の下線部について、正しい場合は○を、誤っている場合は最も適切な用語を解答群の中から選び、記号で答えなさい。

① まだ使う見込みのある文書を、必要に応じて取り出せるように整理し、身近で管理することを文書の保存という。
② 文書のある位置から、文書の最後に移動する機能を文末表示という。
③ ネットワークプリンタとは、パソコンとＵＳＢ機器を接続する集線装置のこと。
④ 文書から条件をつけて指定した文字列を探しだし、他の文字列に変更することをメーラという。
⑤ 人名辞書、地名辞書や医療用語辞書など、分野ごとの詳細な用語を集めたかな漢字変換用の辞書を外字という。

【解答群】
ア．置換　イ．ローカルプリンタ　ウ．文頭表示
エ．標準辞書　オ．ＵＳＢポート　カ．ＵＳＢハブ
キ．文書の履歴管理　ク．文書の保管　ケ．専門辞書

解答欄	①	②	③	④	⑤

2－3　次の各文の下線部について、正しい場合は○を、誤っている場合は最も適切な用語を解答群の中から選び、記号で答えなさい。

① 無断コピーを防止する刷り込みが背景に施されている用紙をＰＰＣ用紙という。
② 当面使う予定のない文書を、必要に応じて取り出せるように整理し、書庫などで管理することを文書の保存という。
③ 漢字やひらがな・カタカナなどの全角の日本語用の文字のデザインを組み文字という。
④ 文頭表示とは、文書の本文とは別に同一形式・同一内容の文字列をページの上部に印刷する機能のこと。
⑤ ＬＡＮなどを経由して、パソコンと接続されているプリンタをバックグラウンド印刷という。

【解答群】
ア．ネットワークプリンタ　イ．ローカルプリンタ　ウ．ドロップキャップ
エ．文書の保管　オ．フッター　カ．ヘッダー
キ．和文フォント　ク．欧文フォント　ケ．偽造防止用紙

解答欄	①	②	③	④	⑤

2－4　次の各文の下線部について、正しい場合は○を、誤っている場合は最も適切な用語を解答群の中から選び、記号で答えなさい。

① 文字・図形・画像などのデータをパソコンなどで編集・レイアウトし、印刷物の版下を作成する作業をプロパティという。
② 省資源のために再利用する、裏面が白紙の使用済み用紙を偽造防止用紙という。
③ 主に海外で使われている、半角の英数字用の文字のデザインを和文フォントという。
④ ＩＭＥがデフォルトで使用するかな漢字変換用の辞書を標準辞書という。
⑤ メールサーバにアップロードしたメールのコピーを保存しておく記憶領域をメールボックスという。

【解答群】

ア．ＤＴＰ	イ．裏紙（反故紙）	ウ．メーリングリスト
エ．デフォルトの設定	オ．欧文フォント	カ．マルチウィンドウ
キ．外字	ク．送信箱	ケ．専門辞書

解答欄	①	②	③	④	⑤

2－5　次の各文の下線部について、正しい場合は○を、誤っている場合は最も適切な用語を解答群の中から選び、記号で答えなさい。

① 削除したメールを保存しておく記憶領域を受信箱という。
② 複数枚の印刷をする場合、ページごとに指定した枚数を印刷する方法をページ単位印刷という。
③ 主に電子メールで日本語を扱う際に利用される符号化方式をシフトＪＩＳコードという。
④ まだ使う見込みのある文書を、必要に応じて取り出せるように整理し、身近で管理することを文書の保存という。
⑤ 氏名や住所など他のデータを、テンプレートとなる文書の指定した位置へ入力して、複数の文書を自動的に作成・印刷する機能をバックグラウンド印刷という。

【解答群】

ア．差し込み印刷	イ．ＤＴＰ	ウ．ＪＩＳコード
エ．透かし	オ．ゴミ箱	カ．バックアップ
キ．文書の履歴管理	ク．部単位印刷	ケ．文書の保管

解答欄	①	②	③	④	⑤

2－6　次の各文の下線部について、正しい場合は○を、誤っている場合は最も適切な用語を解答群の中から選び、記号で答えなさい。

① 入力する方式や書式などの初期設定を、利便性を向上させるためにユーザの好みで変更した設定をデフォルトの設定という。
② 当面使う予定のない文書を、必要に応じて取り出せるように整理し、書庫などで管理することを文書の保管という。
③ 人名辞書、地名辞書や医療用語辞書など、分野ごとの詳細な用語を集めたかな漢字変換用の辞書を専門辞書という。
④ フォントの種類やポイントなど、メールの文字に基本的な修飾ができるメールをＨＴＭＬメールという。
⑤ ＬＡＮなどを経由して、パソコンと接続されているプリンタをローカルプリンタという。

【解答群】

ア．標準辞書	イ．リッチテキストメール	ウ．ファイリング
エ．ヘッダー	オ．ＶＤＴ障害	カ．ユーザの設定
キ．ネットワークプリンタ	ク．文書の保存	ケ．マルチウィンドウ

解答欄	①	②	③	④	⑤

5 ビジネス文書部門 筆記編ー文書の種類・作成、プレゼンテーション

1 文書の種類

			No.	用語	解説
通信文書（一般文書）	社内文書		1	報告書	業務や研究・調査などについて、状況や結果を整理して、上司や部署に提出するための文書のこと。
			2	稟議書 決裁書	すでに予定されている業務や起案された案件に対して、会議を開くことなく、部課長などの決裁者が回覧・押印して許可を与えるための文書のこと。決裁書ともいう。 例：予算の決裁、施設の利用許可、見積書の送付
			3	起案書	様々な業務に関わる作業を開始していいかを、上司に対して許可を求めるための文書のこと。
	社内文書／社外文書		4	企画書	新しい業務の目標達成や問題解決のために、具体的な提案・活動予定・コンセプト（方針）などをまとめた文書のこと。　例：新商品開発、旅行プラン
			5	提案書	会議に提出する、自らが関わる業務の変更や新しい案をまとめた文書のこと。プレゼンテーションの際に、取引先など社外に提示するために作成されることもある。
	社外文書	社交文書	6	推薦状	優れた人物や企業の資質や能力を評価し、採用を促すための文書のこと。
			7	弔慰状	取引先など関係する故人の葬儀にあたって、その死を悼みお悔やみを述べるための文書のこと。
			8	見舞状	病気や災害に遭った相手に、慰めたり励ましたりするための文書のこと。
		取引文書	9	照会状	取引先などに対して、不明な事項を質問し、回答を求めるための文書のこと。
			10	契約書	取引に先立ち決定された条件などを書き込み、その確認として双方の押印やサインをした文書のこと。同じ物を２部作成し、双方で保管する。取引でトラブルが生じた場合には、裁判での証拠となりうる。
			11	承諾書	取引先から提示された内容について、了解したことを伝えるための文書のこと。
			12	苦情状	先方に対して、過失や不手際などについて、当方の不満や言い分を伝えるための文書のこと。
			13	通知状	相手方に対して、了解しておいて欲しい事柄を、伝えるための文書のこと。
			14	督促状	取引先に対して、期日に遅れている取り引きの実行を促すための文書のこと。
			15	詫び状	先方に対して、当方の過失や不手際などを陳謝するための文書のこと。
			16	回答状	先方に対して、当方への質問・照会・要求などに対する返事を伝えるための文書のこと。
			17	目論見書	有価証券の募集または売り出しのためにその相手方に提供するための文書のこと。当該有価証券の発行者の事業その他の事項に関する説明を記載したものである。
		その他	18	公告	一般に対して、ある事実を公表し広く一般に知らせるための文書のこと。官報や新聞への掲載や官公庁での掲示で行う。 例：公共工事の入札案内、議会の招集告示、企業の決算報告、失踪宣告
帳票	社内文書		19	帳簿	事務上の必要事項を記入していく、ノートやバインダなどの文書のこと。 例：金銭出納帳、商品有高帳
	社外文書／取引文書		20	委任状	証明書の交付や届けを自分の代わりに行使してもらう場合など、その代理であることを証明するための文書のこと。
			21	申請書	官公庁や企業に対して、申し込みや応募をするための文書のこと。

2 文書の作成

	No.	用語	解説
文書の構成・作成	1	前文挨拶の例	P.110-111 3 4 5 6 参照
	2	月の異名と時候の挨拶の例	
	3	本文の例	
	4	末文挨拶の例	
	5	5W1H	用件や提案を正確に漏れなく伝えるために、文書中に盛り込まなくてはならない基本的な内容を表すもので、Who（誰が）・Why（なぜ）・When（いつ）・Where（どこで）・What（何を）・How（どのように）のこと。
	6	7W2H	マーケティングやプロジェクトなどで要点や目的・方針を検討する際に用いられるフレームワーク（考え方の骨組み）で、Who（誰が）・Why（なぜ）・When（いつ）・Where（どこで）・What（何を）・Whom（誰に）・Which（どれから）・How（どのように）・How Much（どのくらい）のこと。

文書の構成・作成	7	文書主義	業務の遂行にあたり、その記録として文書を作成すること。
	8	短文主義	特に必要のない限り、一文（句点までの文字の長さ）は60～80字程度を限度に、なるべく短く文章を作成すること。
	9	簡潔主義	用件を把握しやすくするために、虚飾を避け箇条書きなどを利用して、理解しやすい文章を作成すること。
	10	一件一葉主義	一通の文書に、一つの用件だけ書くこと。文書が定型化でき、また、受信者の確認ミスが少なくなるなど、事務の質や効率を重視する。
	11	箇条書き	伝えたい項目や内容を短文で簡潔にまとめ、列挙して提示する文字表現、または罫線のない表のこと。
	12	忌み言葉	慶事や弔事に際して、縁起が良くないので使うのを避ける語句のこと。文書では、句読点も「切れる」「終わる」の意を含むため、使わない。 例：別れる、滑る、無くなる、枯れる、消える
	13	重ね言葉	弔事に際して、繰り返すことを連想させるために使うのを避ける語句のこと。 例：色々、次々、重ね重ね、再三再四
	14	禁句	ネガティブなイメージや皮肉に取られるなど、受け手の気持ちを害したり乱したりしないために、使わないもしくは言い換えるべき語句のこと。ネチケットの配慮事項の一つとされる。

3 前文挨拶の例

※(参考)で示した事項は出題されません。　☆個人宛と企業宛の使い分けに留意する。

頭語・時候の挨拶・挨拶文	拝啓　○○の候、貴社（貴行・貴校・貴所・貴会）ますますご発展のこととお喜び（お慶び）申し上げます。 (参考)「貴社」の代わりに「御社」を用いることもある。慶事には「お喜び」ではなく「お慶び」を用いることが多い。
	謹啓　時下、ますますご盛栄（ご清栄、ご繁栄、ご隆盛、ご隆昌）のこととお喜び申し上げます。
	（個人宛）拝啓　○○様（皆様）におかれましては、ますますご清祥（ご健勝）のことと存じ（お喜び申し上げ）ます。
感謝の言葉	毎度（毎々）格別のお引き立て（ご贔屓、ご愛顧）を賜り、厚く（心から）御礼申し上げます。
	平素より（日頃から）ひとかたならぬ（誠に、並々ならぬ）ご厚情（ご懇情、ご高配、ご配慮、ご厚誼）をいただき、誠にありがとうございます。
返信	拝復　お手紙（御状、ご書状）拝見（拝読、拝受）いたしました。 (参考) 一連の手紙で、前回と繰り返しになるような場合は、時候の挨拶などは省略することもある。
年賀状(賀詞)	謹賀新年（恭賀新春）　　謹んで新年（新春）のお慶びを申し上げます

4 本文の例

※(参考)で示した事項は出題されません。

報告／連絡	さて、このたび弊社（私ども）では、かねて（以前より、昨年来）予定（企画、計画、建設、準備）しておりました○○○について（開店・開業・竣工・完成すること、運び）になりましたので、お知らせ（ご案内・ご連絡、ご報告）いたします（申し上げます）。
祝賀	このたびは、御社（○○様）におかれましては○○○とのこと、ご同慶の至りと存じます（衷心よりお祝い申し上げます、拝察しております、祝意の意を表します、心よりお祝い申し上げます）。
お詫び	このたび（今般、本件、この件につきまして）は、私どもの不手際（不始末、不首尾、不徳の致すところ、過誤）によりご迷惑（ご心配、ご面倒、お手数）をおかけいたしましたこと、大変申し訳なくお詫び申し上げます（お詫びの言葉もございません、心より陳謝いたします、失礼を致しました）。
お願い	大変お手数をおかけいたしますが（ご迷惑をおかけいたしますが、誠に恐れ入りますが、恐縮ではございますが、ご多忙とは存じますが）、○○○していただきますよう、なにとぞご理解（ご配意、ご支援、ご指導、ご鞭撻）のほど、よろしくお願い申し上げます。
感謝	これもひとえに皆様方の日ごろからのご支援（ご指導、ご鞭撻、ご教授、ご教示）の賜物（お陰）と、深く感謝いたしております。　(参考) ご指導・ご鞭撻は、目上の人や先生など教えてもらう立場の人に使う。
見積り依頼	さて、弊社では○○○を控え、「×××」の仕入れを検討しております。つきましては、下記（別紙・添付ファイル）の内容でお見積をいただきたく（の作成をお願いしたいと）存じます。 (参考) 見積依頼などのデータは改竄防止のため、電子メールではPDFなどの別ファイルとする。
報告	このたび（今回、今般）発生しました○○○の経緯（経過・原因）について、別紙のとおりご報告いたします（申し上げます・させていただきます）。
決意の表明	この機に（これを契機とし、これを好機と捉え）、皆様のご期待（ご要望）に添えますよう一層（鋭意、さらに）努力（奮励、精進、尽力、研鑽）してまいる所存です。
受取のお願い	ご査収（ご確認［文書など］、検収、検品）のほどよろしくお願いいたします。 お受け取りください［一般的］。 ご高覧［目上の方への文書等］（ご笑納［普通の贈り物］）いただければ幸いです。

返答のお願い	誠に申し訳ございませんが（勝手ではありますが）、準備の都合もございますので、令和○年○月○日までにご返信（ご返事・ご回答）くださいますようお願い申し上げます。
年賀状	旧年中はひとかたならぬご愛顧（ご高配）を賜り（にあずかり） 誠にありがとうございました（厚く御礼申し上げます） 貴社のますますのご発展（ご繁栄）と 皆様のご健勝を心よりお祈り申し上げます
喪中	服喪中（喪中）につき 年末年始（新年・年頭）のご挨拶をご遠慮（差し控え・失礼）させていただきます （参考）喪中の手紙では、頭語、時候の挨拶などを付けない。また、句読点も付けないことが多い。
哀悼	逝去の報に接し、ご冥福をお祈りいたします（このたびはご愁傷様でございます、御霊のご平安をお祈り申し上げます）、心（衷心、赤心）より哀悼の意を表します（お悔やみ申し上げます）。 （参考）「ご冥福」は一般的に用いられるが、仏教用語なので注意する。

5 末文挨拶　※(参考)で示した事項は出題されません。

取引のお願い	今後とも（引き続き、本年も）、何とぞご用命（ご利用、ご注文、ご指名、ご愛顧）を賜りますよう（伏して、重ねて、謹んで）お願い申し上げます。
出席のお願い	ご多忙（ご多用）［の折］と存じ（恐縮ではございますが、万障お繰り合わせのうえ（ふるって、ぜひ、お誘い合わせのうえ）ご来臨（ご来場、ご参加）賜りますようお願い申し上げます。
援助のお願い	今後とも、倍旧の（変わらぬ、以前にも増して、旧に倍して、なお一層の）お引き立て（ご支援、ご指導、ご鞭撻、ご厚誼、ご厚情、ご理解）のほど（を賜りますよう）お願い申し上げます。
用件の再確認	まずは（以上）、ご連絡（ご報告、ご挨拶）のみにて失礼いたします（かたがたお願い申し上げます）。
報告 挨拶	はなはだ僭越（略儀、恐縮、不躾）ながら（取り急ぎ）、書面（書中）をもってご挨拶（ご報告、ご連絡）させていただきます。
祈念 （企業／個人）	末筆とはなりましたが（謹んで）、御社（貴店、皆様方）のますますの（さらなる）ご繁栄（ご繁昌、ご発展、ご活躍、ご多幸、ご健勝）をご祈念申し上げます。
祈念 （個人）	（個人宛）余寒（寒さ、暑さ、残暑）厳しき折（時節柄、季節柄）、くれぐれも（何とぞ、どうぞ）ご自愛ください（お身体をおいといください、お風邪など召しませんように、お健やかにお過ごしください）。 （参考）「もらう」の意味でない「いただく」「ください」は仮名書きにする。

6 月の異名と時候の挨拶の例

1月	睦月（むつき）	寒気ことのほか厳しい季節となりましたが、　風花の舞う今日このごろ、　厳寒の候、
2月	如月（きさらぎ）	梅のつぼみもほころぶころとなりましたが、　余寒の候、　春寒の候、
3月	弥生（やよい）	桃の花咲く季節となりましたが、　春寒もすっかりゆるみ、　早春の候、
4月	卯月（うづき）	春もたけなわの今日このごろ、　陽春の候、　桜花爛漫の候、
5月	皐月（さつき）	若葉の緑もすがすがしい季節となりましたが、　風薫る季節となりましたが、　新緑の候、
6月	水無月（みなづき）	アジサイも色鮮やかになってまいりましたが、　初夏の候、　向暑の候、
7月	文月（ふづき）	連日の暑さ厳しい折から、　盛夏の候、　酷暑の候、
8月	葉月（はづき）	ヒグラシの声に季節の移ろいを覚えるころとなりましたが、　晩夏の候、　残暑の候、
9月	長月（ながつき）	朝夕めっきり涼しさを覚える季節となりましたが、　清涼の候、　初秋の候、
10月	神無月（かんなづき）	日増しに秋も深まり、　灯火親しむころとなりましたが、　清秋の候、
11月	霜月（しもつき）	穏やかな小春日和が続いておりますが、　向寒の候、　深冷の候、
12月	師走（しわす）	寒さがひとしお身にしみる年の瀬となりましたが、　霜寒の候、　寒冷の候、

7 プレゼンテーション

No.	項目	解説
1	クライアント	プレゼンテーションでは、説明や提示などを受ける顧客、依頼人、得意先などのこと。
2	キーパーソン	契約の決裁権・決定権を持つ具体的な人物や、内容を理解し同意してもらう目標となる聞き手のこと。
3	プレゼンター	プレゼンテーションを行う発表者のこと。
4	知識レベル	聞き手の持つ見識や理解している用語の種類や程度のこと。これを想定して、分かりやすい配付資料や話の内容を検討する。
5	ストーリー	話のアウトラインのこと。シナリオ、台本。リード→序論→本論→結論→質疑応答・締めくくり、といった流れのこと。
6	フレームワーク	話を分かりやすく説得力を持ったものにするためのロジカルシンキングにのっとった説明の進め方や枠組みのこと。

7	起承転結	問題の提起→発展→視点の変更→まとめの４段落で構成する、作文や物語向きのフレームワークのこと。
8	三段論法	序論→本論→結論の３段落で構成する、論文や講話向きのフレームワークのこと。
9	結論先出し法	最初に結果や重要点を述べ、次に理由や具体例などを挙げ、最後にまとめに戻るフレームワークのこと。
10	リード	論文や講演などでの、導入部分のこと。ポイントの確認や、話の全体像を提示し、聞き手・読み手の関心を高める。
11	アニメーション効果	画面の絵や文字に動きを与えること。印象を強めたり関心をひいたりするために用いる。
12	サウンド効果	スライドを表示する際やポイントとなる場面で、短く音を鳴らすこと。注意を引きつけるために用いる。
13	プレゼンテーションの流れ	目的の確立→発表準備→リハーサル→本番→評価、といった流れのこと。
14	発表準備	資料収集、内容整理、聴衆分析、スライドの作成、配付資料作成など、プレゼンテーション直前までの活動のこと。
15	プランニングシート	目的確認、発表準備作業、聴衆分析など、プレゼンテーション全体の企画をまとめた表のこと。
16	チェックシート	内容が目的に合致しているか、説明不足がないか、機器の準備など、点検項目を確認する表のこと。
17	聴衆分析（リサーチ）	プレゼンテーションを企画する段階で行う、聞き手に関する事前調査のこと。様々な調査を行い、適切な配付資料とプレゼンテーションの用意に役立てる。
18	プレビュー	プレゼンテーションの実施前に行う事前検討のこと。内容が目的と合致しているか、説明不足がないか確認をしたり、トラブルを予想して対応を検討したりする。
19	リハーサル	プレゼンテーションを最初から最後まで通して行う事前練習のこと。繰り返すことで、スムースなプレゼンテーションができるように完成度を高める。
20	評価（レビュー）	プレゼンテーションの実施後に行う事後検討のこと。うまくいった点、失敗した点や準備不足などを確認し、アフターケアや次回の参考とする。
21	フィードバック	リハーサルや本番の評価を次回に反映させること。
22	スライドマスタ	スライドのひな形（テンプレート）のこと。目的に適したレイアウトや背景などが、使いやすいようにあらかじめ設定されている。
23	プレースホルダ	スライドの中で、点線や実線で囲まれた領域のこと。タイトルや本文、グラフ、図などのオブジェクトを格納する。
24	背景デザイン	スライドの地に配置する模様や風景などの、静止画像データのこと。
25	アウトラインペイン	スライドのサムネイルを表示する領域のこと。話の筋道（ストーリー）に沿って、表示する順序を考える。
26	スライドペイン	プレゼンテーションソフトで、スライドに文字や図形を配置したり、編集したりする領域のこと。
27	ノートペイン	発表時の注意事項や台本をメモする領域のこと。スライドショーを実行する際、スクリーンには表示されない。
28	デリバリー技術	プレゼンテーションの効果を高めるための、プレゼンターの話し方やアピール方法のこと。アイコンタクト、ボディランゲージ、発声の強弱・抑揚、間、再質問法などがある。
29	発問	聞き手に対して、質問すること。全員対象発問、指名発問、リレー発問などがある。
30	アイコンタクト	聞き手に視線を送ること。話を聞いて理解してもらえるように促す。Ｓ字またはＺ字に全体を見渡すと効果的である。
31	ボディランゲージ	ジェスチャ（動作）、視線（アイコンタクト）、表情などによる言葉以外の表現のこと。
32	ハンドアクション	対象の大きさや形を表したり、方向や指名をしたりする、手や腕を使った表現のこと。
33	ＨＤＭＩ	ディジタル信号の映像・音声・制御信号を１本のケーブルにまとめて送信する規格のこと。パソコンとモニタやプロジェクタ、テレビとハードディスクレコーダやゲーム機との接続などに使う。
34	ＶＧＡ	パソコンからディスプレイへ、アナログＲＧＢ信号の映像を出力する規格のこと。
35	ＵＳＢ	パソコンのインターフェースの一つで、ほとんどの周辺装置を接続するために利用されている規格のこと。ホットプラグや給電、集線できるなどの長所をもち、端子の形状や機能により、複数の種類がある。また、ケーブルや通信相手と通信速度が一致しない場合は、低い方の速度で通信される。
36	5W1H	p.109 2 No.5参照。
37	7W2H	p.109 2 No.6参照。

8 キー操作（ショートカットキー）

※p.102 2 参照。

9 ビジネス文書で扱う語彙の意味と使い分け

※p.128参照。

筆記3対策問題

3－1　次の月の異名や時候の挨拶について、あてはまる月を解答群から選び、記号で答えなさい。

① 霜寒の候、
② 卯月
③ ヒグラシの声に季節の移ろいを覚えるころとなりましたが、
④ 寒気ことのほか厳しい季節となりましたが、
⑤ 向寒の候、
⑥ 水無月

【解答群】
ア．１月　イ．４月
ウ．６月　エ．８月
オ．９月　カ．１０月
キ．１１月　ク．１２月

解答欄	①	②	③	④	⑤	⑥

3－2　次の月の異名や時候の挨拶について、あてはまる月を解答群から選び、記号で答えなさい。

① 梅のつぼみもほころぶころとなりましたが、
② 文月
③ 初夏の候、
④ 寒冷の候、
⑤ 長月
⑥ 春もたけなわの今日このごろ、

【解答群】
ア．２月　イ．３月
ウ．４月　エ．５月
オ．６月　カ．７月
キ．９月　ク．１２月

解答欄	①	②	③	④	⑤	⑥

3－3　次の各文の〔　〕の中から最も適切なものを選び、記号で答えなさい。

① 睦月は〔ア．１月　イ．２月　ウ．４月〕の異名である。
② ４月の時候の挨拶は〔ア．早春の候、　イ．陽春の候、　ウ．新緑の候、〕である。
③「清秋の候、」は〔ア．９月　イ．１０月　ウ．１１月〕の時候の挨拶である。
④ ３月の異名は〔ア．如月　イ．弥生　ウ．卯月〕である。
⑤ ６月の時候の挨拶は〔ア．酷暑の候、　イ．盛夏の候、　ウ．向暑の候、〕である。
⑥「余寒の候、」は〔ア．２月　イ．３月　ウ．９月〕の時候の挨拶である。

解答欄	①	②	③	④	⑤	⑥

3－4　次の各文の〔　〕の中から最も適切なものを選び、記号で答えなさい。

① ５月の異名は〔ア．葉月　イ．文月　ウ．皐月〕である。
②「酷暑の候、」は〔ア．７月　イ．８月　ウ．９月〕の時候の挨拶である。
③ １０月の異名は〔ア．長月　イ．神無月　ウ．霜月〕である。
④「アジサイも色鮮やかになってまいりましたが、」は〔ア．４月　イ．５月　ウ．６月〕の時候の挨拶である。
⑤ ２月の異名は〔ア．卯月　イ．文月　ウ．如月〕である。
⑥「日増しに秋も深まり、」は〔ア．９月　イ．１０月　ウ．１１月〕の時候の挨拶である。

解答欄	①	②	③	④	⑤	⑥

3－5　次の各文の〔　　〕の中から最も適切なものを選び、記号で答えなさい。

① 師走は〔ア．１２月　イ．１月　ウ．２月〕の異名である。

② 「穏やかな小春日和が続いておりますが、」は〔ア．４月　イ．５月　ウ．１１月〕の時候の挨拶である。

③ 「桜花爛漫の候、」は〔ア．３月　イ．４月　ウ．５月〕の時候の挨拶である。

④ 「桃の花咲く季節となりましたが、」は〔ア．２月　イ．３月　ウ．４月〕の時候の挨拶である。

⑤ 「清涼の候、」は〔ア．９月　イ．１０月　ウ．１１月〕の時候の挨拶である。

⑥ １月の異名は〔ア．文月　イ．霜月　ウ．睦月〕である。

解答欄	①	②	③	④	⑤	⑥

3－6　次の各問いの答えとして、最も適切なものをそれぞれのア～ウの中から選び、記号で答えなさい。

① 「日本語入力システムの切り替え」の操作を実行するショートカットキーはどれか。

ア．Ctrl+O　イ．Ctrl+U　ウ．Ctrl+Shift

② 「太字」の操作を実行するショートカットキーはどれか。

ア．Ctrl+A　イ．Ctrl+B　ウ．Ctrl+I

③ 「上書き保存」の操作を実行するショートカットキーはどれか。

ア．Ctrl+N　イ．Ctrl+O　ウ．Ctrl+S

解答欄	①	②	③

3－7　次の各問いの答えとして、最も適切なものをそれぞれのア～ウの中から選び、記号で答えなさい。

① 「ファイルを開く」の操作を実行するショートカットキーはどれか。

ア．Ctrl+N　イ．Ctrl+O　ウ．Ctrl+U

② 「すべてを選択」の操作を実行するショートカットキーはどれか。

ア．Ctrl+A　イ．Ctrl+B　ウ．Ctrl+Shift

③ Unicodeの文字コードと文字を相互変換するショートカットキーはどれか。

ア．Ctrl+I　イ．Ctrl+S　ウ．Alt+X

解答欄	①	②	③

3－8　次の各問いの答えとして、最も適切なものをそれぞれのア～ウの中から選び、記号で答えなさい。

① ショートカットキーCtrl+Iにより実行される操作はどれか。

ア．新規作成　イ．太字　ウ．斜体

② ショートカットキーCtrl+Nにより実行される操作はどれか。

ア．ファイルを開く　イ．上書き保存　ウ．新規作成

③ ショートカットキーAlt+F4により実行される操作はどれか。

ア．下線　イ．終了　ウ．日本語入力システムの切り替え

解答欄	①	②	③

筆記4対策問題

4－1　次の＜Ａ群＞の各説明文に対して、最も適切な用語を＜Ｂ群＞の中から選び、記号で答えなさい。

＜Ａ群＞

①　契約の決裁権・決定権を持つ具体的な人物や、内容を理解し同意してもらう目標となる聞き手のこと。
②　論文や講演などでの、導入部分のこと。
③　話を分かりやすく説得力を持ったものにするためのロジカルシンキングにのっとった説明の進め方や枠組みのこと。
④　最初に結果や重要点を述べ、次に理由や具体例などを挙げ、最後にまとめに戻るフレームワークのこと。
⑤　スライドのひな形（テンプレート）のこと。
⑥　プレゼンテーションの効果を高めるための、プレゼンターの話し方やアピール方法のこと。
⑦　プレゼンテーションを企画する段階で行う、聞き手に関する事前調査のこと。

＜Ｂ群＞

ア．聴衆分析（リサーチ）
イ．デリバリー技術
ウ．スライドマスタ
エ．クライアント
オ．フレームワーク
カ．リハーサル
キ．結論先出し法
ク．三段論法
ケ．キーパーソン
コ．起承転結
サ．知識レベル
シ．リード

解答欄	①	②	③	④
	⑤	⑥	⑦	

4－2　次の＜Ａ群＞の各説明文に対して、最も適切な用語を＜Ｂ群＞の中から選び、記号で答えなさい。

＜Ａ群＞

①　聞き手に視線を送ること。話を聞いて理解してもらえるように促す。
②　対象の大きさや形を表したり、方向や指名をしたりする、手や腕を使った表現のこと。
③　ディジタル信号の映像・音声・制御信号を１本のケーブルにまとめて送信する規格のこと。
④　内容が目的に合致しているか、説明不足がないか、機器の準備など、点検項目を確認する表のこと。
⑤　序論→本論→結論の３段落で構成する、論文や講話向きのフレームワークのこと。
⑥　聞き手に対して質問すること。
⑦　画面の絵や文字に動きを与えること。

＜Ｂ群＞

ア．アニメーション効果
イ．三段論法
ウ．アイコンタクト
エ．リハーサル
オ．結論先出し法
カ．ＨＤＭＩ
キ．発問
ク．チェックシート
ケ．ボディランゲージ
コ．５Ｗ１Ｈ
サ．ハンドアクション
シ．ＶＧＡ

解答欄	①	②	③	④
	⑤	⑥	⑦	

4－3　次の＜A群＞の各用語に対して、最も適切な説明文を＜B群＞の中から選び、記号で答えなさい。

＜A群＞

① サウンド効果
② ＶＧＡ
③ アウトラインペイン
④ スライドペイン
⑤ クライアント
⑥ ノートペイン
⑦ ボディランゲージ

解答欄	①	②	③	④
	⑤	⑥	⑦	

＜B群＞

ア．プレゼンテーションでは、説明や提示などを受ける顧客、依頼人、得意先などのこと。
イ．対象の大きさや形を表したり、方向や指名をしたりする、手や腕を使った表現のこと。
ウ．発表時の注意事項や台本をメモする領域のこと。
エ．プレゼンテーションソフトで、スライドに文字や図形を配置したり、編集したりする領域のこと。
オ．用件や提案を正確に漏れなく伝えるために、文書中に盛り込まなくてはならない基本的な内容を表す用語。
カ．パソコンからディスプレイへ、アナログＲＧＢ信号の映像を出力する規格のこと。
キ．ジェスチャ（動作）、視線（アイコンタクト）、表情などによる言葉以外の表現のこと。
ク．リハーサルや本番の評価を次回に反映させること。
ケ．パソコンのインターフェースの一つで、ほとんどの周辺装置を接続するために利用されている規格のこと。
コ．スライドを表示する際やポイントとなる場面で、短く音を鳴らすこと。
サ．スライドのサムネイルを表示する領域のこと。

4－4　次の＜A群＞の各用語に対して、最も適切な説明文を＜B群＞の中から選び、記号で答えなさい。

＜A群＞

① ストーリー
② プレースホルダ
③ ７Ｗ２Ｈ
④ プレゼンター
⑤ 知識レベル
⑥ プランニングシート
⑦ プレビュー

解答欄	①	②	③	④
	⑤	⑥	⑦	

＜B群＞

ア．資料収集、内容整理、聴衆分析、スライドの作成、配付資料作成など、プレゼンテーション直前までの活動のこと。
イ．要点や目的･方針を検討する際に用いられるフレームワークで、Who（誰が）･Why（なぜ）･When（いつ）･Where（どこで）･What（何を）･Whom（誰に）･Which（どれから）･How（どのように）･How Much（どのくらい）のこと。
ウ．リハーサルや本番の評価を次回に反映させること。
エ．目的の確立→発表準備→リハーサル→本番→評価、といった流れのこと。
オ．聞き手の持つ見識や理解している用語の種類や程度のこと。
カ．聞き手に視線を送ること。話を聞いて理解してもらえるように促す。
キ．スライドの中で、点線や実線で囲まれた領域のこと。
ク．プレゼンテーションの実施前に行う事前検討のこと。
ケ．目的確認、発表準備作業、聴衆分析など、プレゼンテーション全体の企画をまとめた表のこと。
コ．スライドの地に配置する模様や風景などの、静止画像データのこと。
サ．話のアウトラインのこと。シナリオ、台本。リード→序論→本論→結論→質疑応答・締めくくり、といった流れのこと。
シ．プレゼンテーションを行う発表者のこと。

筆記5対策問題

5－1　次の各文の〔　　〕の中から最も適切なものを選び、記号で答えなさい。

① 所定の事項について、会議を開かずに、部課長などの決裁者が回覧・押印して許可を与えるための文書を〔ア．報告書　イ．稟議書　ウ．推薦状〕という。

② 官公庁・企業が、法令などに基づいて官報・新聞などに掲載し、ある事実を公表し広く一般に知らせるための文書を〔ア．公告　イ．報告書　ウ．照会状〕という。

③ 事務上の必要事項を記入していく、ノートやバインダなどの文書を〔ア．契約書　イ．起案書　ウ．帳簿〕という。

④ 故人の死を悼み、お悔やみを述べるために出す文書を〔ア．弔慰状　イ．見舞状　ウ．詫び状〕という。

⑤ 様々な業務に関わる作業を開始していいかを、上司に対して許可を求めるための文書を〔ア．提案書　イ．稟議書　ウ．起案書〕という。

解答欄	①	②	③	④	⑤

5－2　次の各文の〔　　〕の中から最も適切なものを選び、記号で答えなさい。

① 特に必要のない限り、一文は６０～８０字程度を限度に、なるべく短く文章を作成することを〔ア．簡潔主義　イ．一件一葉主義　ウ．短文主義〕という。

② 決められた期日までに、代金の支払いや商品などの引き渡しが行われないとき、期日に遅れている取り引きの実行を促すための文書を〔ア．督促状　イ．通知状　ウ．申請書〕という。

③ 証明書の交付や届けを自分の代わりに行使してもらう場合など、その代理であることを証明するための文書を〔ア．委任状　イ．照会状　ウ．承諾書〕という。

④ 優れた人物や企業の資質や能力を評価し、採用を促すための文書を〔ア．照会状　イ．推薦状　ウ．起案書〕という。

⑤ 相手方に対して、了解しておいて欲しい事柄を、伝えるための文書を〔ア．通知状　イ．報告書　ウ．督促状〕という。

解答欄	①	②	③	④	⑤

5－3　次の各文の〔　　〕の中から最も適切なものを選び、記号で答えなさい。

① 新しい業務の目標達成などのために、具体的な提案・活動予定・コンセプトなどをまとめた文書を〔ア．企画書　イ．起案書　ウ．申請書〕という。

② 当方の誤りによって、何らかの迷惑をかけたときに、その過失や不手際などを陳謝するために出す文書を〔ア．苦情状　イ．詫び状　ウ．見舞状〕という。

③ 病気や災害に遭った相手を、励ますための文書を〔ア．見舞状　イ．弔慰状　ウ．承諾書〕という。

④ 弔事に際して、「色々」などのように繰り返すことを連想させるために使うのを避ける語句を〔ア．禁句　イ．忌み言葉　ウ．重ね言葉〕という。

⑤ 取引先などに対して、不明な事項を質問し、回答を求めるための文書を〔ア．回答状　イ．照会状　ウ．通知状〕という。

解答欄	①	②	③	④	⑤

5－4　次の各文の〔　　〕の中から最も適切なものを選び、記号で答えなさい。

① 取引先の誤りによって、何らかの迷惑を被ったときに、当方の不満や言い分を伝えるために出す文書を〔ア．詫び状　イ．苦情状　ウ．弔慰状〕という。

② 質問・要求などに対し、返事を伝えるために出す文書を〔ア．回答状　イ．報告書　ウ．申請書〕という。

③ 官公庁・企業に対し、申し込みや応募するための文書を〔ア．請求書　イ．委任状　ウ．申請書〕という。

④ 受け手の気持ちを害したり乱したりしないために、使わないもしくは言い換えるべき語句を〔ア．禁句　イ．忌み言葉　ウ．重ね言葉〕という。

⑤ 取引に先立ち決定された条件などを書き込み、その確認として双方の押印やサインをした文書を〔ア．承諾書　イ．誓約書　ウ．契約書〕という。

解答欄	①	②	③	④	⑤

5－5　次の各文の〔　　〕の中から最も適切なものを選び、記号で答えなさい。

① 忌み言葉とは、〔ア．伝えたい項目や内容を短文で簡潔にまとめ、列挙して提示する文字表現　イ．繰り返すことを連想させるために使うのを避ける語句　ウ．縁起が良くないので使うのを避ける語句〕である。

② 会議に提出する、自らが関わる業務の変更や新しい案をまとめた文書を〔ア．企画書　イ．提案書　ウ．目論見書〕という。

③ 取引先から提示された内容について、了解したことを伝えるための文書を〔ア．回答状　イ．承諾書　ウ．照会状〕という。

④ 業務の遂行にあたり、その記録として文書を作成することを〔ア．短文主義　イ．文書主義　ウ．簡潔主義〕という。

⑤ 有価証券の募集または売り出しのためにその相手方に提供するための文書を〔ア．目論見書　イ．契約書　ウ．報告書〕という。

解答欄	①	②	③	④	⑤

5－6　次の各文の〔　　〕の中から最も適切なものを選び、記号で答えなさい。

① 前文挨拶として適切でない表現は、〔ア．拝啓　時下、ますますご盛栄のことと存じます。　イ．今後とも、何とぞご指名を賜りますよう謹んでお願い申し上げます。〕である。

② 本文で決意の表明として適切なのは、〔ア．この機に、皆様のご期待に添えますよう一層努力してまいる所存です。　イ．このたび発生しました○○○の経緯について、別紙のとおりご報告いたします。〕である。

③ 〔ア．自愛　イ．哀悼　ウ．幸甚〕とは、「自分の体を大切にする」の意味で、相手の健康を気遣う場合に用いる。

④ 末文挨拶として適切な表現は、〔ア．拝啓　毎度格別のお引き立てを賜り、厚く御礼申し上げます。　イ．まずは、ご報告かたがたお願い申し上げます。〕である。

⑤ 下のように文頭の１文字を大きくし、強調する文字装飾のことを〔ア．組み文字　イ．ドロップキャップ　ウ．段組み〕という。

> 世界貿易機関（ＷＴＯ）は自由な貿易を促進する国際機関のことである。

解答欄	①	②	③	④	⑤

5－7　次の各文の〔　　〕の中から最も適切なものを選び、記号で答えなさい。

① 「今後とも、何とぞ〔ア．ご用命　イ．ご健勝　ウ．ご多忙〕を賜りますよう伏してお願い申し上げます。」は末文挨拶の一例である。

② 万障とは、〔ア．「自分がそう推測している」という意味　イ．「出過ぎた事をする」の意味　ウ．「色々不都合な事情」のこと〕で、「お」や「ご」は付けない。

③ 下の文で使用されている、一画・一点を続けない手書き書体を〔ア．ゴシック体　イ．勘亭流　ウ．楷書体〕という。

> ビジネス文書部門筆記の学習です。

④ 「これもひとえに皆様方の日ごろからの〔ア．ご支援　イ．ご報告　ウ．ご心配〕の賜物と、深く感謝いたしております。」は、感謝の本文の一例である。

⑤ 下のように、複数の文字を１文字分の枠の中に配置し、１文字として取り扱う機能を〔ア．ドロップキャップ　イ．外字　ウ．組み文字〕という。

> サンプル問題１　⇨　サンプル問題１

解答欄	①	②	③	④	⑤

6 ビジネス文書部門 筆記編ーことばの知識

1 漢字の読み（難読語）

生憎　あいにく
曖昧　あいまい
灰汁　あく
欠伸　あくび
斡旋　あっせん
安堵　あんど
塩梅　あんばい
萎縮　いしゅく
意匠　いしょう
委嘱　いしょく
一瞥　いちべつ
慇懃　いんぎん
因縁　いんねん
隠蔽　いんぺい
迂回　うかい
迂闊　うかつ
鬱憤　うっぷん
得手　えて
会得　えとく
婉曲　えんきょく
冤罪　えんざい
厭世　えんせい
押収　おうしゅう
往生　おうじょう
嗚咽　おえつ
悪寒　おかん
憶測　おくそく
快哉　かいさい
改竄　かいざん
凱旋　がいせん
快諾　かいだく
乖離　かいり
画策　かくさく
陽炎　かげろう
苛酷　かこく
瑕疵　かし
気質　かたぎ・きしつ
割愛　かつあい
恰好　かっこう
喝采　かっさい
葛藤　かっとう
苛烈　かれつ
勘案　かんあん
管轄　かんかつ
贋作　がんさく
緩衝　かんしょう
肝腎　かんじん
生糸　きいと
危惧　きぐ
毅然　きぜん
毀損　きそん
忌憚　きたん
拮抗　きっこう
生粋　きっすい

華奢　きゃしゃ
驚愕　きょうがく
矜持　きょうじ
強靱　きょうじん
矯正　きょうせい
形相　ぎょうそう
楔　くさび
曲者　くせもの
功徳　くどく
工面　くめん
迎合　げいごう
警鐘　けいしょう
痙攣　けいれん
希有　けう
怪訝　けげん
健気　けなげ
懸念　けねん
牽引　けんいん
牽制　けんせい
喧噪　けんそう
語彙　ごい
幸甚　こうじん
拘泥　こうでい
更迭　こうてつ
高騰　こうとう
勾配　こうばい
極意　ごくい
姑息　こそく
極寒　ごっかん
忽然　こつぜん
声色　こわいろ
渾身　こんしん
痕跡　こんせき
混沌　こんとん
最期　さいご
采配　さいはい
最頻　さいひん
索引　さくいん
些細　ささい
流石　さすが
颯爽　さっそう
雑踏　ざっとう
懺悔　ざんげ
暫時　ざんじ
暫定　ざんてい
潮騒　しおさい
弛緩　しかん
時化　しけ
嗜好　しこう
示唆　しさ
仔細　しさい
自重　じちょう・じじゅう
昵懇　じっこん
叱咤　しった

疾病　しっぺい
灼熱　しゃくねつ
煮沸　しゃふつ
遮蔽　しゃへい
終焉　しゅうえん
羞恥　しゅうち
竣工　しゅんこう
遵守・順守　じゅんしゅ
逡巡　しゅんじゅん
旬報　じゅんぽう
掌握　しょうあく
憔悴　しょうすい
焦燥　しょうそう
常套　じょうとう
嘱託　しょくたく
所詮　しょせん
熾烈　しれつ
真摯　しんし
進捗　しんちょく
辛辣　しんらつ
遂行　すいこう
簾　すだれ
精悍　せいかん
逝去　せいきょ
脆弱　ぜいじゃく
折衝　せっしょう
雪辱　せつじょく
折衷　せっちゅう
刹那　せつな
台詞　せりふ
僭越　せんえつ
漸減　ぜんげん
漸次　ぜんじ
漸増　ぜんぞう
羨望　せんぼう
戦慄　せんりつ
象牙　ぞうげ
造詣　ぞうけい
相殺　そうさい
双璧　そうへき
挿話　そうわ
齟齬　そご
咀嚼　そしゃく
措置　そち
堆積　たいせき
黄昏　たそがれ
手向　たむけ
探索　たんさく
談判　だんぱん
団欒　だんらん
知己　ちき
逐次　ちくじ
緻密　ちみつ

抽出　ちゅうしゅつ
躊躇　ちゅうちょ
厨房　ちゅうぼう
重複　ちょうふく・じゅうふく
陳謝　ちんしゃ
珍重　ちんちょう
陳腐　ちんぷ
追悼　ついとう
定款　ていかん
逓減　ていげん
逓増　ていぞう
適宜　てきぎ
顛末　てんまつ
投函　とうかん
慟哭　どうこく
洞察　どうさつ
踏襲　とうしゅう
獰猛　どうもう
陶冶　とうや
逗留　とうりゅう
督促　とくそく
匿名　とくめい
咄嗟　とっさ
怒涛　どとう
吐露　とろ
頓挫　とんざ
馴染　なじみ
如実　にょじつ
捏造　ねつぞう
長閑　のどか
暖簾　のれん
暢気　のんき
徘徊　はいかい
剥奪　はくだつ
暴露　ばくろ
破綻　はたん
煩雑　はんざつ
範疇　はんちゅう
頒布　はんぷ
繁茂　はんも
煩悶　はんもん
氾濫　はんらん
伴侶　はんりょ
凡例　はんれい
批准　ひじゅん
逼迫　ひっぱく
罷免　ひめん
肥沃　ひよく
披露　ひろう
敏捷　びんしょう
頻繁　ひんぱん
吹聴　ふいちょう
俯瞰　ふかん
輻輳　ふくそう

普請　ふしん
払拭　ふっしょく
侮蔑　ぶべつ
訃報　ふほう
便宜　べんぎ
萌芽　ほうが
呆然　ぼうぜん
補填　ほてん
奔放　ほんぽう
翻弄　ほんろう
邁進　まいしん
埋没　まいぼつ
末裔　まつえい
蔓延　まんえん
冥利　みょうり
無垢　むく
瞑想　めいそう
冥福　めいふく
目処　めど
眩暈　めまい
朦朧　もうろう
目途　もくと・めど
冶金　やきん
約款　やっかん
所以　ゆえん
擁護　ようご
養蚕　ようさん
烙印　らくいん
拉致　らち
辣腕　らつわん
爛漫　らんまん
罹災　りさい
律儀　りちぎ
流暢　りゅうちょう
稟議　りんぎ
流布　るふ
漏洩　ろうえい
狼狽　ろうばい
呂律　ろれつ
賄賂　わいろ
湾曲　わんきょく

[十二支]

干支	えと	丑	うし	卯	う	巳	み	未	ひつじ	酉	とり	亥	い
子	ね	寅	とら	辰	たつ	午	うま	申	さる	戌	いぬ		

2 四字熟語

四字熟語	読み
悪戦苦闘	あくせんくとう
暗中模索	あんちゅうもさく
唯々諾々	いいだくだく
意気揚々	いきようよう
異口同音	いくどうおん
以心伝心	いしんでんしん
一意専心	いちいせんしん
一期一会	いちごいちえ
一日千秋	いちじつせんしゅう
一念発起	いちねんほっき
一網打尽	いちもうだじん
一挙両得	いっきょりょうとく
一心不乱	いっしんふらん
一朝一夕	いっちょういっせき
意味深長	いみしんちょう
紆余曲折	うよきょくせつ
温厚篤実	おんこうとくじつ
温故知新	おんこちしん
臥薪嘗胆	がしんしょうたん
感慨無量	かんがいむりょう
換骨奪胎	かんこつだったい
勧善懲悪	かんぜんちょうあく
危機一髪	ききいっぱつ
起死回生	きしかいせい
奇想天外	きそうてんがい
喜怒哀楽	きどあいらく
旧態依然	きゅうたいいぜん
興味津々	きょうみしんしん
虚心坦懐	きょしんたんかい
謹厳実直	きんげんじっちょく
鶏口牛後	けいこうぎゅうご
経世済民	けいせいさいみん
乾坤一擲	けんこんいってき
捲土重来	けんどちょうらい（けんどじゅうらい）
巧言令色	こうげんれいしょく
荒唐無稽	こうとうむけい
公明正大	こうめいせいだい
呉越同舟	ごえつどうしゅう
国士無双	こくしむそう
孤軍奮闘	こぐんふんとう
五里霧中	ごりむちゅう
言語道断	ごんごどうだん
才色兼備	さいしょくけんび
三寒四温	さんかんしおん
山紫水明	さんしすいめい
自画自賛	じがじさん
試行錯誤	しこうさくご
自業自得	じごうじとく
七転八起	しちてんはっき
質実剛健	しつじつごうけん
四面楚歌	しめんそか
縦横無尽	じゅうおうむじん
周章狼狽	しゅうしょうろうばい
自由奔放	じゆうほんぽう
順風満帆	じゅんぷうまんぱん
上意下達	じょういかたつ
初志貫徹	しょしかんてつ
思慮分別	しりょふんべつ
心機一転	しんきいってん
針小棒大	しんしょうぼうだい
深謀遠慮	しんぼうえんりょ
晴耕雨読	せいこううどく
清廉潔白	せいれんけっぱく
責任転嫁	せきにんてんか
切磋琢磨	せっさたくま
絶体絶命	ぜったいぜつめい
千載一遇	せんざいいちぐう
千差万別	せんさばんべつ
創意工夫	そういくふう
大器晩成	たいきばんせい
単刀直入	たんとうちょくにゅう
猪突猛進	ちょとつもうしん
沈思黙考	ちんしもっこう
適材適所	てきざいてきしょ
徹頭徹尾	てっとうてつび
電光石火	でんこうせっか
天真爛漫	てんしんらんまん
当意即妙	とういそくみょう
東奔西走	とうほんせいそう
二律背反	にりつはいはん
馬耳東風	ばじとうふう
波瀾万丈	はらんばんじょう
百花繚乱	ひゃっかりょうらん
百戦錬磨	ひゃくせんれんま
品行方正	ひんこうほうせい
不撓不屈	ふとうふくつ
不言実行	ふげんじっこう
付和雷同	ふわらいどう
粉骨砕身	ふんこつさいしん
平身低頭	へいしんていとう
傍若無人	ぼうじゃくぶじん
抱腹絶倒	ほうふくぜっとう
本末転倒	ほんまつてんとう
無我夢中	むがむちゅう
無病息災	むびょうそくさい
勇猛果敢	ゆうもうかかん
羊頭狗肉	ようとうくにく
臨機応変	りんきおうへん
論功行賞	ろんこうこうしょう

3 同音異義語

あ 行

あいしょう	相性	－が良い
	愛唱	－歌
	愛称	－で呼ぶ
あいせき	哀惜	－の念
	愛惜	－の品
	相席	－で利用する
いがい	以外	それ－
	意外	－な出来事
	遺骸	－を収容する
いかん	移管	国庫－
	遺憾	－の意
いぎ	異議	－を唱える
	意義	－のある事
	威儀	－を正す
いけん	意見	－を述べる
	異見	－立て
	違憲	－立法
いこう	以降	１０時－
	意向	相手の－
	移行	新制度へ－
	遺稿	－を分析する
いさい	委細	－面談
	異彩	－を放つ
	異才	－発掘
いし	意思	自分の－
	意志	－を固める
	遺志	父の－
	医師	内科の－
いしょう	意匠	－を凝らす
	衣装	花嫁－
	異称	－を調べる
いじょう	以上	これ－
	異常	－な暑さ
	異状	－なし
	委譲	権限の－
いしょく	衣食	－住
	委嘱	委員の－
	移植	－手術
	異色	－な存在
いせき	遺跡	古代－
	移籍	チームを－する
いぜん	依然	旧態－
	以前	常識－の問題
いぞん	異存	－はない
	依存	親に－する
いちどう	一同	有志－
	一堂	－に会す
いっかん	一貫	－した態度
	一環	計画の－
いどう	移動	車両の－
	異動	人事－
	異同	両者の－
いらい	以来	卒業－
	依頼	講演の－
いりゅう	遺留	－品
	慰留	辞職を－する
えいせい	衛星	－放送
	衛生	保健－
	永世	－中立国
えいり	鋭利	－な刃物
	営利	－目的
えんかく	遠隔	－操作
	沿革	会社の－

えんだい	演題	－を掲示する
	演台	－に立つ
	縁台	庭の－
	遠大	－な計画
おうしゅう	押収	証拠品の－
	応酬	パンチの－
	欧州	－連合

●か 行

かいか	階下	－の音
	開化	文明－
	開花	－宣言
	開架	－式の図書館
かいかん	快感	－を味わう
	会館	市民－
	開館	－時間
がいかん	概観	経済動向を－する
	外観	建物の－
かいき	会期	国会の－延長
	快気	－祝
	怪奇	複雑－
	回帰	－分析
かいぎ	会議	職員－
	懐疑	－的な噂
かいきゅう	階級	－制度
	懐旧	－の情
かいきん	解禁	アユ漁の－
	開襟	－シャツ
	皆勤	－賞
かいこ	懐古	－趣味
	回顧	－録
	解雇	－予告
かいこう	開校	学校の－記念日
	開講	市民講座の－式
	開港	新空港の－
	開口	－一番
かいこん	開墾	荒れ地の－
	悔恨	－の情
かいしょう	解消	ストレス－
	快勝	試合に－する
	改称	社名を－する
かいじょう	開場	－時間
	会場	発表会の－
	海上	－輸送
かいしん	会心	－の作
	改新	大化の－
	改心	－を誓う
	回診	主治医の－
かいせつ	解説	ニュース－
	開設	支店の－
かいそう	回想	－にふける
	改装	店舗の－
	会葬	－お礼
	回送	－電車
かいてい	改訂	－版
	改定	価格－
	開廷	－を宣言する
	海底	－火山
かいとう	解答	模範－
	回答	アンケートの－
	解凍	冷凍食品の－
がいとう	該当	－者
	街頭	－演説
	街灯	－の設置
	外灯	玄関の－
かいほう	解放	子育てから－される
	開放	図書館の－
	介抱	病人の－
	快方	－に向かう
かがく	科学	社会－
	化学	－の実験
	価額	帳簿－
かき	夏期	－講習会
	火気	－厳禁
	下記	－のとおり
	牡蠣	－の旨い季節
	火器	－の使用を許可する
	夏季	－休業
	花期	－が過ぎる
	花器	－を揃える
	柿	桃栗3年－8年
かくしん	核心	－にふれる
	確信	－をもつ
	革新	技術－
かくちょう	格調	－が高い
	拡張	敷地を－する
	各町	－の山車
かくりつ	確立	外交方針の－
	確率	降水－
かげん	加減	塩－を見る
	下限	上限と－
	下弦	－の月
かじょう	過剰	－防衛
	箇条	－書き
	渦状	－星雲
かせつ	仮説	－の検証
	仮設	－トイレ
	架設	電柱を－する
かせん	河川	一級－
	下線	－を引く
	寡占	－市場
	架線	－が切れる
かだい	課題	夏休みの－
	過大	－に見積もる
	仮題	小説の－
かてい	家庭	－学習
	仮定	－の話
	過程	生産－
	課程	大学院の博士－
かんかく	感覚	－がにぶる
	間隔	前後の－
かんき	換気	部屋の－
	喚起	注意を－する
	歓喜	優勝に－した
	寒気	－がゆるむ
	乾期	－が長引く
かんけつ	簡潔	－な説明
	完結	ドラマが－する
	間欠	－泉
かんこう	刊行	記念誌の－
	観光	－バス
	慣行	－を破る
	感光	フィルムが－する
かんさつ	観察	生態を－する
	鑑札	愛犬登録の－
	監察	－官
かんし	看視	機械を－する
	監視	－の目を逃れる
	冠詞	－を調べる
	漢詩	－を読む
かんしゅう	慣習	地域の－
	監修	教科書を－する
	観衆	大－
かんしょう	鑑賞	音楽－
	勧奨	納税を－する
	干渉	内政－
	観賞	草花を－する
かんじょう	勘定	－科目
	感情	－移入
	環状	－道路
	艦上	－搭載機
かんしょく	感触	－のよい肌ざわり
	官職	－を全うする
	閑職	－に回される
	間食	－を控える
かんしん	感心	流暢な英語に－する
	関心	興味－をもつ
	寒心	－に堪えない
	歓心	－を買う
かんせい	完成	－披露
	官製	－はがき
	管制	航空－
	感性	－を育む
	慣性	－の法則
	歓声	大－
	閑静	－な住宅街
かんせん	観戦	テレビ－
	幹線	－道路
	感染	空気－
	汗腺	－からの分泌
かんそう	乾燥	－注意報
	感想	読書－文
	完走	フルマラソンの－者
	歓送	－迎会
かんたん	簡単	－明瞭
	感嘆	－文
	肝胆	－相照らす
かんだん	寒暖	－計
	歓談	しばしご－ください
	間断	－なく話し続ける
かんち	感知	煙を－する
	関知	一切－しない
	完治	ケガが－する
かんてい	官邸	首相－
	鑑定	古美術品の－
	艦艇	－の停泊
かんべん	簡便	－に済ます
	勘弁	－してください
かんよう	慣用	世間の－
	肝要	－な点
	寛容	－な態度
	観葉	－植物
きかい	機械	大型の－
	器械	－体操
	機会	絶好の－
	奇怪	－な現象
きかく	企画	新番組の－
	規格	－品

きかん	期間	有効－
	機関	交通－
	器官	内臓の－
	帰還	地球に－する
	基幹	－産業
	気管	－支炎
ききゅう	希求	世界平和を－する
	気球	－に乗る
	危急	－存亡
	帰休	一時－をする
きけん	危険	－な場所
	棄権	試合を－する
きげん	紀元	－前
	期限	提出－
	機嫌	－がいい
	起源	種の－
きこう	機構	－改革
	起工	新工場の－式
	気候	－変動
	貴校	－のご発展を祈ります
きじゅん	規準	守るべきは－
	基準	－を満たす
	帰順	政府に－する
きしょう	希少	－金属
	気象	－観測衛星
	気性	－が激しい
	起床	－時間
きせい	既製	－品
	既成	－政党
	規制	－緩和
	帰省	－客
	気勢	－を上げる
	寄生	－虫
きちょう	貴重	－品
	基調	－講演
	記帳	受付で－する
	几帳	－面
	機長	－の指示
	帰朝	使節団が－する
きどう	軌道	－修正
	機動	－力
	起動	パソコンを－する
	気道	－を確保する
きとく	危篤	－状態から脱出する
	奇特	－な人
	既得	－権益
きはく	希薄	空気が－になる
	気迫	－が伝わる
きゅうかん	休館	－日
	休刊	雑誌の－
	急患	－を搬送する
	旧館	－と新館
きゅうこう	急行	－列車
	休校	臨時－
	休講	－のおしらせ
	休耕	－田
	旧交	－を温める
きゅうしょく	休職	－願
	求職	－活動
	給食	学校－

きゅうせい	旧制	－中学
	旧姓	結婚前の－
	急性	－中毒
	急逝	－のしらせが届く
	救世	－主
きゅうよ	給与	－所得
	窮余	－の策
きょうい	驚異	－的な活躍
	脅威	戦争の－
	強意	－の表現
	胸囲	－を計測する
きょうかい	協会	全商－主催の検定試験
	境界	－線
	教会	－音楽
きょうぎ	協議	研究－会
	競技	－大会
	狭義	広義と－
	経木	－で包む
きょうこう	恐慌	世界－
	強硬	－な姿勢
	強行	－突破
	教皇	－を迎える
きょうそう	競争	価格－
	競走	百メートル－
	強壮	－剤
	協奏	－曲
	狂騒	都会の－
きょうちょう	強調	必要性を－する
	協調	－介入
	凶兆	－が現れる
きょうよう	教養	－を身につける
	共用	パソコンを－する
	強要	寄付を－する
	供用	空港の－を開始する
きょうりょく	協力	－して事に当たる
	強力	－なエンジン
きょくげん	極限	－に達する
	極言	－すれば、優勝も無理だ
	局限	地域が－される
きょくち	極地	－を探検する
	局地	－的な大雨
	極致	芸の－に至る
きょこう	挙行	式典を－する
	虚構	－を見破る
きょり	巨利	－をむさぼる
	距離	長－走者
きりつ	規律	－正しい生活
	起立	－、礼、着席
きろ	帰路	－に就く
	岐路	人生の－に立つ
きんこう	均衡	－を保つ
	近郊	東京－
	金鉱	－を発見する
けいい	敬意	－を表する
	経緯	事件の－
	軽易	－な服装
けいかい	軽快	－な足取り
	警戒	－を厳重にする
けいき	景気	－が回復する
	契機	成功への－
	計器	－飛行
	刑期	－を終える

けいこう	携行	学生証を－する
	傾向	増加－に転じる
	蛍光	－塗料
	経口	－補水液
けいしょう	敬称	－を付ける
	継承	伝統芸能を－する
	警鐘	－をならす
	景勝	－地を訪れる
	軽傷	－を負う
	軽症	－患者
けいじょう	経常	－利益
	計上	予算に－する
	形状	細長い－のもの
けいたい	携帯	－電話
	形態	株式会社の－をとる
	敬体	常体と－
けいとう	系統	青－の色
	傾倒	ジャズに－する
	継投	－策をとる
けっき	決起	－集会
	血気	－盛んな若者
けっこう	結構	もう－です
	決行	雨天でも－します
	血行	指先の－が悪くなる
	欠航	台風で－となる
げんえき	現役	－のスポーツ選手
	減益	－に転じる
	原液	濃縮果汁の－
けんきょ	検挙	交通違反で－される
	謙虚	－な態度
げんきん	現金	ATMで－を引き出す
	厳禁	土足－
げんこう	現行	－の制度
	言行	－録
	原稿	－用紙
けんしょう	健勝	ご－
	検証	実地－
	憲章	－を尊重する
	懸賞	－に応募する
	顕彰	－碑を建立する
げんしょう	現象	不思議な－
	減少	人口が－する
げんせい	厳正	－に審査する
	現世	－主義
	原生	－林
げんせん	源泉	－かけ流しの温泉
	厳選	素材を－した
	減船	このところ－が増えた
げんてん	原点	－に戻る
	原典	－に照らし合わせる
	減点	2点－
けんとう	検討	内容を－する
	見当	－が付かない
	健闘	－を祈る
	献灯	お祭りに－をする
	拳闘	－倶楽部
けんめい	懸命	－の努力が実る
	賢明	－な判断
	件名	－を考える
	県名	－を記入する
こうい	行為	親切な－
	好意	－を抱く
	厚意	相手の－にすがる
	更衣	6月は－の季節だ

こうえん	公演	－を見にいく
	講演	有名作家の－会
	後援	横綱の－会
	好演	－が評価された
こうか	高価	－な美術品
	効果	徐々に－が現れる
	硬貨	百円－
	硬化	動脈－を予防する
	降下	パラシュートで－する
	高架	－鉄道
こうかい	公開	ラジオの－放送
	公海	－上を航行する船舶
	航海	一等－士
	後悔	－先に立たず
	更改	契約を－する
こうがい	郊外	－に家を建てる
	口外	－無用
	公害	－訴訟
	口蓋	－まで傷が及んだ
こうがく	高額	－な契約金
	工学	土木－
	光学	－顕微鏡
	後学	－のために見る
	向学	－心に燃える
こうかん	交換	物々－
	好感	－のもてる青年
	高官	政府－のコメント
	交歓	各国公使の－会
	向寒	－の候
こうき	好機	－をのがす
	後期	江戸時代の－
	高貴	－な壺
	後記	編集－
	光輝	－を放つ
	校旗	母校の－
	好奇	－の目を向ける
こうぎ	講義	先生の－を聴く
	抗議	厳重に－する
	広義	－の意味を調べる
	公儀	－の隠密
こうきゅう	高給	－取り
	高級	－な食材
	公休	－日
	恒久	－の平和
	硬球	野球やテニスの－
こうけい	後継	－者を育成する
	光景	ほほえましい－
	口径	－の大きい銃
こうざ	講座	韓国語－
	口座	銀行－
	高座	－にのぼる
こうさい	公債	－を取り扱う
	光彩	ひときわ－を放つ
	交際	－が広い
	虹彩	瞳の－
こうさく	耕作	田畑を－する
	工作	夏休みの－
	交錯	期待と不安が－する
こうし	公私	－共々
	行使	武力を－する
	格子	－戸
	厚志	ご－に感謝する
	講師	－の先生
こうしゃ	公社	－を民営化する
	校舎	－内を巡回する
	降車	－口はあちらです
	後者	前者と－
	巧者	試合－
こうしょう	交渉	－がまとまる
	公証	－役場へ出向く
	鉱床	レアメタルの－
	高尚	－な趣味
	考証	時代－
	公称	－部数百万部の雑誌
	校章	－入りの帽子
こうじょう	工場	－から製品を出荷する
	向上	学力－の取り組み
	交情	－を深める
	厚情	ご－を賜る
	恒常	－的な催し物
	口上	お祝いの－を述べる
こうしん	更新	自動車免許の－手続き
	交信	無線で－する
	行進	入場－
	後進	－を指導する
こうせい	構成	文章を－する
	校正	出版物の－作業を行う
	後世	－まで伝えられる功績
	厚生	福利－
	公正	－な裁判
	恒星	－天文学
	攻勢	－に転じる
こうせき	功績	－をたたえる
	鉱石	鉄－の生産
	航跡	－をたどる
こうそう	構想	－を練る
	高層	－ビルが乱立する
	抗争	派閥間の－
	後送	別便で－する
こうそく	拘束	身柄を－される
	高速	－道路
	校則	学校の－
	梗塞	心筋－
こうちょう	好調	仕事が－に運ぶ
	紅潮	顔を－させて怒る
	校長	－先生
	公聴	－会を開く
こうてい	行程	旅行の－表
	工程	－別原価計算
	公定	－歩合
	公邸	知事－
	高低	－のある土地
	校庭	－のゴミ拾いをする
	肯定	現状を－する
	皇帝	ナポレオン－
こうてん	好転	景気が－する
	好天	－に恵まれる
	交点	X座標とY座標の－
	公転	－周期
こうとう	高騰	原油価格の－
	口頭	－試問
	口答	その場で－した
	高等	－学校
	好投	投手が－する
こうにん	公認	－記録
	後任	－の担当者
こうはい	後輩	－の面倒をみる
	荒廃	田畑が－する
	高配	ご－を賜る
	交配	純血種との－が進む
こうはん	後半	夏休みの－
	公判	初－が開かれた
	広範	影響が－に及ぶ
	鋼板	－の生産量
こうほう	公報	官庁から出される－
	広報	－活動
	工法	地震に強い－
	後方	－で音がした
こうみょう	功名	けがの－
	巧妙	－な手口
	光明	－を見いだす
こうりつ	効率	発電－
	高率	－の利息
	公立	－高校を受験する
こくじ	告示	投票日の－
	酷似	筆跡が－する
	国字	日本で－が作られた
	刻字	印材に－する
こくせい	国政	－に参画する
	国勢	－調査

●さ 行

さいけん	債券	銀行に－を預ける
	債権	－者
	再建	財政－
	再検	念のため－する
さいげん	際限	－なく続く話
	再現	当時の状況を－する
さいご	最後	－のチャンス
	最期	－の言葉
さいこう	最高	－におもしろい映画
	再考	－を促す
	再興	国家の－をはかる
	採光	－窓
	催行	最小－人数
さいしん	最新	－の情報
	再審	裁判の－が認められた
	細心	－の注意
さくせい	作成	法案を－する
	作製	地図を－する
さんせい	参政	－権
	賛成	その意見に－する
	酸性	－とアルカリ性
	三世	ナポレオン－
しあん	思案	－をめぐらす
	私案	－をまとめる
	試案	－を発表する
じえい	自営	－業
	自衛	－手段
じか	時価	－で販売する
	自家	太陽光の－発電
	磁化	鉄が－する
しかく	資格	－取得
	視覚	－に訴える
	死角	－で見えない
	視角	－にとらえる

じき	次期	－生徒会長
	時期	運動会の－
	時季	－外れの台風
	時機	－を見計らう
	磁気	－嵐が起きる
	磁器	陶器と－
じきゅう	自給	－自足
	時給	－８００円
	持久	－力
しこう	施行	法律が－される
	思考	－を深める
	指向	－性アンテナ
	志向	ブランド－
	試行	－錯誤
	至高	－の芸に達する
しさく	施策	福祉－
	試作	－品
	思索	－にふける
	詩作	－を続ける
しじ	支持	意見を－する
	指示	－語
	師事	先生に－する
ししょう	支障	－を乗り越える
	師匠	－の演技をまねる
しじょう	市場	中央卸売－
	史上	－初の快挙
	紙上	新聞－を賑わす
	詩情	－豊かな作品
	私情	－をはさむ
	試乗	新車に－する
しせい	施政	－方針を述べる
	姿勢	－を正す
	私製	－の葉書
	市井	－の生活
	死生	－感
じせい	時世	－に合う
	自生	－の植物
	自制	－心
	自省	－の念
	磁性	－体
じせき	次席	－検事
	自席	－に戻る
	事績	－を残す
	自責	－の念
	耳石	－を取る
しせつ	施設	公共－
	使節	友好－団
	私設	－秘書
じぜん	次善	－の策
	慈善	－事業
	事前	－連絡
じたい	事態	深刻な－
	辞退	出場－
	自体	それ－が間違いだ
	字体	－の違いに注意する
してい	指定	新幹線の－席
	師弟	－関係
	子弟	－を教育する
	私邸	－を訪れる
してき	指摘	誤りを－する
	私的	－な発言
	史的	－事実
してん	支店	－を開設する
	視点	独自の－
	支点	－、力点、作用点

じてん	辞典	国語－
	事典	百科－
	時点	現－
	自転	地球の－
	次点	選挙で－となる
	字典	書体－
しどう	指導	検定の－
	始動	エンジンを－する
	私道	－の掃除をする
	市道	県道と－
しぼう	志望	－校に合格する
	脂肪	皮下－
	死亡	－の連絡が入る
	子房	－は果実のもとです
しめい	指名	－入札
	氏名	－を記入する
	使命	－感に燃える
しもん	諮問	－機関
	試問	口答－
	指紋	－を調べる
しゅうかん	習慣	早寝早起きの－
	週間	－天気予報
	週刊	－誌を読む
	収監	－される
しゅうき	周期	公転－
	秋期	－試験
	周忌	三－
	臭気	－が鼻をつく
しゅうし	収支	貿易－
	終始	－笑顔で対応する
	終止	－符がうたれる
	修士	大学の－課程
しゅうしゅう	収拾	－がつく
	収集	昆虫の－
しゅうしょく	就職	－試験
	修飾	－語
	愁色	－がにじんだ
しゅうしん	終身	－保険
	就寝	－時間
	執心	－にとらわれる
しゅうせい	修正	軌道－
	習性	動物の－
	終生	－忘れ得ぬ
しゅうち	周知	－の事実
	衆知	－を集める
	羞恥	－心
しゅうちゃく	終着	－駅
	執着	－心
	祝着	－至極
しゅうとく	拾得	－物
	修得	単位を－する
	習得	技術を－する
しゅうりょう	終了	定期試験が－する
	修了	全課程を－する
	収量	米の－
	秋涼	－の候
しゅさい	主催	全商協会－の検定
	主宰	劇団を－する
	主菜	－はステーキです
しゅっこう	出向	系列会社に－する
	出航	上海に向けて－する
	出港	漁場へ－する
しゅび	首尾	－一貫
	守備	－につく

しよう	使用	電卓を－する
	私用	－の電話
	試用	－期間
	仕様	特別－
	枝葉	－末節
しょうかい	商会	○○－
	照会	身元を－する
	紹介	－状
しょうがい	渉外	－担当
	生涯	－教育
	傷害	－保険
しょうかん	償還	－期限
	召喚	証人を－する
	召還	本国に－される
	小寒	－は二十四節季の一つ
じょうき	上記	－のとおり
	常軌	－を逸する
	蒸気	－機関車
	上気	－した顔
しょうきゃく	償却	減価－費
	焼却	－処分
	消却	記憶から－する
しょうしゃ	商社	総合－
	勝者	試合の－を称える
	照射	Ｘ線を－する
	瀟洒	－なカフェ
	小社	－にて開催中
しょうすう	小数	－第２位未満
	少数	－意見
しょうそう	焦燥	－感
	尚早	時期－
	正倉	－院
しょうにん	昇任	部長に－する
	承認	独立が－される
	証人	－として出廷する
	小人	－料金
	商人	近江－
じょうむ	常務	－理事を務める
	乗務	－員
しょき	初期	江戸時代－
	書記	生徒会の－
	暑気	－払い
しょくりょう	食糧	－事情
	食料	生鮮－品
じりつ	自律	－神経
	自立	－語
じれい	辞令	転勤－
	事例	－を挙げる
しんか	進化	－する情報社会
	深化	専門性の－
	真価	－を発揮する
	臣下	－にくだる
しんがい	侵害	著作権の－
	心外	－な発言
	辛亥	－革命
しんぎ	審議	法案の－
	真偽	－を確かめる
	心技	－体
しんこう	振興	商業教育の－
	進行	議事を－する
	信仰	－心
	親交	隣国との－
	侵攻	他国の－を防ぐ

しんこく	申告	確定－
	深刻	－な表情
	清国	明に代わり－が成立した
	親告	－罪
しんしょ	新書	－判
	信書	－便
しんじょう	信条	思想－の自由
	心情	－を察する
	真情	－を知る
	身上	－書
しんすい	浸水	床下－
	進水	－式
	心酔	ロックに－する
しんせい	申請	－書類
	新制	－中学
	新生	－児
	新星	－のごとく現れる
	神聖	－な場所
しんそう	新装	－開店
	深層	海洋－水
	真相	－を究明する
しんちょう	伸長	学力が－する
	新調	スーツを－する
	慎重	－に審議する
	身長	－を測る
	深長	意味－
しんとう	浸透	雨水の－を防ぐ
	新党	－を結成する
	心頭	怒り－
	神道	－は日本古来の宗教
しんにゅう	侵入	不法に－した
	浸入	水の－
	進入	－禁止
	新入	－社員
しんぱん	審判	－を下す
	侵犯	国境－
	新版	－の教科書
	信販	－会社を訪問する
しんぼう	辛抱	じっと－する
	信望	級友の－が厚い
	深謀	－遠慮
しんろ	進路	台風の－
	針路	北北東に－をとる
すいい	推移	時が－する
	水位	ダムの－
すいこう	推敲	原稿を－する
	遂行	任務を－する
	水耕	－栽培
すいしん	推進	クールビズを－する
	水深	－2メートル
	垂心	三角形の－
すいとう	出納	現金－帳
	水稲	－栽培
	水筒	－を持参する
せいえい	清栄	ご－のことと存じます
	精鋭	少数－
せいか	正価	割引販売と－販売
	成果	－が上がる
	青果	－市場
	盛夏	－の候
	生家	－を訪ねる
	聖火	－ランナー
	聖歌	－を歌う
	生花	－を贈る
せいかい	政界	－に進出する
	正解	全問－
	盛会	－を祈念する
せいかく	正確	－な記帳
	性格	穏やかな－
せいきゅう	請求	－書
	性急	－に事を運ぶ
	制球	－力
せいさい	制裁	－を受ける
	生彩	－を放つ
	精細	－な報告
	正妻	－を迎える
せいさく	制作	絵画の－
	製作	家具を－する
	政策	金融緩和－
せいさん	生産	野菜を－する
	成算	－がある
	清算	借金を－する
	精算	乗車券の－をする
せいそう	清掃	－車
	正装	－で参加する
	成層	－圏
せいちょう	成長	経済－
	生長	苗木が－する
	静聴	ご－願います
	正調	－よさこい節
せいとう	政党	既成－
	正当	－な理由
	正統	源氏の－
	正答	－を導き出す
	製糖	－工場
せいめい	生命	政治－
	声明	共同－を出す
	姓名	－判断
	清明	－は二十四節季の一つ
せいやく	制約	－が多い
	誓約	－書
	製薬	－会社
	成約	保険が－する
ぜっこう	絶好	－のチャンス
	絶交	友人と－する
せっしゅ	摂取	栄養物を－する
	接種	予防－
ぜったい	絶対	－に負けない
	絶体	－絶命
ぜんかい	前回	－の放映
	全会	－一致
	全快	病気が－する
	全開	エンジンを－する
	全壊	家屋が－した
せんきょ	選挙	－の投票に行く
	占拠	不法－
ぜんご	前後	5人－
	善後	－策
ぜんしん	前進	交渉が－する
	漸進	技術が－する
	全身	－が痛む
せんせい	専制	－政治
	先生	－と生徒
	宣誓	選手－
	先制	1点を－する
ぜんせん	全線	－開通
	前線	梅雨－
	善戦	強豪チームに－する
せんとう	先頭	－打者
	戦闘	－機
	銭湯	近所の－に行く
そうい	相違	事実と－ない
	創意	－工夫
	総意	出席者の－
そうぎょう	操業	－時間
	創業	－以来三十年
	早暁	－から起き出す
そうさ	操作	機械－
	捜査	事件の－
	走査	－線
そうさい	相殺	過失を－する
	総裁	政党の－
	葬祭	冠婚－
そうぞう	想像	－を絶する
	創造	天地－説
そうたい	相対	難問に－する
	総体	高校－に出場する
	早退	－届
そがい	阻害	競争を－する
	疎外	－感
そくせい	促成	－栽培
	速成	技術者の－
そくせき	即席	－のみそ汁
	足跡	－をたどる

●た 行

たいか	対価	－を求める
	耐火	－金庫
	退化	文明が－する
	大火	江戸の－
	大過	－なく過ごす
	大家	画壇の－
たいき	大気	－圏
	待機	自宅－
	大器	未完の－
たいしょう	対照	比較－
	対称	左右－
	対象	研究－
	大勝	試合に－する
	大将	お山の－
	大賞	－に輝く
	大正	－元年
たいしょく	退職	定年－
	耐食	－性の金属
	退色	塗装が－する
	大食	－漢
	体色	－を変化させる
たいせい	態勢	着陸－
	体勢	－を立て直す
	体制	社会主義－
	大勢	－に影響はない
	耐性	ウィルスへの－
たいぼう	待望	－の出来事
	耐乏	－生活
たよう	多様	多種－
	多用	カタカナを－する
	他用	施設の－を禁ずる
ちか	地価	－の高騰
	地下	－鉄
	治下	ナポレオンの－
ちせい	治世	エリザベス女王の－
	知性	－の豊かな人
	地勢	－図

ちたい	地帯	砂漠－
	遅滞	－なく納める
	痴態	－を演じる
ちめい	致命	－的なミス
	地名	－を覚える
	知名	－度
ちゅうしょう	抽象	－的な説明
	中傷	他人を－する
	中小	－企業
ちょうこう	兆候	デフレの－が見られる
	聴講	－生
	調光	－器
	朝貢	－使節の一行
ちょうしゅう	徴収	代金を－する
	聴衆	－を魅了する
	徴集	軍隊に－される
	長州	－征伐
ちんか	沈下	地盤－
	鎮火	火災が－する
ちんたい	賃貸	－契約
	沈滞	景気が－する
ついきゅう	追求	利益を－する
	追究	学問を－する
	追及	責任を－する
つうか	通貨	預金－
	通過	電車が－する
ていおん	低温	－注意報
	低音	－で歌う
	定温	－動物
ていか	定価	－販売
	低下	気温が－する
ていき	定期	－検診
	提起	問題－
ていけい	提携	資本－
	定形	－郵便物
ていじ	定時	－に出勤する
	提示	書類を－する
ていしょく	停職	－処分
	定食	日替わり－
	抵触	法律に－する
	定職	－に就く
てきかく	的確	－な評価
	適格	彼は－者だ
てきせい	適性	－検査
	適正	－価格
てんか	天下	－統一
	添加	食品－物
	転嫁	責任を－する
	点火	花火に－する
てんかい	展開	論争を－する
	転回	－禁止
	天界	－に生まれ変わる
てんき	天気	－予報
	転機	人生の－
	転記	元帳に－する
てんとう	店頭	－取引
	点灯	ライトを－する
	転倒	－防止の手すり
とうか	等価	－交換
	投下	資本を－する
	透過	－性のフィルム
	灯火	－管制
	灯下	－で内職をする
とうき	当期	－純利益
	騰貴	物価が－する
	登記	不動産－
	投機	－的な事業
	投棄	不法－
	冬期	－は通行不能となる
	陶器	－を陳列する
どうこう	動向	景気の－を探る
	同行	看護師が旅行に－する
	同好	－の人々が集まる
	瞳孔	虹彩の中心が－
とうし	投資	企業に－をする
	透視	－能力
	闘志	－を燃やす
とうじ	当時	－の記憶
	湯治	－場
	冬至	－点
	答辞	代表して－をよむ
	杜氏	酒蔵の－
とうしょ	当初	－の予定
	当所	－へのアクセス
	投書	－が届く
とうじょう	登場	－人物
	搭乗	－手続き
	東上	田舎から－する
とうち	統治	国を－する
	当地	ご－検定
	倒置	－法
とうよう	登用	人材を－する
	東洋	－思想
	盗用	アイデアを－する
どうよう	同様	新品－
	動揺	－を隠せない
	童謡	－を合唱する
とくい	得意	－科目
	特異	－な才能
とくしつ	特質	伝統文化の－
	得失	－を論ずる
どくそう	独創	－的な考え
	独走	－態勢
	独奏	クラリネットを－する
	毒草	－を処分する
とくちょう	特徴	－のある顔立ち
	特長	彼女の－は素直さだ
とくてん	得点	試合で－を入れる
	特典	購入者に－を与える

●な 行

ないぞう	内蔵	パソコン－
	内臓	－脂肪
なんきょく	難局	－に直面する
	難曲	－を何なくこなす
	南極	－観測隊
にんき	任期	国会議員の－
	人気	－者
ねんしょう	年商	－５億円の会社
	燃焼	不完全－
	年少	－者
ねんとう	年頭	－の挨拶
	念頭	－に置く
	粘投	投手の－が続く
のうこう	濃厚	－な味
	農耕	－民族
	農工	－の盛んな地区
のうどう	能動	－的に行動する
	農道	－を歩く

●は 行

はいかん	拝観	－料は無料です
	配管	－工事
	廃刊	雑誌が－になった
	廃艦	船は－が決まった
はいき	廃棄	－処分
	排気	－ガス
はいしゃ	敗者	－の弁
	配車	－計画
	廃車	－同然の車
はいすい	排水	船の－量
	背水	－の陣
	配水	－管
はいせん	配線	－工事
	廃線	路線が－になる
	敗戦	－投手
はくちゅう	白昼	－堂々
	伯仲	実力－
はくひょう	白票	－を投じる
	薄氷	－を踏む
はけん	派遣	選手団を－する
	覇権	リーグ戦の－
はっこう	発行	新株を－する
	発効	条約が－する
	発光	－ダイオード
	発酵	－食品
	薄幸	－な運命
ぼうとう	暴騰	物価が－する
	冒頭	－に挨拶する
	暴投	大－を投げる
はっしゃ	発射	ロケットを－する
	発車	バスの－時刻
はっしん	発信	－主義
	発進	車を－させる
	発疹	－がでる
はっせい	発生	事故が－する
	発声	－練習
	八世	エドワード－
はっそう	発想	－の転換
	発送	小包を－する
	発走	競走馬が－枠に入る
はっぽう	発泡	－性の入浴剤
	八方	四方－
	発砲	銃の－
はんえい	繁栄	国家の－
	反映	世相を－する
はんせい	反省	深く－する
	半生	－を振り返る
はんとう	半島	房総－
	反騰	株価が－する
はんれい	凡例	グラフの－
	判例	－法
	反例	－を示す
	範例	他の－となる
びこう	備考	－欄
	尾行	犯人を－する
	鼻孔	－が詰まる
	微香	－が鼻をくすぐる
ひしょ	秘書	重役－
	避暑	－地
ひじょう	非常	－事態
	非情	冷酷－

ひっし	必死	－にこらえる
	必至	そうなることは－だ
ひなん	避難	－訓練
	非難	失敗を－する
ひょうき	標記	－の件
	表記	封筒に－された住所
	氷期	－が明けた
ひろう	披露	新作を－する
	疲労	－がたまる
	拾う	お金を－
ふか	付加	条件を－する
	負荷	重責を－する
	不可	可もなく－もなし
	賦課	税金を－する
ふきゅう	普及	広く－する
	不朽	－の名作
	不休	不眠－
	腐朽	桟橋が－する
ふくり	複利	－で計算する
	福利	－厚生
ふごう	符号	モールス－
	符合	証言が事実と－する
	富豪	大－
	負号	正号と－
ふしょう	不詳	作者－の作品
	不祥	－事
	負傷	手を－する
	不肖	－の息子
ふしん	不振	食欲－
	不信	－の念を抱く
	不審	－者
	普請	家を－する
	腐心	会社経営に－する
ふつう	普通	－自動車
	不通	電話回線が－になる
ふとう	埠頭	－にたたずむ
	不当	－な取り扱い
	不等	連立－式
ふどう	不同	順－
	不動	－の地位を築く
	浮動	－票
ふへん	不変	－の態度
	普遍	－主義
	不偏	－不党の精神
ふよう	不要	会費は－です
	扶養	－家族
	浮揚	景気－策
へいき	併記	両方とも－する
	平気	－な顔をする
	兵器	秘密－
へいこう	並行	2台の車が－して走る
	平衡	－感覚
	平行	－四辺形
	閉口	暑さに－する
	閉講	－式
	弊行	－において取り扱います。
へいせい	平静	－を装う
	平成	－から令和へ
へんかん	変換	仮名を漢字に－する
	返還	優勝旗の－
へんこう	変更	予定を－する
	偏向	－した思想
	偏光	－レンズ
へんしん	返信	電子メールを－する
	変身	大－を遂げた
	変心	政治家の－
	変針	航路を－する
ほうい	方位	－磁石
	包囲	－網
	法衣	－をまとう
ぼうえき	貿易	自由－
	防疫	－対策
ほうがく	方角	東の－
	法学	－部
	邦楽	洋楽と－
ほうき	法規	交通－
	放棄	権利を－する
	蜂起	群衆が－する
ほうそう	放送	地上デジタル－
	包装	－紙
	法曹	－界
ほうち	法治	－国家
	放置	－自転車
	報知	火災－機
ぼうちょう	膨張	空気が－する
	傍聴	会議を－する
	防潮	－林を植える
ほうふ	豊富	－な地下資源
	抱負	新年の－
ほけん	保険	自動車－
	保健	－室
ほしょう	保障	安全－
	保証	－書
	補償	損害－
ほどう	補導	－員
	歩道	横断－
	舗道	－を整備する

●ま 行

むえん	無塩	－バター
	無煙	－火薬
	無援	孤立－
	無縁	－の出来事
むき	無期	－延期
	無機	－化合物
	向き	－を変える
むじょう	無常	諸行－
	無上	－の喜び
	無情	－の雨
むりょう	無料	入場－
	無量	－の悲しみ
めいあん	明暗	－を分ける
	名案	それは－だ
めいげん	明言	－を避ける
	名言	－を残す
	迷言	－に翻弄される
めいじ	明示	－して念を押す
	明治	－・大正・昭和

●や 行

やこう	夜光	－塗料
	夜行	－列車
ゆうかん	勇敢	－に立ち向かう
	夕刊	－を買って読む
	有閑	－階級
	有感	－地震
ゆうきゅう	有給	－休暇
	遊休	－地
	悠久	－不変の自然
ゆうこう	有効	－期限
	友好	－国
ゆうし	融資	資金の－を受ける
	有志	－を募る
	勇士	戦いの－
	有史	－以前
	雄姿	－を拝む
ゆうしゅう	優秀	－な成績
	有終	－の美
	憂愁	－に沈む
	幽囚	－の身となる
ゆうしょう	優勝	－旗
	有償	－修理
	勇将	－の下に弱卒なし
ゆうたい	優待	－券
	勇退	定年前に－する
	幽体	－離脱
ようい	用意	食事の－をする
	容易	－なことではない
ようご	用語	情報処理－
	養護	－施設
	擁護	人権を－する
ようこう	要項	募集－
	陽光	真夏の－はまぶしい
	洋行	－帰り
ようじん	用心	火の－
	要人	政府の－
ようせい	養成	後継者を－する
	要請	救助を－する
	陽性	－反応が出る
よじょう	余剰	－生産物
	余情	旅の－にひたる

●ら 行

りこう	履行	約束を－する
	利口	－な動物
	理工	－系の大学に進む
りしょく	離職	－者
	利殖	－に励む
りゅうせい	隆盛	－を極める
	流星	－を観測する
りょうよう	療養	自宅－
	両用	水陸－バス
	両様	－の意味をもつ
れいがい	例外	－を設ける
	冷害	－にあう
れいじょう	礼状	－をもらう
	令状	捜索－を示す
	令嬢	資産家の－
	霊場	－巡り
れんけい	連携	友好的な－
	連係	－プレイ
ろじ	路地	－裏
	露地	－栽培

4 ビジネス文書で扱う語彙の意味と使い分け

当社	自分の所属する企業のこと。社内など身内や対等の相手に使う。
弊社	自分の所属する企業のこと。社外の目上や格上の相手に使う。
貴社、貴行、貴校、貴団体など	文章などで取引先や相手の所属する企業、銀行、学校などを表す。
御社、御行、御校、御団体など	話し言葉で、取引先や相手の所属する企業、銀行、学校などを表す。
賜る	「もらう」または「与える」の意味。 例：日頃よりご愛顧賜り、まことにありがとうございます。
承る	「受ける」または「聞く」の意味。 例：ご依頼の件、確かに承りました。
ご鞭撻（べんたつ）	「戒め励ます」の意味で、相手に指導や協力を謙虚に求める場合に用いる。 例：以後も変わらぬご指導ご鞭撻を賜りますよう、よろしくお願い申し上げます。
時下	「この頃」の意味で、前文で、時候の挨拶を省略する場合に用いる。
時節柄、季節柄	「このような季節・状況なので」の意味で、末文で、相手の健康などを気遣う際に用いる。
ご愛顧、ご贔屓、ご厚誼	相手によく利用したり接してくれることへの感謝の意を伝える。
ご高配、ご厚情、お心遣い、お気遣い	相手の心配りに対する感謝の意を伝える。
ご隆盛、ご隆昌、ご盛栄	前文挨拶で、団体宛に使い、相手の繁栄を喜ぶ。
ご健勝	前文または末文で、個人宛に使い、相手の健康を喜びまた祈念する。
ご活躍	前文または末文で、個人宛に使い、相手のさらなる成長や健闘を願う。
ご発展	前文または末文で、団体宛に使い、相手のさらなる繁盛や繁栄を願う。
哀悼（あいとう）	人の死を悲しみいたむこと。 例：謹んで哀悼の意を表します。
幸甚（こうじん）	「この上ない幸せ」の意味で、相手への謝意を示す。 例：晴れやかな結婚式にご招待いただき、幸甚に存じます。
査収（さしゅう）	「よく確認して受け取る」の意味で、送り側で使う。 例：提案書を同封いたしましたので、よろしくご査収ください。
自愛（じあい）	「自分の体を大切にする」の意味で、相手の健康を気遣う。 例：寒い季節となりましたが、くれぐれもご自愛のほど…
僭越（せんえつ）	「出過ぎた事をする」の意味で、相手に忠告や意見をする、または目上の人を差し置いて挨拶をする場合などに用いる。 例：僭越ながら、ご挨拶申し上げます。
賜物（たまもの）	「いただいた物」、「良い結果」などを意味する。 例：優勝は、地域の皆様のご支援の賜物です。
衷心（ちゅうしん）	「本心」の意味で、心の奥底からという真摯な態度を表す。 例：衷心よりお悔やみ申し上げます。
拝察（はいさつ）	「自分がそう推測している」という意味で「ご」を付けないで使う。 例：残暑厳しい折ですが、皆様ご健勝のことと拝察申し上げます。
万障（ばんしょう）	「色々不都合な事情」のこと。「お」や「ご」は付けない。 例：万障お繰り合わせの上、ご参加をお願いいたします。
喪中（もちゅう）	「忌中に続く、近親者の死別にあたり、故人を偲んで過ごす期間」のこと。祝い事や年賀状を控えることも多い。 例：喪中につき、新年のご挨拶を控えさせていただきます。
所存（しょぞん）	「～するつもりであり」の謙譲語。 例：明るい家庭を築いていく所存です。
末筆（まっぴつ）	「手紙の最後になってしまいました」の意味で、末文に使う。 例：末筆ながら、貴社のますますのご繁栄をお祈り申し上げます。
来臨（らいりん）	「来場する」の意味で、招待する際に使用する。 例：ご多忙のところ恐縮ですが、ご来臨の栄を賜りたく存じます。

筆記6対策問題

6－1　次の各文の下線部の読みを、(　　　) の中にひらがなで書きなさい。

①（　　　　　　　）彼は語彙が豊富だ。
②（　　　　　　　）苛酷な戦いに身を投じる。
③（　　　　　　　）暗幕で遮蔽する。
④（　　　　　　　）刹那のできごと。
⑤（　　　　　　　）大会実施の目処が立つ。

6－2　次の各文の下線部の読みを、(　　　) の中にひらがなで書きなさい。

①（　　　　　　　）楔を打ち込む。
②（　　　　　　　）心の中で葛藤する。
③（　　　　　　　）人が通った痕跡を見つける。
④（　　　　　　　）所詮かなわぬ夢だと思っていた。
⑤（　　　　　　　）和洋折衷の住居に住む。

6－3　次の各文の下線部の読みを、(　　　) の中にひらがなで書きなさい。

①（　　　　　　　）今年の干支は戌である。
②（　　　　　　　）肥沃な土地で農耕する。
③（　　　　　　　）教師冥利に尽きるできごとである。
④（　　　　　　　）ものすごい形相で怒る。
⑤（　　　　　　　）懸念していたことが起きた。

6－4　次の各文の下線部の読みを、(　　　) の中にひらがなで書きなさい。

①（　　　　　　　）雑草が繁茂する。
②（　　　　　　　）祖父の最期をみとる。
③（　　　　　　　）講演は示唆に富むものだった。
④（　　　　　　　）養蚕が行われていた村。
⑤（　　　　　　　）計画を予定通り遂行する。

6－5　次の各文の下線部の読みを、(　　　) の中にひらがなで書きなさい。

①（　　　　　　　）お世話になった先生が逝去される。
②（　　　　　　　）貸し借りを相殺する。
③（　　　　　　　）この問題について談判する。
④（　　　　　　　）実験の経過を逐次報告する。
⑤（　　　　　　　）失言を認めて陳謝する。

6－6　次の各文の下線部の読みを、(　　　) の中にひらがなで書きなさい。

①（　　　　　　　）政治家の悪事が暴露される。
②（　　　　　　　）人格を陶冶する。
③（　　　　　　　）うわさはたちまち流布した。
④（　　　　　　　）読解のこつを会得する。
⑤（　　　　　　　）人間たる所以は何か。

6－7　次の各文の下線部の読みを、(　　　) の中にひらがなで書きなさい。

①（　　　　　　　）しっかりとした普請。
②（　　　　　　　）あれこれと画策する。
③（　　　　　　　）街並みを俯瞰する。
④（　　　　　　　）鋭い洞察の評論。
⑤（　　　　　　　）悪寒におそわれた。

6−8　次の各文の下線部の読みを、（　　　）の中にひらがなで書きなさい。

①（　　　　　　）　羨望の的となる。
②（　　　　　　）　緻密に練り上げた計画。
③（　　　　　　）　はでな恰好で出かける。
④（　　　　　　）　来年は丑年である。
⑤（　　　　　　）　不意のことに狼狽した。

6−9　次の各文の下線部の読みを、（　　　）の中にひらがなで書きなさい。

①（　　　　　　）　曖昧な返事をしない。
②（　　　　　　）　無垢な子ども。
③（　　　　　　）　職人気質な人。
④（　　　　　　）　生粋の江戸っ子。
⑤（　　　　　　）　罹災した人の救援活動。

6−10　次の各文の下線部の読みを、（　　　）の中にひらがなで書きなさい。

①（　　　　　　）　辛辣な言葉で批評する。
②（　　　　　　）　人心から乖離した政治。
③（　　　　　　）　流暢な英語を話す。
④（　　　　　　）　不安を払拭する。
⑤（　　　　　　）　自立心の萌芽。

6−11　次の各文の下線部の読みを、（　　　）の中にひらがなで書きなさい。

①（　　　　　　）　街中を徘徊する。
②（　　　　　　）　意匠権の登録。
③（　　　　　　）　瞑想によって悟る。
④（　　　　　　）　大雨で川が氾濫する。
⑤（　　　　　　）　美術に造詣が深い。

6−12　次の各文の下線部の読みを、（　　　）の中にひらがなで書きなさい。

①（　　　　　　）　馴染の店。
②（　　　　　　）　采配を振る。
③（　　　　　　）　本の索引を引く。
④（　　　　　　）　試供品を頒布する。
⑤（　　　　　　）　人権を擁護する。

6−13　次の各文の下線部の読みを、（　　　）の中にひらがなで書きなさい。

①（　　　　　　）　脆弱な地盤。
②（　　　　　　）　研究に埋没する。
③（　　　　　　）　大臣を更迭する。
④（　　　　　　）　労使間の折衝を見守る。
⑤（　　　　　　）　生産量が漸増する。

6−14　次の各文の下線部の読みを、（　　　）の中にひらがなで書きなさい。

①（　　　　　　）　収益が逓減する。
②（　　　　　　）　湾曲した海岸線。
③（　　　　　　）　長閑な正月気分。
④（　　　　　　）　医療が逼迫している。
⑤（　　　　　　）　鬱憤を晴らす。

筆記7対策問題

7－1　次の各文の〔　　〕の中から、四字熟語の一部として最も適切なものを選び、その記号を（　　）の中に記入しなさい。

①（　　）　大器〔ア．晩成　イ．万世〕の評判通り、近年になって名作を発表した。
②（　　）　上意〔ア．下意　イ．上達　ウ．下達〕で組織を立て直す。
③（　　）　展示物は〔ア．千差　イ．百花　ウ．十人〕万別でおもしろい。
④（　　）　〔ア．新規　イ．心気　ウ．心機〕一転して勉強に励んでいる。
⑤（　　）　〔ア．起死　イ．騎士〕回生の一発で勝負が決した。

7－2　次の各文の〔　　〕の中から、四字熟語の一部として最も適切なものを選び、その記号を（　　）の中に記入しなさい。

①（　　）　彼は粉骨〔ア．細心　イ．砕身　ウ．才神〕して、クラスのために働いた。
②（　　）　千載〔ア．一隅　イ．一偶　ウ．一遇〕のチャンスを逃さずにがんばろう。
③（　　）　〔ア．臥薪　イ．虚心〕担懐の気持ちで臨む。
④（　　）　試行〔ア．錯誤　イ．錯語〕の末やっと完成する。
⑤（　　）　密輸グループを一網〔ア．両得　イ．発起　ウ．打尽〕にする。

7－3　次の各文の〔　　〕の中から、四字熟語の一部として最も適切なものを選び、その記号を（　　）の中に記入しなさい。

①（　　）　〔ア．短刀　イ．単刀〕直入に物を言う。
②（　　）　彼は国中で〔ア．武士　イ．国士　ウ．無我〕無双と称えられる。
③（　　）　金もうけのために選挙に出馬するのは本末〔ア．店頭　イ．転倒　ウ．点灯〕である。
④（　　）　恐ろしさのあまり無我〔ア．夢中　イ．霧中　ウ．無中〕で逃げた。
⑤（　　）　彼の奥さんは才色〔ア．兼備　イ．巧言〕の女性だ。

7－4　次の各文の〔　　〕の中から、四字熟語の一部として最も適切なものを選び、その記号を（　　）の中に記入しなさい。

①（　　）　一期〔ア．再会　イ．一会〕の教えを守る。
②（　　）　順風〔ア．満悦　イ．出帆　ウ．満帆〕の人生。
③（　　）　教育の成果は、〔ア．一朝　イ．一丁〕一夕にはあらわれない。
④（　　）　何もわからず五里〔ア．夢中　イ．霧中　ウ．無中〕の状態だ。
⑤（　　）　多忙な彼はまさに〔ア．東本　イ．東奔　ウ．謄本〕西走の生活を送っている。

7－5　次の各文の〔　　〕の中から、四字熟語の一部として最も適切なものを選び、その記号を（　　）の中に記入しなさい。

①（　　）　〔ア．恩顧　イ．温故〕知新は、現在の学問研究にとっても真理である。
②（　　）　彼の〔ア．縦横　イ．縦貫〕無尽の活躍で、勝利をおさめた。
③（　　）　〔ア．完全　イ．勧善　ウ．敢然〕懲悪をテーマとするドラマが流行している。
④（　　）　猪突〔ア．盲信　イ．猛進　ウ．盲進〕は避けよう。
⑤（　　）　恩師と再会できて、実に〔ア．感慨　イ．感激　ウ．憤慨〕無量だ。

7－6　次の各文の〔　　〕の中から、四字熟語の一部として最も適切なものを選び、その記号を（　　）の中に記入しなさい。

①（　　）　唯々〔ア．揚々　イ．諾々　ウ．津々〕として命令に従う。
②（　　）　その作品の面白さに〔ア．抱腹　イ．報復　ウ．法服〕絶倒させられた。
③（　　）　〔ア．絶体　イ．絶対〕絶命の窮地に追い込まれた。
④（　　）　彼はどうも〔ア．自画　イ．自賀　ウ．自我〕自賛が多すぎる。
⑤（　　）　彼はめったに喜怒〔ア．哀愁　イ．哀楽〕の表情を外に出さない。

7−7　次の各文の〔　　〕の中から、四字熟語の一部として最も適切なものを選び、その記号を（　　）の中に記入しなさい。

①（　　）　どうすべきか目下〔ア．案中　イ．安中　ウ．暗中〕模索しているところだ。
②（　　）　退職してもすぐに〔ア．晴耕　イ．成功〕雨読の生活はできない。
③（　　）　その話は、実に興味〔ア．心身　イ．深々　ウ．津々〕たるものがある。
④（　　）　臨機〔ア．黄変　イ．応変〕に対応した。
⑤（　　）　経世〔ア．済民　イ．正大　ウ．方正〕の国家を実現する。

7−8　次の各文の〔　　〕の中から、四字熟語の一部として最も適切なものを選び、その記号を（　　）の中に記入しなさい。

①（　　）　危機〔ア．一髪　イ．一発〕で事故にならずにすんだ。
②（　　）　勝った選手たちは〔ア．意木　イ．意着　ウ．意気〕揚々と引きあげていった。
③（　　）　電光〔ア．石化　イ．石火　ウ．赤化〕の早業で敵を倒した。
④（　　）　母親は息子の帰りを一日〔ア．千秋　イ．晩秋〕の思いで待つ。
⑤（　　）　失敗した彼は〔ア．長身　イ．一身　ウ．平身〕低頭して謝った。

7−9　次の各文の〔　　〕の中から、四字熟語の一部として最も適切なものを選び、その記号を（　　）の中に記入しなさい。

①（　　）　その地方には質実〔ア．合憲　イ．剛健〕を尊ぶ気風がある。
②（　　）　彼の生活態度は言語〔ア．横断　イ．道断　ウ．判断〕というべきだ。
③（　　）　意味〔ア．深耕　イ．深長〕な笑いが気になる。
④（　　）　〔ア．精錬　イ．清廉　ウ．製錬〕潔白な私生活。
⑤（　　）　自由〔ア．本邦　イ．本俸　ウ．奔放〕に生きる。

7−10　次の各文の〔　　〕の中から、四字熟語の一部として最も適切なものを選び、その記号を（　　）の中に記入しなさい。

①（　　）　少ない予算で悪戦〔ア．苦闘　イ．苦頭〕する。
②（　　）　旧態〔ア．依然　イ．以前　ウ．已然〕とした生活ぶりである。
③（　　）　この試合は乾坤〔ア．一転　イ．一擲〕の大勝負になった。
④（　　）　〔ア．七点　イ．七天　ウ．七転〕八起してついに成功をおさめる。
⑤（　　）　〔ア．当為　イ．当意　ウ．糖衣〕即妙で賢い人である。

7−11　次の各文の〔　　〕の中から、四字熟語の一部として最も適切なものを選び、その記号を（　　）の中に記入しなさい。

①（　　）　〔ア．異口　イ．異句〕同音に賛成する。
②（　　）　徹頭〔ア．徹尾　イ．末尾　ウ．兼備〕反対の立場を貫く。
③（　　）　彼の出世は論功〔ア．大賞　イ．行者　ウ．行賞〕の結果だ。
④（　　）　彼がそんな〔ア．思料　イ．思慮〕分別のない人だとは思わなかった。
⑤（　　）　〔ア．一念　イ．一年　ウ．壱年〕発起して芸道に励む。

7−12　次の各文の〔　　〕の中から、四字熟語の一部として最も適切なものを選び、その記号を（　　）の中に記入しなさい。

①（　　）　巧言〔ア．令色　イ．才色　ウ．冷色〕な彼は目立った存在だ。
②（　　）　責任〔ア．転化　イ．天下　ウ．転嫁〕して言い逃れる。
③（　　）　彼はいつものように〔ア．沈思　イ．沈氏〕黙考しているようであった。
④（　　）　年をとったら無病〔ア．大敵　イ．息災〕が一番だ。
⑤（　　）　〔ア．付言　イ．不言　ウ．富源〕実行の時である。

7－13　次の各文の〔　　〕の中から、四字熟語の一部として最も適切なものを選び、その記号を（　　）の中に記入しなさい。

①（　　）〔ア．波瀾　イ．氾濫〕万丈の人生である。
②（　　）彼が会社をクビになったのも〔ア．自画　イ．自業　ウ．事業〕自得である。
③（　　）彼一人反対したが〔ア．紙面　イ．詩面　ウ．四面〕楚歌で皆に無視されてしまった。
④（　　）針小〔ア．棒大　イ．膨大　ウ．防大〕に言い触らす。
⑤（　　）山紫〔ア．水明　イ．翠明〕な風景に心を打たれる。

7－14　次の各文の〔　　〕の中から、四字熟語の一部として最も適切なものを選び、その記号を（　　）の中に記入しなさい。

①（　　）彼の管理部への異動は、〔ア．適材　イ．人材〕適所とはいえない。
②（　　）彼の公明〔ア．盛大　イ．征大　ウ．正大〕な態度は皆に好かれる。
③（　　）駅まで歩くことは、健康にもよくバス代も節約できて一挙〔ア．良徳　イ．両得〕である。
④（　　）傍若〔ア．無人　イ．無尽　ウ．無稽〕な態度をとる。
⑤（　　）彼とは〔ア．維新　イ．威信　ウ．以心〕伝心の間柄である。

7－15　次の各文の〔　　〕の中から、四字熟語の一部として最も適切なものを選び、その記号を（　　）の中に記入しなさい。

①（　　）彼は〔ア．不当　イ．不撓　ウ．不等〕不屈の精神で金メダルをとった。
②（　　）彼は百戦〔ア．練磨　イ．錬磨〕のつわものである。
③（　　）〔ア．創意　イ．相違　ウ．総意〕工夫がなければ会社の発展はありえない。
④（　　）彼は〔ア．謹厳　イ．謹啓　ウ．謹慎〕実直な勤めぶりである。
⑤（　　）彼は〔ア．一井　イ．一意〕専心環境問題に取り組んでいる。

7－16　次の各文の〔　　〕の中から、四字熟語の一部として最も適切なものを選び、その記号を（　　）の中に記入しなさい。

①（　　）いざとなると呉越〔ア．同舟　イ．同船　ウ．無双〕して行動した。
②（　　）彼の話は荒唐〔ア．無人　イ．無尽　ウ．無稽〕なものが多く、信用できない。
③（　　）時間はかかるが、成果を信じて〔ア．平身　イ．臥薪　ウ．沈思〕嘗胆する。
④（　　）彼はたまに〔ア．起草　イ．奇想〕天外なことを言い出す。
⑤（　　）過去の傑作をうまく〔ア．軟骨　イ．換骨〕奪胎した小説だ。

7－17　次の各文の下線部の読みを、（　　　）の中にひらがなで書きなさい。

①（　　　　　　）上司の話を馬耳東風と聞き流す。
②（　　　　　　）傍若無人な振る舞いが目立つ。
③（　　　　　　）この種の製品は国内市場で百花繚乱の競争となっている。
④（　　　　　　）この政策の反対意見が異口同音に出た。
⑤（　　　　　　）紆余曲折あったが、何とかうまくいった。

7－18　次の各文の下線部の読みを、（　　　）の中にひらがなで書きなさい。

①（　　　　　　）父は温厚篤実な人で、部下に慕われている。
②（　　　　　　）この詩集を換骨奪胎して執筆した。
③（　　　　　　）今度出る時は捲土重来、優勝を目指したいと思う。
④（　　　　　　）羊頭狗肉と有名無実はよく似たことばだ。
⑤（　　　　　　）鶏口牛後の志を持って社会に臨む。

筆記8対策問題

8－1　次の各文の下線部の漢字が、正しい場合は○を、誤っている場合は〔　〕の中から最も適切なものを選び、その記号を（　）の中に記入しなさい。

①（　）　自由主義の考え方が浸透する。　〔ア．新党　イ．心頭〕
②（　）　物体は感性の法則に従う。　〔ア．完成　イ．管制　ウ．慣性〕
③（　）　輸出が伸びず事業は不審に陥った。　〔ア．不振　イ．不信　ウ．腐心〕
④（　）　街頭する部分を抜き出した。　〔ア．該当　イ．外灯　ウ．街灯〕
⑤（　）　今夜は下限の月になる。　〔ア．加減　イ．下弦〕

8－2　次の各文の下線部の漢字が、正しい場合は○を、誤っている場合は〔　〕の中から最も適切なものを選び、その記号を（　）の中に記入しなさい。

①（　）　勇敢階級の家庭で生まれ育った。　〔ア．有感　イ．夕刊　ウ．有閑〕
②（　）　このドラマは改装シーンが多い。　〔ア．回想　イ．会葬〕
③（　）　３０キロの工程を歩きとおした。　〔ア．公定　イ．公邸　ウ．行程〕
④（　）　美術館で絵画を観賞する。　〔ア．干渉　イ．鑑賞　ウ．勧奨〕
⑤（　）　理工系の大学に進んだ。　〔ア．履行　イ．利口〕

8－3　次の各文の下線部の漢字が、正しい場合は○を、誤っている場合は〔　〕の中から最も適切なものを選び、その記号を（　）の中に記入しなさい。

①（　）　相手の以降を確かめて協議に入る。　〔ア．移行　イ．意向〕
②（　）　彼は強硬に主張して譲らない。　〔ア．強行　イ．恐慌〕
③（　）　故郷に寄生して歓迎を受ける。　〔ア．帰省　イ．既成　ウ．規制〕
④（　）　消化期間に異状が見つかった。　〔ア．機関　イ．器官　ウ．基幹〕
⑤（　）　被災地でけが人を開放する。　〔ア．解放　イ．快方　ウ．介抱〕

8－4　次の各文の下線部の漢字が、正しい場合は○を、誤っている場合は〔　〕の中から最も適切なものを選び、その記号を（　）の中に記入しなさい。

①（　）　愛称のよい対戦相手である。　〔ア．愛唱　イ．相性〕
②（　）　梅が一斉に開化する。　〔ア．開架　イ．階下　ウ．開花〕
③（　）　快気祝をする。　〔ア．会期　イ．怪奇　ウ．回帰〕
④（　）　純血種との荒廃が進む。　〔ア．高配　イ．交配〕
⑤（　）　科学の実験を行う。　〔ア．価額　イ．化学〕

8－5　次の各文の下線部の漢字が、正しい場合は○を、誤っている場合は〔　〕の中から最も適切なものを選び、その記号を（　）の中に記入しなさい。

①（　）　古い観衆を破る。　〔ア．慣習　イ．監修〕
②（　）　換気が長引いて作物に影響が出る。　〔ア．喚起　イ．乾期　ウ．歓喜〕
③（　）　南極に直面する。　〔ア．難局　イ．難曲〕
④（　）　世界平和を希求する。　〔ア．気球　イ．危急　ウ．帰休〕
⑤（　）　侵犯会社を訪問する。　〔ア．新版　イ．信販〕

8－6　次の各文の下線部の漢字が、正しい場合は○を、誤っている場合は〔　〕の中から最も適切なものを選び、その記号を（　）の中に記入しなさい。

①（　）　戦争の驚異にさらされる。　〔ア．脅威　イ．強意　ウ．胸囲〕
②（　）　航路を変針する。　〔ア．変心　イ．変身　ウ．返信〕
③（　）　問題を極限して検討する。　〔ア．極言　イ．局限〕
④（　）　人権を用語する。　〔ア．養護　イ．擁護〕
⑤（　）　可もなく付加もなし。　〔ア．負荷　イ．不可〕

8−7　次の各文の下線部の漢字が、正しい場合は○を、誤っている場合は〔　　〕の中から最も適切なものを選び、その記号を（　　）の中に記入しなさい。

①（　　）　それが事件の<u>景気</u>となった。　〔ア．契機　イ．計器〕
②（　　）　実際とは<u>無援</u>の出来事が起きた。　〔ア．無塩　イ．無縁　ウ．無煙〕
③（　　）　警官は逮捕<u>礼状</u>を示した。　〔ア．令嬢　イ．令状〕
④（　　）　検査の結果、<u>陽性</u>反応が出た。　〔ア．養成　イ．要請〕
⑤（　　）　プレゼントを<u>向寒</u>する。　〔ア．好感　イ．交換　ウ．高官〕

8−8　次の各文の下線部の漢字が、正しい場合は○を、誤っている場合は〔　　〕の中から最も適切なものを選び、その記号を（　　）の中に記入しなさい。

①（　　）　もう少しの<u>深謀</u>だ。　〔ア．信望　イ．辛抱〕
②（　　）　引率者の<u>指示</u>に従ってください。　〔ア．支持　イ．師事〕
③（　　）　村の<u>感光</u>に従うことになった。　〔ア．観光　イ．刊行　ウ．慣行〕
④（　　）　野鳥を注意深く<u>監察</u>する。　〔ア．観察　イ．鑑札〕
⑤（　　）　二人の性格は<u>大賞</u>的である。　〔ア．対照　イ．対称　ウ．対象〕

8−9　次の各文の下線部の漢字が、正しい場合は○を、誤っている場合は〔　　〕の中から最も適切なものを選び、その記号を（　　）の中に記入しなさい。

①（　　）　野球部の<u>講演</u>会を組織する。　〔ア．後援　イ．公演〕
②（　　）　投手の<u>念頭</u>が続く。　〔ア．年頭　イ．粘投〕
③（　　）　今週は<u>正装</u>当番です。　〔ア．清掃　イ．成層〕
④（　　）　乗り越し運賃を<u>清算</u>する。　〔ア．生産　イ．成算　ウ．精算〕
⑤（　　）　伝統芸能を<u>継承</u>する。　〔ア．警鐘　イ．軽傷　ウ．景勝〕

8−10　次の各文の下線部の漢字が、正しい場合は○を、誤っている場合は〔　　〕の中から最も適切なものを選び、その記号を（　　）の中に記入しなさい。

①（　　）　彼の努力には実に<u>歓心</u>させられた。　〔ア．関心　イ．寒心　ウ．感心〕
②（　　）　鉄が<u>時価</u>する。　〔ア．磁化　イ．自家〕
③（　　）　<u>偏光</u>レンズを付ける。　〔ア．偏向　イ．変更〕
④（　　）　地域産業の<u>進行</u>をはかる。　〔ア．振興　イ．親交　ウ．信仰〕
⑤（　　）　<u>有史</u>を募って会を結成する。　〔ア．融資　イ．有志　ウ．勇士〕

8−11　次の各文の下線部の漢字が、正しい場合は○を、誤っている場合は〔　　〕の中から最も適切なものを選び、その記号を（　　）の中に記入しなさい。

①（　　）　案件について皆で<u>健闘</u>する。　〔ア．見当　イ．検討〕
②（　　）　名詞に付ける<u>冠詞</u>を調べる。　〔ア．看視　イ．監視　ウ．漢詩〕
③（　　）　<u>証人</u>料金は大人の半額になる。　〔ア．小人　イ．承認　ウ．昇任〕
④（　　）　土地と家屋の<u>騰貴</u>を完了した。　〔ア．当期　イ．投機　ウ．登記〕
⑤（　　）　これは<u>遺骸</u>に難問である。　〔ア．以外　イ．意外〕

8−12　次の各文の下線部の漢字が、正しい場合は○を、誤っている場合は〔　　〕の中から最も適切なものを選び、その記号を（　　）の中に記入しなさい。

①（　　）　新製品のデザインを<u>異称</u>登録した。　〔ア．意匠　イ．衣装〕
②（　　）　グラフの<u>反例</u>を明記する。　〔ア．判例　イ．凡例　ウ．範例〕
③（　　）　印材に<u>告示</u>する。　〔ア．刻字　イ．酷似　ウ．国字〕
④（　　）　<u>威儀</u>のある高校生活を送る。　〔ア．異議　イ．意義〕
⑤（　　）　二者の<u>異動</u>を詳しく調べる。　〔ア．移動　イ．異同〕

8−13　次の各文の下線部の読みに最も適切な漢字を選び、その記号を（　　）の中に記入しなさい。

①（　　）　かいしんして真面目に働く。　〔ア．会心　イ．改新　ウ．改心〕
②（　　）　県道としどうに分かれる。　〔ア．指導　イ．市道　ウ．始動〕
③（　　）　組合の要求に対するかいとうをする。　〔ア．回答　イ．解答〕
④（　　）　かくしんを持って返事をする。　〔ア．確信　イ．核心〕
⑤（　　）　実験のかていを説明する。　〔ア．課程　イ．仮定　ウ．過程〕

8−14　次の各文の下線部の読みに最も適切な漢字を選び、その記号を（　　）の中に記入しなさい。

①（　　）　かんせんは暑いと開きやすい。　〔ア．汗腺　イ．感染　ウ．観戦〕
②（　　）　相手のきはくに押される。　〔ア．希薄　イ．気迫〕
③（　　）　重要性をきょうちょうする。　〔ア．協調　イ．強調〕
④（　　）　明に代わりしんこくが成立した。　〔ア．親告　イ．清国〕
⑤（　　）　同級生にこういを寄せる。　〔ア．行為　イ．厚意　ウ．好意〕

8−15　次の各文の下線部の読みに最も適切な漢字を選び、その記号を（　　）の中に記入しなさい。

①（　　）　じたいの違いに注意する。　〔ア．字体　イ．自体　ウ．事態〕
②（　　）　文化祭を一般の人にこうかいする。　〔ア．公海　イ．後悔　ウ．公開〕
③（　　）　情報をこうがいしないよう念を押す。　〔ア．郊外　イ．口外〕
④（　　）　珍客をこうきの目で見る。　〔ア．好機　イ．好奇　ウ．光輝〕
⑤（　　）　前社長のこうにんに選ばれる。　〔ア．公認　イ．後任〕

8−16　次の各文の下線部の読みに最も適切な漢字を選び、その記号を（　　）の中に記入しなさい。

①（　　）　軍隊にちょうしゅうされる。　〔ア．徴収　イ．徴集　ウ．聴衆〕
②（　　）　電車の中でしゅうかん誌を読む。　〔ア．週間　イ．週刊〕
③（　　）　混乱した事態をしゅうしゅうする。　〔ア．収拾　イ．収集〕
④（　　）　行方不明者の身元をしょうかいする。　〔ア．紹介　イ．照会〕
⑤（　　）　あふれた水がしんにゅうしてくる。　〔ア．侵入　イ．浸入　ウ．進入〕

8−17　次の各文の下線部の読みに最も適切な漢字を選び、その記号を（　　）の中に記入しなさい。

①（　　）　びこうが鼻をくすぐる。　〔ア．備考　イ．微香　ウ．鼻孔〕
②（　　）　そうぞうしたとおりの結果になる。　〔ア．想像　イ．創造〕
③（　　）　徹底して利潤をついきゅうする。　〔ア．追求　イ．追及〕
④（　　）　責任をてんかする。　〔ア．転嫁　イ．添加　ウ．点火〕
⑤（　　）　母はほけん所に勤めている。　〔ア．保険　イ．保健〕

8−18　次の各文の下線部の読みに最も適切な漢字を選び、その記号を（　　）の中に記入しなさい。

①（　　）　１年間のほしょうつきのカメラ。　〔ア．保障　イ．保証　ウ．補償〕
②（　　）　不眠ふきゅうの救助活動が続けられた。　〔ア．普及　イ．不休　ウ．不朽〕
③（　　）　いっかんした教育方針。　〔ア．一貫　イ．一環〕
④（　　）　彼にはしゅうち心がない。　〔ア．周知　イ．羞恥　ウ．衆知〕
⑤（　　）　かいこ趣味にあふれた作品。　〔ア．懐古　イ．回顧〕

8 −19　次の各文の下線部の読みに最も適切な漢字を選び、その記号を（　　）の中に記入しなさい。

①（　　）　競走馬がはっそう枠に入る。　〔ア．発送　イ．発走　ウ．発想〕
②（　　）　きげん内に作品を提出する。　〔ア．紀元　イ．期限〕
③（　　）　白をきちょうとした内装。　〔ア．貴重　イ．記帳　ウ．基調〕
④（　　）　記憶からしょうきゃくする。　〔ア．消却　イ．償却　ウ．焼却〕
⑤（　　）　新事業がきどうに乗る。　〔ア．軌道　イ．機動〕

8 −20　次の各文の下線部の読みに最も適切な漢字を選び、その記号を（　　）の中に記入しなさい。

①（　　）　証明書をめいじして念を押す。　〔ア．明示　イ．明治〕
②（　　）　銃のはっぽう音がした。　〔ア．発泡　イ．発砲〕
③（　　）　明るさをこうじょう的に保つ。　〔ア．厚情　イ．恒常　ウ．交情〕
④（　　）　言葉をこうぎに解釈する。　〔ア．広義　イ．講義〕
⑤（　　）　文書のけんめいを考える。　〔ア．懸命　イ．件名　ウ．県名〕

8 −21　次の各文の下線部の読みに最も適切な漢字を選び、その記号を（　　）の中に記入しなさい。

①（　　）　研究で顕著なこうせきを残す。　〔ア．功績　イ．航跡〕
②（　　）　じせきの念に駆られ辞職する。　〔ア．次席　イ．自席　ウ．自責〕
③（　　）　ていしょくに就く。　〔ア．定職　イ．停職　ウ．定食〕
④（　　）　出席者のしょうにんを得る。　〔ア．昇任　イ．承認〕
⑤（　　）　のうこうの盛んな地区である。　〔ア．濃厚　イ．農工〕

8 −22　次の各文の下線部の読みに最も適切な漢字を選び、その記号を（　　）の中に記入しなさい。

①（　　）　喫煙は健康をそがいする。　〔ア．疎外　イ．阻害〕
②（　　）　両者の主張にはそういがある。　〔ア．創意　イ．相違　ウ．総意〕
③（　　）　食糧供給を隣国にいぞんする。　〔ア．異存　イ．依存〕
④（　　）　いぜんとして否定し続ける。　〔ア．依然　イ．以前〕
⑤（　　）　勢力こうそうを繰り広げる。　〔ア．構想　イ．後送　ウ．抗争〕

8 −23　次の各文の下線部の読みに最も適切な漢字を選び、その記号を（　　）の中に記入しなさい。

①（　　）　緊張で頬がこうちょうする。　〔ア．好調　イ．紅潮〕
②（　　）　内閣のせいさくを評価する。　〔ア．制作　イ．政策　ウ．製作〕
③（　　）　他人をちゅうしょうする。　〔ア．中傷　イ．抽象　ウ．中小〕
④（　　）　しぼうは果実のもとである。　〔ア．脂肪　イ．子房　ウ．志望〕
⑤（　　）　古い家電製品をはいきする。　〔ア．排気　イ．廃棄〕

8 −24　次の各文の下線部の読みに最も適切な漢字を選び、その記号を（　　）の中に記入しなさい。

①（　　）　世相をはんえいした作品。　〔ア．反映　イ．繁栄〕
②（　　）　スイスはえいせい中立国である。　〔ア．衛星　イ．永世　ウ．衛生〕
③（　　）　犯人の顔立ちにはとくちょうがある。　〔ア．特徴　イ．特長〕
④（　　）　肌にはっしんが出る。　〔ア．発疹　イ．発信　ウ．発進〕
⑤（　　）　火災の発生をけいかいする。　〔ア．警戒　イ．軽快〕

7 筆記総合問題

第1回　筆記総合問題（制限時間15分）　解答は別冊の解答用紙に記入すること

1　次の各文は何について説明したものか、最も適切な用語を解答群の中から選び、記号で答えなさい。

① コピー機で複製すると、コピーしたことが一目瞭然となるような無断コピーを防止する刷り込みが背景に施されている用紙のこと。

② まだ使う見込みのある文書を、必要に応じて取り出せるように整理し、身近で管理すること。

③ 電子メールを作成し受信者に向けて発信したり、自分あてのメールを受信し表示や印刷をしたりするソフトのこと。

④ パソコンとＵＳＢ機器を接続する集線装置のこと。

⑤ 文書の本文とは別に同一形式・同一内容の文字列をページの下部に印刷する機能のこと。

【解答群】

ア．メーリングリスト	イ．ＵＳＢハブ	ウ．フッター
エ．文書の保管	オ．文書の保存	カ．偽造防止用紙
キ．メーラ	ク．ヘッダー	

2　次の各文の下線部について、正しい場合は○を、誤っている場合は最も適切な用語を解答群の中から選び、記号で答えなさい。

① 入力する方式や書式設定など、インストール直後の各種プロパティの初期設定を<u>ユーザの設定</u>という。

② 文章の名称・年月日・ページ番号・ファイル名など、文書の本文とは別に同一形式・同一内容の文字列をページの上部に印刷する機能を<u>ヘッダー</u>という。

③ 漢字やひらがな・カタカナなどの全角の日本語用の文字のデザインを<u>欧文フォント</u>という。

④ ページごとに指定した枚数を印刷する方法を<u>ページ単位印刷</u>という。

⑤ 著作やプロジェクトの進行に伴って変遷する文書を、日時や作業の節目でのデータを保存し、作業内容を付記しておくことを<u>文書の保存</u>という。

【解答群】

ア．段落	イ．デフォルトの設定	ウ．文書の保管
エ．フッター	オ．部単位印刷	カ．文書の履歴管理
キ．ドロップキャップ	ク．和文フォント	

3　次の各問いの答えとして、最も適切なものをそれぞれのア～ウの中から選び、記号で答えなさい。

① １１月の異名はどれか。
　ア．神無月　　イ．霜月　　ウ．師走

② ３月の時候の挨拶はどれか。
　ア．梅のつぼみもほころぶころとなりましたが、
　イ．春もたけなわの今日このごろ、
　ウ．桃の花咲く季節となりましたが、

③ ８月の時候の挨拶はどれか。
　ア．初秋の候、　　イ．晩夏の候、　　ウ．酷暑の候、

④ 「すべてを選択」の操作を実行するショートカットキーはどれか。
　ア．[Ctrl]+[I]　　イ．[Ctrl]+[A]　　ウ．[Ctrl]+[S]

⑤ ショートカットキー[Ctrl]+[Shift]により実行される操作はどれか。
　ア．日本語入力システムの切り替え　　イ．上書き保存　　ウ．太字

4 次の＜Ａ群＞の各用語に対して、最も適切な説明文を＜Ｂ群＞の中から選び、記号で答えなさい。

＜Ａ群＞

① リード
② フィードバック
③ 発表準備
④ プレースホルダ
⑤ 起承転結
⑥ スライドマスタ
⑦ 評価（レビュー）

＜Ｂ群＞

ア．プレゼンテーションでは、説明や提示などを受ける顧客、依頼人、得意先などのこと。
イ．スライドのひな形（テンプレート）のこと。
ウ．プレゼンテーションの実施前に行う事前検討のこと。
エ．問題の提起→発展→視点の変更→まとめの４段落で構成する、作文や物語向きのフレームワークのこと。
オ．プレゼンテーションを企画する段階で行う、聞き手に関する事前調査のこと。
カ．スライドの中で、点線や実線で囲まれた領域のこと。
キ．論文や講演などでの、導入部分のこと。ポイントの確認や、話の全体像を提示し、聞き手・読み手の関心を高める工夫が求められる。
ク．プレゼンテーションの実施後に行う事後検討のこと。
ケ．リハーサルや本番の評価を次回に反映させること。
コ．資料収集、内容整理、聴衆分析、スライドの作成、配付資料作成など、プレゼンテーション直前までの活動のこと。

5 次の各文の〔　　〕の中から最も適切なものを選び、記号で答えなさい。

① 〔ア．照会状　イ．推薦状　ウ．通知状〕とは、取引先などに対して、不明な事項を質問し、回答を求めるための文書のことである。
② 忌み言葉の例として、〔ア．次々　イ．枯れる　ウ．再三再四〕がある。
③ プレゼンテーションの効果を高めるデリバリー技術に含まれるのは、〔ア．起承転結　イ．結論先出し法　ウ．発声の強弱・抑揚〕である。
④ 詫び状とは、〔ア．了解したことを伝えるための文書　イ．先方に対して、当方の過失や不手際などを陳謝するための文書　ウ．当方の不満や言い分を伝えるための文書〕である。
⑤ 特に必要のない限り、一文は60～80字程度を限度に、なるべく短く文章を作成することを〔ア．簡潔主義　イ．短文主義　ウ．文書主義〕という。
⑥ 社外文書に分類されるのは〔ア．報告書　イ．稟議書　ウ．契約書〕である。
⑦ 哀悼の本文として適切なのは、「〔ア．逝去の報に接し、ご冥福をお祈りいたします。　イ．服喪中につき年末年始のご挨拶をご遠慮させていただきます。〕」である。
⑧ ユーザが作成して、システムに登録した文字のことを〔ア．外字　イ．組み文字　ウ．ドロップキャップ〕という。

6 次の各文の下線部の読みを、ひらがなで答えなさい。

① 法令を遵守する。
② 工事の進捗状況を見る。
③ 瑕疵ある意思表示となる。
④ 生憎な空模様である。
⑤ 一瞥しただけで、それとわかった。

7 次の〔　　〕の中から、四字熟語の一部として最も適切なものを選び、記号で答えなさい。

① 彼は子どものように〔ア．転身　イ．点心　ウ．天真〕爛漫な人である。
② 今回の研究論文は〔ア．百花　イ．百戦〕繚乱の様相である。
③ 何を言っても聞く耳を持たない弟は馬耳〔ア．唐風　イ．東風　ウ．当風〕である。
④ 彼は鶏口〔ア．牛後　イ．実直　ウ．午後〕の気持ちで起業した。
⑤ 夢の実現に向けて彼はアルバイトをしながら〔ア．書士　イ．初志〕貫徹した。

8 次の＜Ａ＞・＜Ｂ＞の各問いに答えなさい。

＜Ａ＞次の各文の下線部の漢字が、正しい場合は○を、誤っている場合は〔　　〕の中から最も適切なものを選び、記号で答えなさい。

① 塗装が退色する。　〔ア．体色　イ．耐食　ウ．大食〕
② 景気扶養策が求められている。　〔ア．不要　イ．浮揚〕
③ 時季外れの台風がやってきた。　〔ア．次期　イ．時期　ウ．時機〕
④ ベンチャー企業に闘志する。　〔ア．透視　イ．投資〕
⑤ 現次点では言明できない。　〔ア．辞典　イ．字典　ウ．時点〕

＜Ｂ＞次の各文の下線部の読みに最も適切な漢字を選び、記号で答えなさい。

⑥ 彼のめいげんに翻弄される。　〔ア．明言　イ．迷言〕
⑦ 正号とふごうを区別する。　〔ア．負号　イ．符号　ウ．符合〕
⑧ 電柱をかせつする。　〔ア．仮説　イ．架設〕
⑨ 原油価格がこうとうしている。　〔ア．好投　イ．口頭　ウ．高騰〕
⑩ その町はナポレオンのちかである。　〔ア．地下　イ．治下〕

第2回　筆記総合問題（制限時間15分）　解答は別冊の解答用紙に記入すること

1　次の各用語に対して、最も適切な説明文を解答群の中から選び、記号で答えなさい。

①　置換　②　文書の履歴管理　③　ＪＩＳコード
④　マルチウィンドウ　⑤　欧文フォント

【解答群】

ア．文書から条件をつけて指定した文字列を探しだし、他の文字列に変更すること。
イ．主にWindowsで日本語を扱う際に利用される符号化方式のこと。
ウ．画面上に複数の作業領域を表示し、同時に作業が進められる機能のこと。
エ．漢字やひらがな・カタカナなどの全角の日本語用の文字のデザインのこと。
オ．文頭の１文字を大きくし、強調する文字修飾のこと。
カ．主に電子メールで日本語を扱う際に利用される符号化方式のこと。
キ．著作やプロジェクトの進行に伴って変遷する文書を、日時や作業の節目でのデータを保存し、作業内容を付記しておくこと。
ク．主に海外で使われている、半角の英数字用の文字のデザインのこと。

2　次の各文の下線部について、正しい場合は○を、誤っている場合は最も適切な用語を解答群の中から選び、記号で答えなさい。

①　パソコンのインターフェースの一つで、ＵＳＢ機器を接続する接続口をＵＳＢハブという。
②　一般的に返信のメールであることを表示する略語をFwという。
③　他の作業と並行して印刷できる機能のことを差し込み印刷という。
④　ＩＭＥがデフォルトで使用するかな漢字変換用の辞書を専門辞書という。
⑤　アイコンやプログラムなど、オブジェクトの属性または属性の一覧表示のことをプロパティという。

【解答群】

ア．ネットワークプリンタ　イ．PS　ウ．ＵＳＢポート
エ．段落　オ．Re　カ．ＤＴＰ
キ．バックグラウンド印刷　ク．標準辞書

3　次の各問いの答えとして、最も適切なものをそれぞれのア～ウの中から選び、記号で答えなさい。

①　８月の異名はどれか。
ア．長月　イ．水無月　ウ．葉月

②　１２月の時候の挨拶はどれか。
ア．風花の舞う今日このごろ、
イ．寒さがひとしお身にしみる年の瀬となりましたが、
ウ．穏やかな小春日和が続いておりますが、

③　５月の時候の挨拶はどれか。
ア．新緑の候、　イ．陽春の候、　ウ．早春の候、

④　Unicodeの文字コードと文字を相互変換するショートカットキーはどれか。
ア．Ctrl+U　イ．Ctrl+N　ウ．Alt+X

⑤　ショートカットキーCtrl+Sにより実行される操作はどれか。
ア．ファイルを開く　イ．上書き保存　ウ．日本語入力システムの切り替え

4 **次の＜Ａ群＞の各説明文に対して、最も適切な用語を＜Ｂ群＞の中から選び、記号で答えなさい。**

＜Ａ群＞

① スライドの地に配置する模様や風景などの、静止画像データのこと。

② 目的の確立→発表準備→リハーサル→本番→評価、といった流れのこと。

③ プレゼンテーションの効果を高めるための、プレゼンターの話し方やアピール方法のこと。

④ 発表時の注意事項や台本をメモする領域のこと。

⑤ 説明や提示などを受ける顧客、依頼人、得意先などのこと。

⑥ プレゼンテーションを最初から最後まで通して行う事前練習のこと。

⑦ パソコンのインターフェースの一つで、ほとんどの周辺装置を接続するために利用されている規格のこと。

＜Ｂ群＞

ア．ＵＳＢ

イ．サウンド効果

ウ．デリバリー技術

エ．背景デザイン

オ．ＨＤＭＩ

カ．評価（レビュー）

キ．ノートペイン

ク．クライアント

ケ．リハーサル

コ．プレゼンテーションの流れ

5 **次の各文の〔　　〕の中から最も適切なものを選び、記号で答えなさい。**

① 〔ア．通知状　イ．申請書　ウ．帳簿〕とは、官公庁や企業に対して、申し込みや応募をするための文書のことである。

② 〔ア．査収　イ．僭越　ウ．拝察〕とは、「よく確認して受け取る」の意味で、送り側で使う。

③ 帳簿の例として、〔ア．企業の決算報告　イ．失踪宣告　ウ．商品有高帳〕がある。

④ 稟議書とは、〔ア．決裁者が回覧・押印して許可を与えるための文書　イ．死を悼みお悔やみを述べるための文書　ウ．質問・照会・要求などに対する返事を伝えるための文書〕である。

⑤ 一通の文書に、一つの用件だけ書くことを〔ア．簡潔主義　イ．一件一葉主義　ウ．短文主義〕という。文書が定型化でき、また、受信者の確認ミスが少なくなるなど、事務の質や効率を重視する。

⑥ 社内文書に分類されるのは〔ア．企画書　イ．照会状　ウ．通知状〕である。

⑦ 「はなはだ〔ア．季節柄　イ．略儀　ウ．以上〕ながら、書中をもってご挨拶させていただきます。」は末文挨拶の一例である。

⑧ 下のような行を改めて書かれた文章のひとまとまりのことを〔ア．ドロップキャップ　イ．段落　ウ．組み文字〕という。

> 　ところで、先の納品の件につきましては誠に申し訳ございませんでした。商品を再送させていただきますので、しばらくお待ちください。

> 　また、請求書につきましては、再発行させていただきますので、ご査収ください。

6 次の各文の下線部の読みを、ひらがなで答えなさい。

① 躊躇なく断る。
② 頻繁に手紙をよこす。
③ アリバイを捏造する。
④ 寒くて手足が萎縮する。
⑤ 荒唐無稽な噂が広まる。

7 次の各文の〔　〕の中から、四字熟語の一部として最も適切なものを選び、記号で答えなさい。

① 勇猛〔ア．果敢　イ．花冠　ウ．可換〕は大切であるが、猪突猛進はだめである。
② 〔ア．一新　イ．一心〕不乱に研究する。
③ 羊頭〔ア．狗肉　イ．挽肉〕で大したことない企画だ。
④ 人は感情と理性の〔ア．二律　イ．二遍　ウ．一律〕背反に陥る。
⑤ 互いに切磋〔ア．卓磨　イ．琢磨　ウ．宅磨〕して技の向上をはかったものだ。

8 次の＜Ａ＞・＜Ｂ＞の各問いに答えなさい。

＜Ａ＞次の各文の下線部の漢字が、正しい場合は○を、誤っている場合は〔　〕の中から最も適切なものを選び、記号で答えなさい。

① 父は、内科の医師である。　〔ア．遺志　イ．意思　ウ．意志〕
② 肝要の精神をもって当たる。　〔ア．寛容　イ．慣用〕
③ 我が家に生彩を迎える。　〔ア．正妻　イ．制裁　ウ．精細〕
④ 船は廃刊が決まった。　〔ア．廃艦　イ．拝観〕
⑤ 今日は新聞休館日である。　〔ア．旧館　イ．休刊　ウ．急患〕

＜Ｂ＞次の各文の下線部の読みに最も適切な漢字を選び、記号で答えなさい。

⑥ 新株をはっこうする。　〔ア．薄幸　イ．発効　ウ．発行〕
⑦ しせいの生活に親しむ。　〔ア．市井　イ．私製　ウ．施政〕
⑧ 今秋より水陸りょうようバスが走る。　〔ア．療養　イ．両用〕
⑨ 今年の夏はいじょうな暑さである。　〔ア．以上　イ．異常〕
⑩ じたいの違いに注意する。　〔ア．自体　イ．字体　ウ．事態〕

8 模擬試験問題

第１回　模擬試験問題

■速度－１■（制限時間10分）

次の文章には網掛けの部分に誤りがある。訂正しながら1行30字で入力しなさい。
なお、フォントの種類は明朝体とし、網掛けする必要はない。

本文	字数
宇宙の物質が、消滅せずに存在しているのはなぜか。その理由の	30
解明に、一歩近づいたという研究成果を、高エネ研（高エネルギー	60
加速器研究機構）などの、国際チームが発表した。１３８億年前に	90
宇宙が誕生したとき、物質のほかに、反物質が同じだけ生まれたと	120
考えられている。それらは生と負の電気のように、触れ合うと打ち	150
消し合い消滅してしまう。物質と反物質が同僚ならば、やがて、打	180
ち消し合って、物質はすべて消滅するはずである。	204
だが、宇宙の誕生後に、物質が増えて反物質よりも多くなった。	234
そのため、物質がわずかに残り、星や地球ができたと考えられてい	264
る。物質が多くなった理由は不明だが、素粒子のニュートリノが鍵	294
だと予想される。ニュートリノと反物質の反ニュートリノとの反応	324
に、違いが発見されれば説明が可能となる。そして、この物質と、	354
反物質の反応の違いのことを「ＣＰ対称性の破れ」という。	382
高エネ研と東大にある宇宙線研究所、京大などの合同チームは、	412
茨城県東海村にある加速器私設で、双方のニュートリノを作り出し	442
て飛ばし、遠く離れた岐阜県の観測装置、スーパーカミオカンデで	472
キャッチする実験を、２００９年から継続している。	497
３種類のニュートリノのうち、電子型と呼んだ種類を調べていた	527
ところ、キャッチされる電子型が、反電子型よりも永いことが判明	557
した。そして、ＣＰ対称性の破れが発見された。しかも観測された	587
電子型は、９０個で反電子型が１５個と大きく違うようであった。	617
研究チーム代表の京大准教授は「ＣＰ対称性の破れが、大きいらし	647
い。実験を続けて詳しく調べると、物質だけが残った理由の改名に	677
つながる」と期待している。この結果は、世界的な科学誌に発表さ	707
れた。	710

筆記－１（制限時間15分）

解答は別冊の解答用紙に記入すること

1 次の各文は何について説明したものか、最も適切な用語を解答群の中から選び、記号で答えなさい。

① 地名辞書や医療用語辞書など、分野ごとの詳細な用語を集めたかな漢字変換用の辞書のこと。
② 他の作業と並行して印刷できる機能のこと。
③ 入力する方式や書式などの初期設定を、利便性を向上させるためにユーザの好みで変更した設定のこと。
④ メールサーバからダウンロードしたメールを保存しておく記憶領域のこと。
⑤ 追伸を意味する略語のこと。

【解答群】

ア．受信箱	イ．Re	ウ．バックグラウンド印刷
エ．標準辞書	オ．専門辞書	カ．デフォルトの設定
キ．PS	ク．ユーザの設定	

2 次の各文の下線部について、正しい場合は○を、誤っている場合は最も適切な用語を解答群の中から選び、記号で答えなさい。

① 文書のあるページから、文書の最後に移動する機能を<u>文末表示</u>という。
② 文頭の１文字を大きくし、強調する文字修飾を<u>欧文フォント</u>という。
③ ＬＡＮなどを経由しないで、パソコンに直接接続されているプリンタを<u>ネットワークプリンタ</u>という。
④ 液晶画面などを見る作業を長時間続けることで引き起こされる、眼精疲労・腰痛・肩こりなどの健康上の問題を<u>プロパティ</u>という。
⑤ ユーザが作成して、システムに登録した文字を<u>組み文字</u>という。

【解答群】

ア．ＶＤＴ障害	イ．段落	ウ．ローカルプリンタ
エ．ＤＴＰ	オ．外字	カ．裏紙（反故紙）
キ．文頭表示	ク．ドロップキャップ	

3 次の各問いの答えとして、最も適切なものをそれぞれのア～ウの中から選び、記号で答えなさい。

① １２月の異名はどれか。
　ア．睦月　　イ．師走　　ウ．霜月
② 5月の時候の挨拶はどれか。
　ア．春もたけなわの今日このごろ、
　イ．春寒もすっかりゆるみ、
　ウ．若葉の緑もすがすがしい季節となりましたが、
③ 9月の時候の挨拶はどれか。
　ア．清涼の候、　　イ．残暑の候、　　ウ．清秋の候、
④「ファイルを開く」の操作を実行するショートカットキーはどれか。
　ア．[Ctrl]+[Shift]　　イ．[Ctrl]+[A]　　ウ．[Ctrl]+[O]
⑤ ショートカットキー[Ctrl]+[N]により実行される操作はどれか。
　ア．終了　　イ．新規作成　　ウ．斜体

4 次の＜Ａ群＞の各用語に対して、最も適切な説明文を＜Ｂ群＞の中から選び、記号で答えなさい。

＜Ａ群＞

① 聴衆分析（リサーチ）

② 知識レベル

③ スライドマスタ

④ フレームワーク

⑤ 評価（レビュー）

⑥ ＨＤＭＩ

⑦ プランニングシート

＜Ｂ群＞

ア．スライドのひな形（テンプレート）のこと。

イ．スライドを表示する際やポイントとなる場面で、短く音を鳴らすこと。

ウ．プレゼンテーションの実施後に行う事後検討のこと。

エ．ディジタル信号の映像・音声・制御信号を１本のケーブルにまとめて送信する規格のこと。

オ．聞き手の持つ見識や理解している用語の種類や程度のこと。

カ．説明や提示などを受ける顧客、依頼人、得意先などのこと。

キ．目的確認、発表準備作業、聴衆分析など、プレゼンテーション全体の企画をまとめた表のこと。

ク．リード→序論→本論→結論→質疑応答・締めくくり、といった流れのこと。話のアウトライン。

ケ．ロジカルシンキングにのっとった説明の進め方や枠組みのこと。

コ．プレゼンテーションを企画する段階で行う、聞き手に関する事前調査のこと。

5 次の各文の〔　　〕の中から最も適切なものを選び、記号で答えなさい。

① 〔ア．照会状　イ．見舞状　ウ．弔慰状〕とは、慰めたり励ましたりするための文書である。

② 〔ア．衷心　イ．来臨　ウ．拝察〕とは、「本心」の意味で、心の奥底からという真摯な態度を表す。

③ 〔ア．報告書　イ．契約書　ウ．目論見書〕とは、状況や結果を整理して、上司や部署に提出するための文書のことである。

④ 公告とは、〔ア．代理であることを証明するための文書　イ．ある事実を公表し広く一般に知らせるための文書　ウ．相手方に了解しておいて欲しい事柄を、伝えるための文書〕である。

⑤ 用件を把握しやすくするために、虚飾を避け箇条書きなどを利用して、理解しやすい文章を作成することを〔ア．簡潔主義　イ．一件一葉主義　ウ．短文主義〕という。

⑥ 契約書は、〔ア．帳票　イ．取引文書　ウ．社内文書〕に分類される。

⑦ 「このたびは、御社におかれましては○○○とのこと、〔ア．ご同慶　イ．ご指導　ウ．ご理解〕の至りと存じます。」は、祝賀の本文の一例である。

⑧ 下の文で使用されている江戸文字のデザインを模したフォントの種類を〔ア．外字　イ．勘亭流　ウ．楷書体〕という。

よりよい社会人になるために

6 次の各文の下線部の読みを、ひらがなで答えなさい。

① 彼とは昵懇の間柄である。
② 桜が爛漫と咲き誇る。
③ 裏切者の烙印を押される。
④ 無事を聞いて安堵した。
⑤ 幸甚に存じます。

7 次の各文の〔　　〕の中から、四字熟語の一部として最も適切なものを選び、記号で答えなさい。

① この物語は源氏物語を換骨〔ア．脱退　イ．奪胎　ウ．脱胎〕したものである。
② 紆余〔ア．曲折　イ．深長〕を経てやっと解決する。
③ 事件を聞きつけ〔ア．縦横　イ．周章　ウ．終章〕狼狽している。
④ 彼は軽率そうに見えても、〔ア．信望　イ．辛抱　ウ．深謀〕遠慮は相当なものだ。
⑤ 彼はこの仕事に対して孤軍〔ア．奮闘　イ．粉糖〕している。

8 次の＜Ａ＞・＜Ｂ＞の各問いに答えなさい。

＜Ａ＞次の各文の下線部の漢字が、正しい場合は○を、誤っている場合は〔　　〕の中から最も適切なものを選び、記号で答えなさい。

① 本日の体育大会は、好転に恵まれた。　〔ア．交点　イ．好天　ウ．公転〕
② Ａ高校がサッカーの協議会場となる。　〔ア．狭義　イ．競技〕
③ このところ減船が増えた。　〔ア．厳選　イ．源泉〕
④ この試験では電卓の試用は可能です。　〔ア．使用　イ．仕様　ウ．枝葉〕
⑤ 思想身上の自由を守る。　〔ア．真情　イ．心情　ウ．信条〕

＜Ｂ＞次の各文の下線部の読みに最も適切な漢字を選び、記号で答えなさい。

⑥ ゆうしょうの下に弱卒なし。　〔ア．勇将　イ．有償〕
⑦ 彼はこの村のきゅうせい主だ。　〔ア．旧制　イ．旧姓　ウ．救世〕
⑧ しゅうせい忘れ得ぬ作品がある。　〔ア．終生　イ．修正　ウ．習性〕
⑨ 彼は高校の全課程をしゅうりょうした。　〔ア．秋涼　イ．修了　ウ．収量〕
⑩ この法案はぜんかい一致で成立した。　〔ア．全開　イ．全会〕

■実技－1■（制限時間20分）

【問　題】 次のⅠ～Ⅳに従い、右のような文書を作成しなさい。

Ⅰ　標題の挿入

出題内容に合った標題のオブジェクトを、用意されたフォルダなどから選び、指示された位置に挿入しセンタリングすること。

Ⅱ　表作成

下の資料A・B並びに指示を参考に表を作成すること。

資料A

単位　人

乗り物番号	施　設　名	おすすめのポイント	利用者数
~~A1~~	~~探検モーグル~~	~~いざ地底探検に出発！~~	~~151~~ トル
A2	未来カート	本園の見どころをスリリングに周遊	360
B1	スカイ大冒険	アルパカ型コースターでふれあい公園	199
B2	サンアドベンチャー	ジャングルを巡るジェットコースター	404
C1	動物飛行	空飛ぶ船に乗って空中散歩	338
C2	スペースホイール	本園を一望できる観覧車	~~236~~ 263
D1	わくわくジャングル	わくわくしながらジャングルジム	238

資料B

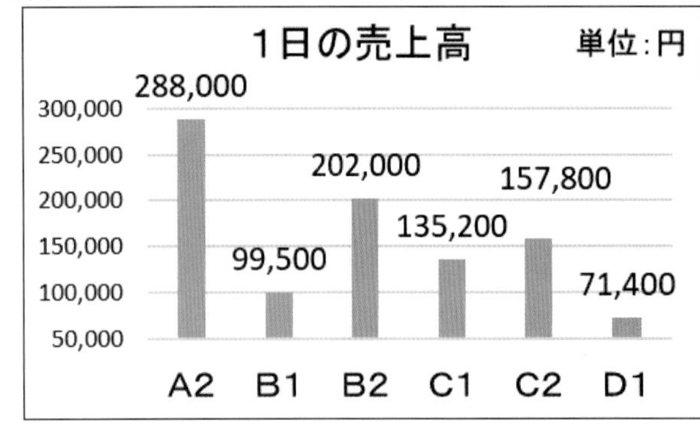

指示

1．表は、行頭・行末を越えずに作成し、行間は、2．0とすること。
2．罫線は右の表のように太実線と細実線とを区別すること。
3．表の枠内の文字は1行で入力し、上下のスペースが同じであること。
4．右の表のように項目名とデータが正しく並んでいること。
5．表内の「利用者数」と「1日の売上高」の数字は、明朝体の半角で入力し、「1日の売上高」は3桁ごとにコンマを付けること。
6．ソート機能を使って、表全体を「1日の売上高」の多い順に並べ替えること。
7．表の「1日の売上高」の合計は、計算機能を使って求めること。
8．表の「サンアドベンチャー」の行全体に網掛けをすること。

Ⅲ　テキスト・イラストの挿入

1．挿入する文章は、用意されたフォルダなどにあるテキストファイルから取得し、校正および編集すること。
2．出題内容に合ったイラストのオブジェクトを、用意されたフォルダなどから選び、指示された位置に挿入すること。

Ⅳ　その他

1．問題文にある校正記号に従うこと。
2．①～⑫の処理を行うこと。
3．右の問題文にない空白行を入れないこと。
4．右の問題文の ａ に当てはまる語句を以下から選択し入力すること。

わくわくジャングル　　サンアドベンチャー　　未来カート

オブジェクト（標題）の挿入・センタリング

本園は、動物と触れ合うテーマパークです。また、家族で楽しめる「アットホームな乗り物」も魅力の一つです。そこで、先週の利用者数等の日曜日を集計してみました。

施　設　名	おすすめのポイント	利用者数	1日の売上高
合　計			

①各項目名は、枠の中で左右にかたよらないようにする。
②枠内で均等割付けする。
③左寄せする（均等割付けしない）。
④右寄せする。

単位　利用者数：人　1日の売上高：円 ⟵ ⑤右寄せする。

⑥「つなぐ」の文字で透かしを入れ、フォントの種類は明朝体、文字の位置は水平とする。

つなぐ

⑦取得した文章のフォントの種類は明朝体、サイズは12ポイントとし、「ミ」を2行の範囲で本文内にドロップキャップする。

テキストファイルの挿入範囲

地球には、美しい自然や豊かな環境があり、さまざまな生き物が暮らし、多様な人々が生活しています。私たちは「スマイルパーク」の理念のもとに、ｓｄｇｓがめざす「よりよく生きる」を、地球に生きるすべての仲間たちとともに追求し、しあわせで溢れる明るい豊かな社会を目指します。私たちの理念が動物、自然、人間、社会、未来へと循環し、この地球に生きるだれもが輝く存在となれるよう努力を惜しみません。私たちはこれからも、世代を超えた循環型社会を創ります。

⑧太線の下線を引く。

主力の6種類のアトラクションは、本園本来の営業理念を支える重要な収入源になっています。
特に1日の売上高トップの ａ は、全乗り物収入の約半分となり、動物たちの飼育に必要な貴重な財源でもあります。

⑨枠を挿入し、枠線は細実線とする。
⑩枠内のフォントの種類はゴシック体、サイズは12ポイントとし、縦書きとする。
⑪網掛けする。

オブジェクト（イラスト）の挿入位置

資料作成：古瀬　颯汰（ソウタ） ⟵ ⑫明朝体のカタカナでルビをふり、右寄せする。

第2回　模擬試験問題

速度－2（制限時間10分）

次の文章には網掛けの部分に誤りがある。訂正しながら1行30字で入力しなさい。なお、フォントの種類は明朝体とし、網掛けする必要はない。

本文	字数
快眠のために重要になるのが、睡眠を取り巻く環境である。よい	30
眠りを得るためには、心や体の状態が大きく作用する。それ以外に	60
も、寝床内の環境を作る寝具（枕・マットレス・布団）や、寝室の	90
温度や湿度・音・光など、寝室環境を整えることも大切なポイント	120
だ。寝付きがよくない、夜に目が冷めるといった不眠などを改善す	150
る効果もある。	158
寝具には、よい寝相を保つことと寝ているときの保温という役割	188
がある。私たちは体内時計の働きにより、眠ると体温が下がる。そ	218
の理由は、深い眠りを保つには、発汗して、体内から熱を放出する	248
必要があるためだ。そこで、逆に睡眠中の熱が奪われないために、	278
過剰な放熱や発汗で低体温を防ぐことが大切である。睡眠中に汗を	308
吸収して透過させる吸湿性・放湿性があることも、寝具には必要な	338
条件となっている。	348
また、ベッドマット・敷き布団は、適度に硬い方がよい。私たち	378
の姿勢は、高等部から首や胸、胸から腰に掛けて、背骨が二つのＳ	408
字カーブを描く構造になっている。敷き布団が柔らか過ぎると腰部	438
と胸部が深く沈み、Ｓ字カーブの隙間が大きくなり、眠りにくいだ	468
けでなく腰痛の原因になる。反対に硬過ぎると、骨が当たり痛みが	498
生じ、血流が妨げられ熟睡ができない。そのためマットや敷き布団	528
は二つのＳ字カーブを、バランスよく支えることができる適度な硬	558
さが必要だといえる。	569
そして、冬場の寒い季節には、事前に寝具内の毛布などを温めて	599
おくと寝付きがよくなる。寒さが厳しいときには、電気毛布や湯た	629
んぽなどで、就寝の前にできるだけ寝床内を保温することで、寝付	659
きやすくなる。個人差や季節によっても異なるが、寝床内の温度は	689
３３度、湿度は５０％の上体が最適とされる。	710

筆記－2（制限時間15分）

解答は別冊の解答用紙に記入すること

1 次の各用語に対して、最も適切な説明文を解答群の中から選び、記号で答えなさい。

① 裏紙（反故紙）　② 文書の保存　③ ＵＳＢポート
④ プロパティ　⑤ 段落

【解答群】
ア．パソコンとＵＳＢ機器を接続する集線装置のこと。
イ．裏面が白紙の使用済み用紙のこと。
ウ．ユーザが作成して、システムに登録した文字のこと。
エ．アイコンやプログラムなど、オブジェクトの属性または属性の一覧表示のこと。
オ．当面使う予定のない文書を、必要に応じて取り出せるように整理し、書庫などで管理すること。
カ．世界中の文字を一元化して扱うことを目的に、それぞれの文字に一つの番号を割り当てた表のこと。
キ．パソコンのインターフェースの一つで、ＵＳＢ機器を接続する接続口のこと。
ク．ある話題や内容について、行を改めて書かれた文章のひとまとまりのこと。

2 次の各文の下線部について、正しい場合は○を、誤っている場合は最も適切な用語を解答群の中から選び、記号で答えなさい。

① <u>専門辞書</u>とは、ＩＭＥがデフォルトで使用するかな漢字変換用の辞書のことである。
② まだ使う見込みのある文書を、必要に応じて取り出せるように整理し、身近で管理することを<u>文書の保管</u>という。
③ コピー機で複製すると、コピーしたことが一目瞭然となるような無断コピーを防止する刷り込みが背景に施されている用紙を<u>裏紙（反故紙）</u>という。
④ 卓上出版のことを<u>プロパティ</u>という。
⑤ 画面上に複数の作業領域を表示し、同時に作業が進められる機能を<u>バックグラウンド印刷</u>という。

【解答群】
ア．マルチウィンドウ　イ．置換　ウ．偽造防止用紙
エ．ＶＤＴ障害　オ．ＤＴＰ　カ．文書の保存
キ．文書の履歴管理　ク．標準辞書

3 次の各問いの答えとして、最も適切なものをそれぞれのア～ウの中から選び、記号で答えなさい。

① ３月の異名はどれか。
　ア．皐月　イ．卯月　ウ．弥生
② ７月の時候の挨拶はどれか。
　ア．ヒグラシの声に季節の移ろいを覚えるころとなりましたが、
　イ．アジサイも色鮮やかになってまいりましたが、
　ウ．連日の暑さ厳しい折から、
③ １月の時候の挨拶はどれか。
　ア．厳寒の候、　イ．余寒の候、　ウ．寒冷の候、
④ 「下線」の操作を実行するショートカットキーはどれか。
　ア．[Ctrl]+[B]　イ．[Ctrl]+[U]　ウ．[Ctrl]+[N]
⑤ ショートカットキー[Ctrl]+[I]により実行される操作はどれか。
　ア．すべてを選択　イ．上書き保存　ウ．斜体

4 次の＜Ａ群＞の各説明文に対して、最も適切な用語を＜Ｂ群＞の中から選び、記号で答えなさい。

＜A群＞

① パソコンからディスプレイへ、アナログＲＧＢ信号の映像を出力する規格のこと。

② リード→序論→本論→結論→質疑応答・締めくくり、といった流れのこと。話のアウトライン。

③ プレゼンテーションの実施前に行う事前検討のこと。

④ スライドの中で、点線や実線で囲まれた領域のこと。タイトルや本文、グラフ、図などのオブジェクトを格納する。

⑤ スライドを表示する際やポイントとなる場面で、短く音を鳴らすこと。

⑥ 契約の決裁権・決定権を持つ具体的な人物や、内容を理解し同意してもらう目標となる聞き手のこと。

⑦ プレゼンテーションを企画する段階で行う、聞き手に関する事前調査のこと。

＜B群＞

ア．プレビュー

イ．クライアント

ウ．ストーリー

エ．キーパーソン

オ．ＵＳＢ

カ．ＶＧＡ

キ．デリバリー技術

ク．サウンド効果

ケ．聴衆分析（リサーチ）

コ．プレースホルダ

5 次の各文の〔　　〕の中から最も適切なものを選び、記号で答えなさい。

① 〔ア．回答状　イ．通知状　ウ．督促状〕とは、取引先に対して、期日に遅れている取り引きの実行を促すための文書のことである。

② 〔ア．予算の決裁　イ．新商品開発　ウ．失踪宣告〕は、企画書の例である。

③ 取引先や相手の所属する企業を表すことばは〔ア．当社　イ．御社　ウ．弊社〕である。

④ 通知状とは、〔ア．了解しておいて欲しい事柄　イ．質問・照会・要求などに対する返事〕を伝えるための文書のことである。

⑤ 稟議書は、〔ア．取引文書　イ．社交文書　ウ．社内文書〕に分類される。

⑥ マーケティングなどで要点や目的・方針を検討する際に用いられるフレームワークで、Who（誰が）・Why（なぜ）・When（いつ）・Where（どこで）・What（何を）・Whom（誰に）・Which（どれから）・How（どのように）・How Much（どのくらい）のことを〔ア．７Ｈ２Ｗ　イ．５Ｗ１Ｈ　ウ．７Ｗ２Ｈ〕という。

⑦ 本文で受取のお願いとして適切なのは、
「〔ア．ご査収のほどよろしくお願いいたします。
イ．この機に、皆様のご期待に添えますよう一層努力してまいる所存です。〕」である。

⑧ 下のように文頭の１文字を大きくし、強調する文字修飾のことを〔ア．組み文字　イ．段落　ウ．ドロップキャップ〕という。

今回のオリンピックは、多くの日本人選手が活躍していた。今後開催予定のワールドカップなどの世界規模の大会へのさらなる飛躍が期待される。

6 次の各文の下線部の読みを、ひらがなで答えなさい。

① 仕事に矜恃を持つ。
② スープの灰汁をすくい取る。
③ 辣腕を振るう。
④ 怒涛のごとく進撃する。
⑤ 臥薪嘗胆の努力の結果、合格する。

7 次の各文の〔　　〕の中から、四字熟語の一部として最も適切なものを選び、記号で答えなさい。

① 彼はまじめで品行〔ア．法政　イ．法制　ウ．方正〕な人である。
② 次のプレゼンでは捲土〔ア．万別　イ．重来〕を期す。
③ 彼のお父さんは温厚〔ア．篤実　イ．知新〕な人柄である。
④ 場合により〔ア．付和　イ．電光　ウ．不和〕雷同の立場をとる。
⑤ 〔ア．山間　イ．参観　ウ．三寒〕四温を繰り返して春がやってくる。

8 次の＜Ａ＞・＜Ｂ＞の各問いに答えなさい。

＜Ａ＞次の各文の下線部の漢字が、正しい場合は○を、誤っている場合は〔　　〕の中から最も適切なものを選び、記号で答えなさい。

① 相席の念に堪えない。　〔ア．愛惜　イ．哀惜〕
② 交渉役場へ出向く。　〔ア．公称　イ．高尚　ウ．公証〕
③ 証拠品を応酬する。　〔ア．欧州　イ．押収〕
④ ここは新星な場所である。　〔ア．神聖　イ．新制　ウ．新生〕
⑤ プランの最小催行人数は10名である。　〔ア．再興　イ．採光　ウ．最高〕

＜Ｂ＞次の各文の下線部の読みに最も適切な漢字を選び、記号で答えなさい。

⑥ 試合こうしゃのチームと戦う。　〔ア．公社　イ．巧者　ウ．後者〕
⑦ こうけいの大きい銃を持つ。　〔ア．口径　イ．光景　ウ．後継〕
⑧ けいいな服装を用意する。　〔ア．敬意　イ．軽易〕
⑨ ピアノきょうそう曲を聴く。　〔ア．協奏　イ．狂騒〕
⑩ 彼は画壇のたいかである。　〔ア．大家　イ．耐火　ウ．対価〕

▩実技－2▩（制限時間20分）

【問　題】 次のⅠ～Ⅳに従い、右のような文書を作成しなさい。

Ⅰ　**標題の挿入**

出題内容に合った標題のオブジェクトを、用意されたフォルダなどから選び、指示された位置に挿入しセンタリングすること。

Ⅱ　**表作成**

下の資料A・B並びに指示を参考に表を作成すること。

資料A

単位　社

中心神社	おもな御利益	同じ神社数
伊勢神宮	国家の最高神	4,425
熊野本宮大社	農林水産や良縁	2,693
伏見稲荷大社	穀物の神	2,970
鶴岡八幡宮	厄よけ（の）	7,817
太宰府天満宮	学問や和歌神様	3,953
諏訪大社	狩猟神や軍神など	2,616

資料B

中心神社	説　　明
伊勢神宮	江戸時代「おかげ参り」が盛ん
熊野本宮大社	神道、仏教、民間信仰などの合体進行（信仰）
伏見稲荷大社	農村の民俗信仰と結び付き広がる
鶴岡八幡宮	源氏の氏神であり武家も信仰
太宰府天満宮	たたり神から学問の神へ
諏訪大社	北陸、中部地方に多い

指示

1．表は、行頭・行末を越えずに作成し、行間は、２．０とすること。
2．罫線は右の表のように太実線と細実線とを区別すること。
3．表の枠内の文字は1行で入力し、上下のスペースが同じであること。
4．右の表のように項目名とデータが正しく並んでいること。
5．表内の「同じ神社数」の数字は、明朝体の半角で入力し、3桁ごとにコンマを付けること。
6．ソート機能を使って、表全体を「同じ神社数」の多い順に並べ替えること。
7．表の「同じ神社数」の合計は、計算機能を使って求めること。

Ⅲ　**テキスト・グラフの挿入**

1．挿入する文章は、用意されたフォルダなどにあるテキストファイルから取得し、校正および編集すること。
2．出題内容に合ったグラフのオブジェクトを、用意されたフォルダなどから選び、指示された位置に挿入すること。

Ⅳ　**その他**

1．問題文にある校正記号に従うこと。
2．①～⑫の処理を行うこと。
3．右の問題文にない空白行を入れないこと。
4．右の問題文の[a]に当てはまる語句を以下から選択し入力すること。

鶴岡八幡宮　　**太宰府天満宮**　　**伊勢神宮**

オブジェクト（標題）の挿入・センタリング

神社本庁の総合調査に基づき、同じ名称の神社が全国に約５万社存在することがわかりました。そこで、同じ信仰形態をもつものを一つのグループとして集計してみました。

①波線の下線を引く。

中心神社	説　　　　明	おもな御利益	同じ神社数
合　　計			

②各項目名は、枠の中で左右にかたよらないようにする。
③枠内で均等割付けする。
④左寄せする（均等割付けしない）。
⑤右寄せする。

単位　社←⑥右寄せする。

テキストファイルの挿入範囲

⑦取得した文章のフォントの種類は明朝体、サイズは12ポイントとし、3段で均等に段組みをし、境界線を細実線で引く。

現代の神社信仰は八幡、伊勢、天神、稲荷、熊野の上位５信仰が、全体の約３割を占めている。九州大分の宇佐神宮を発祥地とし、東日本の鎌倉、鶴岡八幡宮で鎌倉幕府の信仰となった八幡信仰は武士たちによって、全国各地の農村に発展していった。江戸時代には生活の実態に伴い、稲荷の商売繁盛の神、天神の学問の神、疫病除去の神などそれぞれ専門性をもった、特定の神々の信仰に関心が集まり、重層的な信仰形態が現代まで受け継がれてきた。

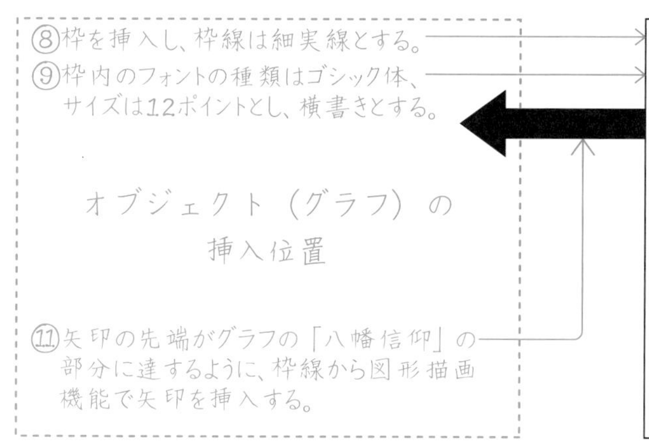

社数が最も多いグループは、［ a ］や宇佐神宮を中心とした八幡信仰の数が７，８１７社で１５．９％を占める。

都道府県別では新潟県の神社数が最も多く、兵庫県、福岡県がこれに続いている。最も少ないのは沖縄県である。

⑩網掛けする。

資料作成：坔谷（ままたに）　幸助←⑫明朝体のひらがなでルビをふり、右寄せする。

9 実技問題審査例および解説

1. 審査方法

審査は、第１級審査基準､審査表をもとに審査箇所方式となっています。実技問題の合格基準は70点以上です。

なお、本書では各問題の審査基準、審査表を載せていません。指示事項が審査の対象となります。

2.【練習問題】（p.44～45）の解答例　※A～Tは各５点

A：余白、フォントの種類・サイズ、空白行、印刷（全体で５点）
B：オブジェクト（標題・地図）の挿入、標題のセンタリング（全体で５点）
C：罫線による作表
D：罫線の種類
E：段組み、フォントの種類・サイズ、ドロップキャップ（全体で５点）
F：透かしの入力、フォントの種類、水平
G：枠の挿入、枠線の種類、枠内のフォントの種類・サイズ、横書き（全体で５点）
H：オブジェクト（矢印）の挿入
I：文字の正確（Ｉ１、Ｉ２合わせて５点）
J：校正記号による校正（Ｊ１、Ｊ２、Ｊ３、Ｊ４合わせて５点）

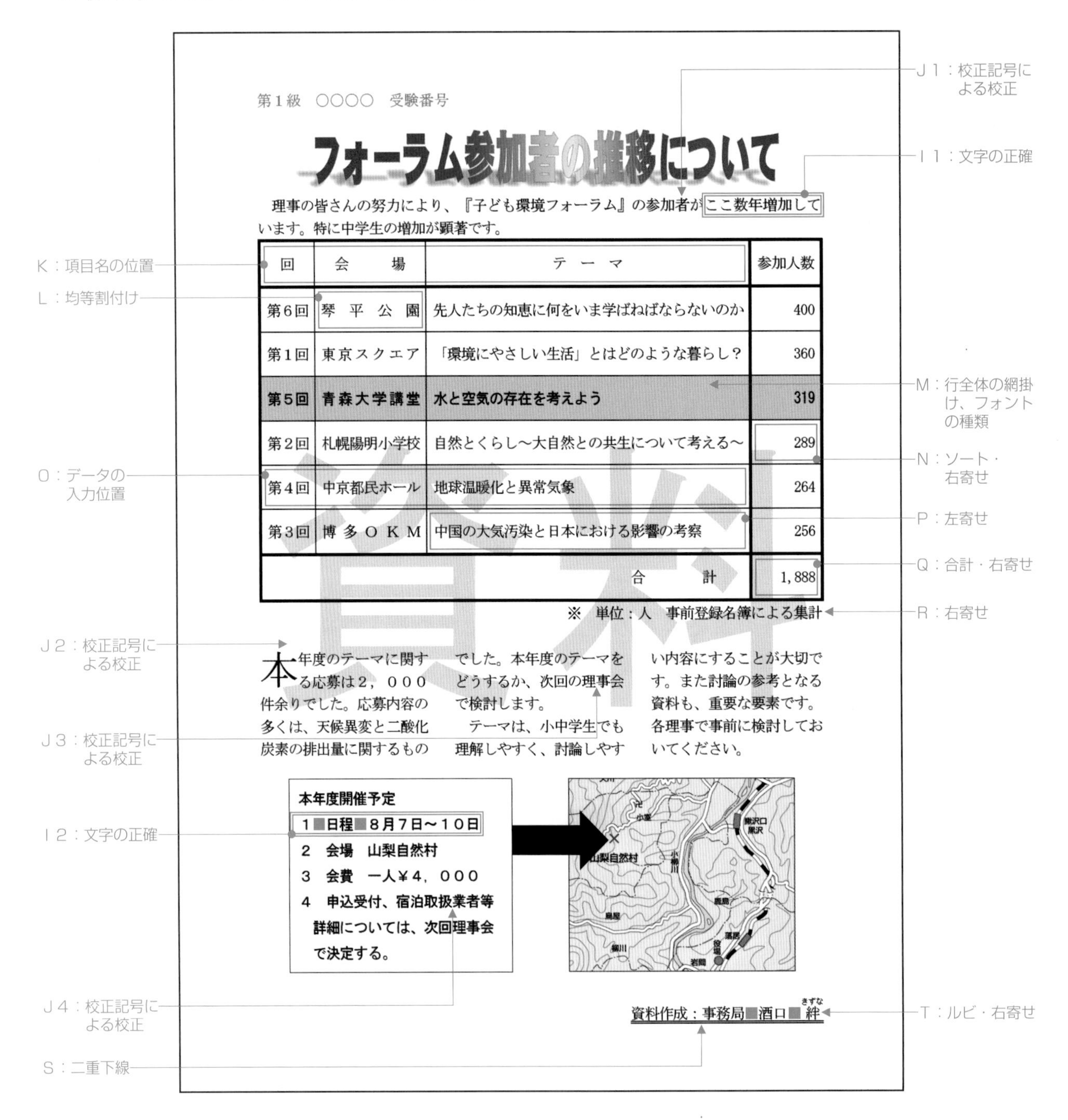

第１級　○○○○　受験番号

フォーラム参加者の推移について

理事の皆さんの努力により、『子ども環境フォーラム』の参加者がここ数年増加しています。特に中学生の増加が顕著です。

回	会　　場	テ　ー　マ	参加人数
第６回	琴　平　公　園	先人たちの知恵に何をいま学ばねばならないのか	400
第１回	東京スクエア	「環境にやさしい生活」とはどのような暮らし？	360
第５回	青森大学講堂	水と空気の存在を考えよう	319
第２回	札幌陽明小学校	自然とくらし～大自然との共生について考える～	289
第４回	中京都民ホール	地球温暖化と異常気象	264
第３回	博　多　Ｏ　Ｋ　Ｍ	中国の大気汚染と日本における影響の考察	256
		合　　　計	1,888

※　単位：人　事前登録名簿による集計

本年度のテーマに関する応募は２，０００件余りでした。応募内容の多くは、天候異変と二酸化炭素の排出量に関するものでした。本年度のテーマをどうするか、次回の理事会で検討します。

テーマは、小中学生でも理解しやすく、討論しやすい内容にすることが大切です。また討論の参考となる資料も、重要な要素です。各理事で事前に検討しておいてください。

本年度開催予定
１　日程　８月７日～１０日
２　会場　山梨自然村
３　会費　一人￥４，０００
４　申込受付、宿泊取扱業者等詳細については、次回理事会で決定する。

資料作成：事務局　酒口　絆（きずな）

3.【練習問題】の審査方法例

※審査箇所以外は、文字の正確エラーや編集エラーがあってもエラーにはならない。

	審査項目	審査基準と内容	点数
A	文書の余白	余白が上下左右それぞれ20㎜以上30㎜以下となっていない場合はエラーとする。 ※ただし、下余白については30㎜を超えても35㎜以下となっていれば許容とする。	全体で5点
	フォントの種類・サイズ	指示のない文字は、フォントの種類が明朝体の全角（ただし「参加人数」のデータのフォントは明朝体の半角）で、サイズは12ポイントに統一されていること。 ※透かしの文字のフォントの種類は、審査項目Ｆで審査する。 ※挿入したテキストファイルのフォントの種類・サイズは、審査項目Ｅで審査する。 ※枠内の文字のフォントの種類・サイズは、審査項目Ｇで審査する。 ※ルビのフォントの種類は、審査項目Ｔで審査する。	
	空白行	問題文にない１行を超えた空白行がある場合はエラーとする。	
	文書の印刷	逆さ印刷、裏面印刷、採点欄にかかった印刷、複数ページにまたがった印刷、破れ印刷など、明らかに本人による印刷ミスはエラーとする。	
B	オブジェクト（標題･地図）の挿入･標題のセンタリング	模範解答のように標題が体裁よく指示された場所に挿入され、センタリングされていること。 ※他の文字・罫線・枠線などにかかっている場合はエラーとする。	全体で5点
		模範解答のように地図が体裁よく指示された場所に挿入されていること。 ※他の文字・罫線・枠線などにかかっている場合はエラーとする。	
C	罫線による作表	表が、模範解答のように罫線により８行４列で、行頭・行末を越えずに、行間２で作表されていること。表内の文字は１行で入力され、上下のスペースが同じであること。 ※行頭とは行頭文字のすぐ左側、行末とは行末文字のすぐ右側のことである。 ※罫線が行頭、または行末より外側の余白部分に引かれている場合はエラーとし、採点項目Ａではエラーとしない。 ※罫線が行頭、または行末の内側に引かれている場合はエラーとしない。 ※罫線の種類が異なってもエラーとしない。	５点
D	罫線の種類	表が、模範解答のように罫線の種類が太実線と細実線で引かれていること。 ※表内の文字は、上下のスペースが同じでなくてもエラーとしない。 ※表内の文字は、１行で入力されていなくてもエラーとしない。	５点
E	段組み・フォントの種類･サイズ･ドロップキャップ	フォントの種類は明朝体、サイズが12ポイントで、模範解答のように３段で均等に段組みがされていること。また、先頭の「本」の文字が２行の範囲でドロップキャップされていること。 ※「本」以外の文字にドロップキャップされている場合はエラーとする。 ※指示にない境界線が引かれている場合はエラーとする。 ※フォントの種類・サイズが異なる場合はエラーとする。 ※改行の位置は問わないが、均等に段組みされていること。	全体で5点
F	透かしの入力・フォントの種類・水平	「資料」の文字の透かしが入力され、フォントの種類はゴシック体で、水平に設定されていること。 ※文字の大きさ、色の濃さは問わない。 ※文字の色が濃くて他の文字が判読できない場合はエラーとする。また、該当する審査項目も判読できなければ、エラーとする。	５点

G	枠の挿入、枠線の種類、枠内のフォントの種類・サイズ、横書き	模範解答のように枠が挿入され、枠線の種類は細実線で引かれ、枠内の文字が全てフォントの種類がゴシック体の全角、サイズが12ポイントで横書きに入力されていること。 ※他の文字・罫線・境界線などにかかっている場合はエラーとする。 ※フォントの種類・サイズが異なる場合はエラーとする。 ※文字が入力されていない場合はエラーとしない。	全体で5点
H	オブジェクト(矢印)の挿入	模範解答のようにオブジェクトの矢印が挿入されていること。 ※矢印の種類、線の太さは問わないが、枠線や枠内の文字にかかったり、指示された場所を指し示していない場合はエラーとする。 ※間違ったオブジェクト(地図)が挿入されている場合や、オブジェクトが挿入されていない場合は、問題のように矢印が挿入されていればエラーとしない。	5点
I	文字の正確	□内の文字が正しく入力されていること。 ※フォントの種類が異なる場合や半角で入力した場合は、審査項目A・Gで審査する。 「ここ数年増加して」(I１) 「１■日程■８月７日～１０日」(I２)	全体で5点

以下の項目については、審査箇所に編集エラーおよび未入力文字・誤字・脱字・余分字などのエラーが一つでもあれば、当該項目は不正解とする。

J	校正記号による校正	「参加」の後に「者」が挿入されていること。(J１) 「※　単位」の後の行に空白行が挿入されていること。(J２) 「役員」が「理事」に修正されていること。(J３) 「業者取扱」が「取扱業者」に修正されていること。(J４)	全体で5点
K	項目名の位置	「回」「会場」「テーマ」は、枠内における左右のスペースが同じであること。	5点
L	会場の均等割付け	「琴平公園」が枠内で均等割付けされていること。 ※ソートされていなくてもエラーとしない。	5点
M	行全体の網掛け・フォントの種類	「第５回」の行全体に網掛けがなされ、フォントの種類がゴシック体に設定されていること。 ※文字のみに網掛けがされている場合は、エラーとする。 ※「第5回」の行以外も網掛けされている場合は、エラーとする。 ※網掛けの種類、色の濃さは問わないが、色が濃くて他の文字が判読できない場合や、文字が白ぬきになった場合は、エラーとする。	5点
N	ソート・右寄せ	「第２回」の「参加人数…289」のデータがソートされて上から４番目の位置にあり、右寄せされていること。 ※列が違っていても、項目名と一致していればエラーとしない。 ※フォントの種類やサイズが異なる場合は、審査項目Aで審査する。	5点
O	データの入力位置	「第４回」のデータが左から「回」「会場」「テーマ」の順に並んでいること。 ※ソートされていなくてもエラーとしない。 ※文字の配置(均等割付け、左寄せ、センタリング、右寄せなど)は問わない。 ※フォントの種類やサイズが異なる場合は、審査項目Aで審査する。	5点
P	「テーマ」の左寄せ	「中国の大気汚染と日本における影響の考察」が左寄せされていること。	5点

Q	合計の計算・右寄せ	「参加人数」の合計が「1,888」で、３桁ごとにコンマが付き、右寄せされていること。 ※データの入力ミスで合計の数字が違う場合は、エラーとする。 ※フォントの種類やサイズが異なる場合は、審査項目Aで審査する。	5点
R	単位の右寄せ	「　※　単位：人　事前登録名簿による集計」が模範解答のように右寄せされていること。	5点
S	二重下線	「資料作成：事務局　酒口　絆」の文字に二重下線が引かれていること。 ※「資料作成：事務局　酒口　絆」以外の文字に二重下線が引かれている場合はエラーとする。	5点
T	ルビ・フォントの種類、資料作成の右寄せ	模範解答のように「絆」の文字に明朝体のひらがなでルビがふられており、「資料作成：事務局■酒口■絆」が右寄せされていること。 ※ルビの配置（均等割付け、左寄せ、センタリング、右寄せなど）は問わない。	5点

＊「■」は審査箇所であり、スペース１文字分とする。
＊「参加人数」のデータ以外は、左右半角１文字分までのずれは許容する。

※（参考）校正記号の種類

No.	校正項目	校正記号使用例	校正結果
1	行を起こす	実現した。そして	実現した。 そして
2	行を続ける	問題だ。 さらに、	問題だ。さらに、
3	誤字訂正	技術が進歩は、（の）	技術の進歩は、
		技術の新保は、（進歩）	
4	余分字を削除し詰める	快適だな環境（トル）	快適な環境
		快適な生活環境（トル）	
		※「トルツメ」でも可。	
5	余分字を削除し空ける	太陽と地球（トルアキ）	太陽　地球
		太陽１２地球（トルアキ）	太陽　　地球
		※「トルママ」でも可。	
6	脱字補充	技術進歩は、（の）	技術の進歩は、
		記号罫線の問題（・）	記号・罫線の問題
7	空け	字間を	字間　を
		行の間隔を 空ける	行の間隔を 空ける
8	詰め	字　間を	字間を
		行の間隔を 詰める	行の間隔を 詰める
9	入れ替え	校高を	高校を
		東京都 大阪府	大阪府 東京都
10	移動	字を右に	字を右に
		□　行を上に　□	行を上に □　□
11	（欧文）大文字に直す	a b c d	A B C D
12	書体変更	フォント（ゴ）	フォント
		※「ゴシック体」・「ゴチ」でも可。	
13	ポイント変更	サイズ（20ポ）	サイズ
		※「20ポイント」でも可。	
14	下付き（上付き）文字に直す	H2O	H_2O
		m2	m^2
15	上付き（下付き）文字を下付き（上付き）文字に直す	H^2O	H_2O
		m_2	m^2

速度練習記録表

年　　組　　番　名前

【記入例】

月日	問題番号	総字数	エラー数	純字数	メ　モ
4/10	速度-2	710	5	705	読めない字があった。

月日	問題番号	総字数	エラー数	純字数	メ　モ